KB269173

미국이야기

편견 없이 바라보는 작은 이야기

미국이야기

편견 없이 바라보는 작은 이야기

이효성 지음

국립중앙도서관 출판시도서목록(CIP)

미국이야기 : 편견 없이 바라보는 작은 이야기/
이효성 지음. -- 파주 : 한울, 2005
 p. ; cm

참고문헌수록
ISBN 89-460-3340-1 03940

309.142-KDC4
973.9-DDC21   CIP2005000266

| 책머리에 |

미국을 통해 우리를 돌아본다

이 책은 미국의 여러 모습을 담았다. 미국의 국제관계, 정치, 가치관, 사회, 행동양식 등 미국과 미국인의 이모저모를 살펴본 글로 구성되어 있다. 우리가 배워야 할 미국·미국인의 긍정적인 면과 반면교사로 삼아야 할 부정적인 면 모두를 살펴보았다.

필자는 미국이 대규모 폭력을 당한 9·11 테러 직전의 일 년, 즉 2000년 8월부터 2001년 7월까지 뉴욕 컬럼비아 대학의 방문교수로 연구년을 보냈다. 이 기회를 미국의 경제적·문화적 수도라 할 수 있는 뉴욕에 살면서 미국에 대해서 제대로 경험하고 관찰하는 계기로 삼았다. 전공이라는 한정된 분야를 벗어나서 우리와도 밀접한 관계를 맺고 있는 미국이라는 나라와 그 국민을 통해서 한국과 세상을 좀더 넓은 안목으로 만날 수 있기 때문이다. 그것이 연구년을 좀더 보람 있고 알차게 보낼 수 있는 방법이라고 판단했다. 그리고 그 결과를 다른 사람들과 공유하면 좋겠다고 생각했다. 그래서 이 책을 출간하게 되었다.

한반도와 미국은 멀리 떨어져 있지만, 한반도와 한국인은 그 어떤 나라와 국민보다도 정치·군사·경제·문화적으로 미국과 밀접한 관련을 맺고 있다. 이런 미국에 대해서 우리가 이것저것 아는 것은 아주 중요하다. 필자는 미국을 아는 데 일조하고 싶었다. 그래서 뉴욕과 미국에 대해 필자 나름대로 분석하고 평가해보았다. 그렇다고 어떤 특정한 주제로 체계적이고 학술적인 글을 쓴 것은 물론 아니다. 그저 필자의 관심을 끄는 미국의 여러 면에 대해서 보고, 듣고, 느낀 것을 적었을 뿐이다.

그렇다고 주관적인 관찰을 그대로 적은 것은 아니다. 필자의 관찰을 검증하기 위해 관련 문헌을 찾아보기도 하고, 미국인들에게 묻기도 했다. 또 어떤 경우에는 필자의 관찰과 함께 다른 사람의 관찰이나 공식적인 기록을 참조하기도 했다. 그럼에도 이 책의 내용이 필자의 편견이나 잘못된 지식에 근거한 것일 수 있고, 기껏해야 장님이 코끼리 만진 격이 될 수도 있다. 그래서 미국을 바르게 이해하는 데 일조하기는커녕 오히려 그 반대가 될까 두렵기도 하다.

　이 책은 미국에 대해 쓴 글이지만, 그와 동시에 우리 자신에 대한 것이기도 하다. 필자는 우리 자신과 우리 사회를 되돌아보기 위한 좋은 수단 가운데 하나로 정치·경제·군사·문화적으로 우리와 밀접한 관계를 맺고 있는 미국이라는 나라를 살펴보는 일이라고 생각한다. 인정하든 인정하지 않든, 우리는 미국의 제도와 문화를 선망하고, 실제로 많은 것을 모방하거나 뒤따르고 있다. 그런 우리로서는 미국을 통해서 우리 자신을 되돌아볼 수 있다. 이 책에는 그런 필자의 관심이 반영되어 있다. 미국에 관한 이야기의 곳곳에서 때로는 직접적으로, 때로는 간접적으로 우리 자신에 관해서도 말했다. 어떤 면에서는 미국을 통해서 우리 이야기를 하려고 했다.

　이 책이 독자 여러분들의 미국 이해에 도움을 주는 유익한 것이 되기를 바란다. 더 나아가서 미국 이야기를 통해 우리 자신을 돌아보고 우리의 앞날을 내다볼 수 있기를 바란다.

제1부 미국과 세계

알다가도 모를 미국

미국이나 미국인을 한마디로 말할 수 있다면 참 편리하고 좋을 것이다. 그러면 누구나 쉽게 미국을 이해할 수 있기 때문이다. 그러나 미국을 요약하기란 무척 어렵다. 미국은 비록 역사는 짧지만 크고 복잡한 나라이기 때문이다. 미국에 대해 간단하게 말하면 말할수록 미국을 제대로 이해하는 것이 아니라, 미국을 왜곡하고 결국 미국에 대해 오도할 가능성만 더 커진다.

누가 "미국을 요약하면?"이라고 묻는다면, 그에 대한 올바른 대답은 "미국은 요약할 수 없다"여야 할 것이다. 누가 한국이나 한국인을 한마디로 말해 달라고 한다면, 우리는 분명히 어처구니없어할 것이다. 그럼에도 우리는 다른 나라나 다른 나라 사람에 대해서는 한마디로 단순화해서 파악하려는 경향이 있다. 실제로 많은 사람들은 아주 단편적인 경험이나 지식을 가지고, 미국이나 미국인은 이렇다는 식으로 단정적으로 말하는 경우를 많이 볼 수 있다. 그러나 그런 단정은 대개 매우 잘못된 판단이거나 편견일 가능성이 크다는 점을 생각해야 한다.

옛날에 한 임금이 인간이 어떤 존재인지에 대해서 알고자 했다. 그래서 현자를 시켜 인간에 대해 연구하도록 했다. 그러자 현자는 연구 결과를 몇 권의 책자로 만들어 올렸다. 왕이 너무 양이 많으니 줄이라고 했다. 그래서 그 연구 결과를 한 권의 책자로 줄여서 올렸다. 왕은 그것도 너무 길다며 더 줄이라고 명령했다. 그래서 이번에는 몇 페이지 분량으로 압축했다. 그러나 그것마저 너무 길다고 생각한 임금은 아예 한마디로 요약하라고 지시했다. 이에 고심하고 고심한 현자는 인간에 관한 연구 결과를 다음과 같은 한 문장으로 요약해서 보고했다. "사람은 태어나고, 자라고, 늙어 병들어 죽는 존재다."

이것은 영국의 소설가 서머셋 모옴의 『인간의 굴레』에 나오는 일화다. 인간이 무엇인가를 알려는 인간탐구의 문제에 관한 것이지만, 부수적으로 일반화나 단순화의 문제도 담고 있다. '사람은 태어나고, 자라고, 늙어 병들어 죽는 존재'라는 인간에 대한 정의는 인간에 대해 간결하고 알기 쉬우면서 기억하기 좋은 멋진 요약이라 할 수 있다. 그러나 이는 인간의 생물학적 과정이라는 어느 한 면만을 얘기한 것에 불과하다. 그것으로 인간을 제대로 이해했다고 할 수는 없다. 오히려 그런 요약은 인간을 이해하는 데 별 도움이 안 되거나 방해가 될 수도 있다.

어떤 크고 복잡한 대상에 대해 말할 때 가급적 단순화한 일반적인 진술, 즉 간단명료한 큰 이야기를 할 수 있다면 좋을 것이다. 그러면 누구나 그 대상을 쉽게 이해할 수 있기 때문이다. 그러나 큰 이야기가 숲은 보여주지만, 그 숲의 나무를 보여주지는 못한다. 게다가 그런 단순한 일반화는 대개 그 사물을 올바로 이해하기보다는 그 사물의 어느 한 면만을 부각시키거나 심하게 왜곡하기 십상이다. 결국 단순화한 일반적 진술은 기억하고 받아들이긴 좋지만, 이해의 대상이 된 사물을 올바로 이해하는 것과는 거리가 멀어지고 만다.

오늘날에는 큰 이야기를 배척하고 작은 이야기를 더 중시하는 경향이 있다. 특히 포스트모더니즘을 신봉하는 사람들은 더욱 그렇다. 계급투쟁과 경제체제라는 큰 틀에서 역사발전을 이론화한 마르크스와 같은 사람이 대표적인 큰 이야기꾼으로 취급된다. 그리고 마르크스의 그런 큰 이야기는 공산주의 체제에서 보듯이, 대단히 억압적인 결과를 낳았다. 사실 사회주의 체제의 억압적 구조에 마르크스의 책임이 있는지는 분명치 않지만, 그런 큰 이야기가 그 이야기 틀에 맞지 않는 수많은 예를 무시한 채 지나치게 단순화하고 일반화했기 때문에, 무리한 결과를 낳은 것은 사실이다. 큰 이야기는 일견 받아들이기 좋고 이해하기 쉽지만, 지나친 일반화의 오류를 범하는 것을 피할 수 없다. 특히 마르크스 역사관은 그 신봉자들을 사회주의의 도래를 확신하는 독단주의자들로 만들었다는 비난을 받기도 한다.

단순화한 일반적 진술의 이런 문제 때문에 단순화나 일반화를 피하고 부분 부분에 대해서 자세하고 구체적인 진술만을 한다면 커다란 왜곡이나 오해를 피할 수 있을 것이다. 그래서 경험주의적 사회과학자들이 그러하듯이 포스트모더니즘에 영향을 받은 사회과학자들도 미시적인 것을 연구 대상으로 한다. 그리고 작은 이야기를 즐겨 말한다. 그런 작은 이야기들이 모이면 큰 것을 어느 정도 이해할 수도 있을 것이다. 나무만으로는 숲 전체를 보기 어렵지만, 여러 나무와 숲의 이런저런 면을 살펴보면 결국 숲에 대해서도 어느 정도 짐작할 수 있기 때문이다. 그것이 숲에 대해 올바르지 않게 단정하는 것보다는 숲을 바로 이해하는 길일 수 있다. 그래서 우리는 사소한 이야기, 구체적인 것에 대한 작은 이야기를 중시해야 한다.

물론, 작은 이야기에도 문제가 많다는 것은 두말할 필요도 없는 사실이다. 무엇보다 사소한 것에 대해 미주알고주알 늘어놓는 것으로는 그 사물의 전체를 보기가 어렵다. 다시 말해 숲의 나무 하나하나를 살펴보는 것만으로는 숲 전체가 가진 특성을 보지 못할 수도 있다. 더구나 숲의 나무는 각각 다르기 때문에 모든 나무를 다 묘사해야 하며, 그런 일은 너무나 번거롭고 많은 시간과 노력이 필요하기 때문에 나무 하나하나를 묘사하는 방식으로는 결국 숲이라는 큰 그림은 그리지 못할 수도 있다.

게다가 이런 미시적인 접근은 또 다른 문제에 봉착한다. 나무 하나하나를 다 기술한다고 해도 숲은 그 숲을 구성하는 나무의 단순한 합과는 다른, 숲 전체의 어떤 특징이 있기 때문이다. 축구팀은 그 팀의 선수 모두를 합친 것과는 다르다. 마찬가지로 미국은 미국인 한 명 한 명을 또는 미국의 이것저것을 합친 것과는 다른 그 무엇이다. 숲을 이해하려면 때로 숲 전체를 보여주는 큰 그림이 필요하듯, 미국을 이해할 때, 지나친 일반화의 오류에 대한 위험에도, 미국이나 미국인 전체에 대한 일반적인 진술도 필요하다.

그러나 그런 필요성에도, 미국은 요약해서 말하기 참 어려운 나라다. 무엇보다 미국은 그 역사와 전통이 상당히 다르고, 국방과 외교 이외의 모든 부문에서 자치권을 행사하는 50개의 주로 구성된 연방국가다. 그래서 미국의 표어는 "다수로 이루어진 하나"(e pluribus unum)다. 미국은 외적으로는 한 국가이지만, 내적으로는 50개의 나라인 것이다. 게다가 미국은 큰 나라다. 남북한 면적의 50배가 넘는 광대한 국토를 가지고 있다. 미국 국토의 대부분은 온대 지방에 속하지만, 북으로는 한대 지방의 알래스카에서부터 아열대 지방의 플로리다와 열대 지방의 하와이까지 걸쳐 있다. 대서양에 면한 동쪽과 태평양에 면한 서쪽까지는 4시간의 시간차가 있다. 이 정도의 국토라면 그 안에 다양한 기후와 풍토, 역사가 있기 마련이다. 기후, 풍토, 역사가 다르면 그에 따라 사람들의 삶의 방식, 즉 의식주와 풍습도 달라진다. 그리고 삶의 방식에서 차이는 이해관계, 사고방식, 행동양식 등에서도 차이를 낳는다. 그런 차이는 특히 남부와 북부 사이에 크다. 그래서 한때 남과 북은 남북전쟁이라는 엄청난 내전의 비극을 치러야 했다. 동부와 서부 사이에도 상당한 차이가 있다.

미국이나 미국인을 간단하게 말할 수 없는 또 다른 이유는 미국은 식민지 시절부터 세계 각국에서 온 이주민들로 형성되었기 때문이다. 미국 땅의 원주민이라 할 수 있는 아메리칸 인디언은 그 수도 얼마 되지 않고, 그나마 대개는 인디언 보호구역에 고립된 채 살고 있다. 미국인의 주류는 원주민이 아니라 이주민과 그 후예다. 이주민 가운데에는 본국에서 정치적 억압이나 종교적 탄압을 피해 오거나, 새로운 기회를 찾아오거나, 기아나 재해를 피해오거나, 잘못을 저지르고 도피해온 사람도 있다. 그러한 이민 행렬은 오늘날까지도 계속되고 있다.

어찌됐든 외국에서 이주한 사람들은 인종, 민족, 언어, 종교, 문화, 역사, 관습 등에서 서로 다르다. 미국인은 세계 각국에서 모여든 이들 다종다양한 사람들이 이룬 하나의 집합체다. 이래저래 미국은 "다수로 이루어진 하나"인 것이다. 미국에서 지배적으로 사용되는 언어는 영어지만, 그밖에도 많은 주요 언어가 일상적으로 사용되고 있다. 미국의 지배적인 종교는 기독교지만, 미국에서는 세계의 거의 모든 종교가 신봉되고 있다.

그렇다고 미국이나 미국인에 관해서 단순하고 일반적으로 진술해서는 안 된다는 뜻은 아니다. 또 미국이나 미국인에 대한 일반화가 반드시 그르다는 것도 아니다. 어떤 사물이나 현상을 이해하려면 그에 대한 정의가 불가피하듯이, 미국을 손쉽게 이해하기 위해서 어느 정도의 일반화는 피할 수 없다. 일반화가 내포한 문제에 대해서 언제나 주의하고 경계해야 하지만, 완전히 회피할 필요는 없다. 일반화는 오류의 가능성이 크지만, 간편하고 경제적이기 때문이다.

미국은 큰 영토에 종교·언어·문화가 서로 다른 다민족이 사는 다문화 국가이지만, 그 문화의 주류는 영국 백인의 기독교 문화다. 공식적인 언어는 영어로 통일되어 있다. 따라서 미국적 사고방식과 행동양식이라고 할 수 있는 주류문화가 존재한다. 그것의 일부로 미국적 개인주의, 자본주의, 박애주의, 자유와 평등과 같은 것을 논할 수 있다. 그밖에도 미국에 대한 일반적 진술은 많다. 다민족으로 구성된 이민국가라든지, 세계에서 정치·군사·경제적으로 가장 강대한 나라라든지, 정치적으로는 대의제 민주주의 국가이고 경제적으로는 자유주의적 자본주의 국가라든지, 미국의 정치를 민주당과 공화당의 양당이 좌우한다든지 하는 것들이다. 특히, 미국의 제도는 비교적 정확하게 요약할 수 있다. 예를 들어 미국은 정교분리와 삼권분립을 기초로 한 대통령제 국가이며, 50개의 자치적인 주로 구성된 연방국가라고 말할 수 있다.

경우에 따라서는 제도가 아닌 것에 대해서도 꽤나 진실하고 일반적인 진술을 언명할 수도 있다. 가령, 미국은 백인들이 지배하는 나라라고 말하면 흠잡기 어렵다. 미국 인구의 8할 이상이 백인이고, 미국의 정계, 관계, 재계, 언론계, 예술계 등 거의 모든 분야에서 중요한 자리를 대부분 백인이 차지하고 있기 때문이다. 미국은 문화적으로 청교도 정신이 지배하는 나라, 사상·종교·학문·언론의 자유가 잘 보장된 나라, 과거의 미국은 흑인을 노예로 부리고 여성에게는 재산소유권도 주지 않은 인종과 성에서 매우 차별적인 나라, 그러나 현재의 미국은 인종과 성의 차별이 비교적 적고 문화적 다양성을 존중하는 나라 등의 진술도 반박하기 어렵다.

일반화의 하나라 할 수 있는 비유적인 진술도 정곡을 찌를 수 있다. 뉴욕은 미국의 중심이라는 진술은 미국에서 뉴욕이 차지하는 비중과 중요성을 잘 표현한다. 또 맨해튼은 미국의 축소판이라는 것도 다민족 국가로 구성되고 거대한 부와 슬럼으로 대비되는 미국의 특성을 적절히 지적한 말이다. 국내에서는 지킬 박사지만 국제적으로는 하이드 씨라는 비유는, 미국이 국내에서는 대단히 민주적으로 운영되는 국가이지만, 대외관계에서는 제국주의적으로 행동하는 국가라는 점을 잘 부각시킨 표현이다.

미국과 같이 역사는 짧지만 나라가 크고 이해관계, 사고방식, 행동양식, 언어, 종교, 음식 등과 같이 국민들의 문화가 다양한 나라도 없다. 그래서 미국을 간단하게 단정 짓기가 참 어렵다. 그러나 역설적이게도 그러면 그럴수록 그런 욕구나 그런 필요는 더 커진다. 그러나 미국을 바르게 이해하길 원한다면 그런 욕구를 가능하면 억제해야 한다. 미국에 관한 큰 이야기 또는 미국에 관한 간단한 일반화는 특별히 필요한 경우 그리고 확실한 증거로 뒷받침할 수 있는 경우가 아니면 삼가는 편이 더 낫다.

그 대신 좀 시시하고 성에 차지 않더라도 미국의 여러 분야에 대해서 작은 이야기를 하는 것이 미국을 좀더 바로 이해하는 길일 수 있다. 우리는 때로 미국이나 미국인에 관한 사소한 일화를 통해서 또는 어느 한 미국인의 행위를 통해서 미국과 미국인의 특성을 포착할 수도 있기 때문이다. 필자가 미국에 관한 이야기를 쓰면서 늘 염두에 둔 것이 바로 이 점이었다. 즉 일반화를 극구 회피하지는 않지만 가급적 삼가면서 미국의 여러 분야에 관한 구체적이고 사소한 이야기를 통해서 미국을 드러내는 것이 미국의 바른 이해에 더 보탬이 될 수 있다고 생각했다.

슈퍼파워의 나라, 미국

오늘날 미국은 세계에서 가장 강력한 군사력을 보유하고 있다. 미국은 군사적으로 유일한 초강대국(superpower)이다. 미국은 냉전기간에는 소련과 함께 양극 체제를 구성한 두 초강대국의 하나였다. 그러나 소련을 비롯한 동구 공산권이 붕괴된 후부터 미국은 세계 유일의 초강대국이 되었다. 그리고 한동안 세계는 미국의 지배를 받는 일극체제가 되었다. 그러나 그런 미국이 이끄는 일극체제는 서서히 프랑스, 통일 독일, 러시아, 중국 등의 지역 강대국과 함께 일극-다극 체제로 전환되고 있다.

이러한 군사력은 미국이 국제정치에서 커다란 영향력을 행사할 수 있게 해주었다. 제2차세계대전 이후로 오늘날까지 미국은 정치·군사적으로 세계에서 가장 강력한 국가로서 국제정치를 주도해오고 있다. 제2차세계대전 후 거의 모든 국제정치는 미국이 좌우하거나 미국의 강력한 영향하에 있다.

미국은 제2차세계대전 후 마셜플랜으로 서구를 부흥시키고 나토를 결성하여 세계 자본주의 진영의 맹주가 된 이래로 공산주의권과의 냉전을 주도하며 소련을 견제했다. 미국의 견제와 공산주의 체제 자체의 모순으로 공산주의권은 붕괴했다. 이라크가 쿠웨이트를 침공하자, 미국은 다국적군을 구성하여 이라크와 전쟁을 벌여 이라크를 굴복시켰다. 2001년 9월 뉴욕과 워싱턴이 동시다발적으로 테러를 당하자, 미국은 '테러와의 전쟁'을 선포했다. 그리고 주로 서구와 앵글로색슨 국가이지만 몇몇 나라를 참여시켜 아프가니스탄을 침공하여, 반미적인 탈레반 정권을 친미정권으로 교체했다. 2003년에는 대량살상무기를 숨기고 있다는 이유로 이라크를 다시 침공하여 사담 후세인 정권을 무너뜨렸다.

슈퍼파워로서 미국의 힘, 특히 군사력은 미국의 경제력 덕택이다. 미국은 경제적으로도 세계에서 가장 부강한 나라다. 많은 인구, 넓은 국토, 풍부한 자원 이외에도 각종 산업이 발달한 나라다. 뉴욕에 '세계금융센터'와 '세계무역센터'가 있을 정도로, 미국은 세계 자본과 교역의 중심국이다. 또한 세계 최대의 곡물 생산국으로, 세계 곡물가격을 좌지우지한다. 지금은 자동차를 비롯해서 많은 제조업에서 다른 나라보다 경쟁력이 떨어졌지만, 공구, 비행기, 무기, 영화 등 아직도 세계 최고의 경쟁력을 갖춘 분야도 많다. 특히 정보사회의 핵심산업이라고 할 수 있는 전자, 정보, 통신의 소프트웨어 분야에서는 단연 세계 최고다. 미국은 세계 최고의 경쟁력이 있는 상품을 가장 많이 가진 나라다.

미국은 무기, 항공기, 소프트웨어 등 기술집약적 고부가가치 상품을 많이 수출한다. 그러나 대개 수출량보다는 수입량이 많은 무역적자국이다. 미국은 인구수도 많고 국민들의 소득과 소비 수준이 높아서 다른 나라에서 많은 소비재 상품들을 수입한다. 이 때문에 미국과의 교역에 국가경제를 의존하고 있는 나라도 많다. 따라서 미국이 불황에 빠지면 세계의 경제가 몸살을 앓는다. 2000년대 들어와 미국의 경기가 나빠지자, 전 세계가 불황을 겪고 있다. 2001년 미국에 대한 동시다발 테러로 미국 증시가 추락하자, 전 세계의 증시도 동반 추락했다.

제2차세계대전 이후 번영을 누리며 세계 자본주권의 경제를 주도하던 미국은 기술개발과 구조조정을 하지 않았다. 그러자 제조업에서 경쟁력을 잃고 무역적자와 재정적자로 허덕이게 되었다. 1980년대에 미국의 쇠퇴가 절정에 달했다. 베트남전쟁에서 패한 정치·군사적 충격이 채 가시기도 전에 제조업에서도 일본에게는 말할 것도 없고 한국과 같은 신흥 아시아 국가에게 뒤지는 것이 아닌가 하는 경제적 충격을 맛보아야 했다. 미국은 이제 곧 망한다는 굴욕적인 전망도 감수해야 했다. 미국 전자제품 시장은 말할 것도 없고, 자동차 시장에서도 일본 제품의 시장지배력이 점점 높아만 갔다. 미국 자동차 업계에서 일제 차 화형식을 치를 정도였다. 한국도 일부 전자제품과 경공업 제품에서 무서운 기세로 미국 시장을 잠식했다.

그러나 미국은 미적미적하거나 남의 탓만 하지 않았다. 자신들의 잘못이 무엇인지를 진단하고, 일본의 경영 체제도 배우며, 무엇보다 연구개발과 경영합리화에 주력했다. 정부는 정부대로, 군은 군대로, 기업은 기업대로 개혁을 단행했다. 물론 그런 개혁은 신자유주의라는 정치경제 사상에 입각해 국가와 정치의 역할을 지나치게 축소하고 시장과 기업의 역할을 지나치게 확대했다는 문제점도 있다. 그러나 개혁의 결과 1990년대부터 다시 미국 산업의 경쟁력이 커지고, 특히 정보산업을 주도하면서 역사상 유례가 없는 장기 호황을 누리게 되었다.

한국경제연구원이 1994부터 1999년까지 관세통계통합 품목 약 4,200개의 세계시장 점유율과 순위를 분석한 결과, 1999년을 기준으로 각국이 세계 1위의 시장 점유율을 갖고 있는 품목은 미국 924개, 독일 694개, 중국 460개, 일본 326개, 홍콩 206개, 대만 122개, 한국 76개였다. 장기 호황을 누리게 되자 세금을 많이 거둬 엄청나던 재정적자도 극복하고, 오히려 흑자가 너무 커져 부시 행정부는 감세 정책을 실시할 정도가 되었다. 게다가 사회주의권의 붕괴로 이제는 세계 유일의 초강대국이 된 미국은 한층 강한 자신감으로 전 세계의 경제와 정치를 주도하고 있다.

이러한 미국이기에 전 세계에서 수없이 많은 사람들이 아메리칸 드림을 안고 미국으로 모여든다. 사실 미국은 이민국가다. 미국 땅의 원주민이던 아메리카 인디언은 무시할 정도의 소수민족으로 줄어들었고, 그 대신 이민자들이 주인이 되었다. 미국에는 세계 각국에서 해마다 적게는 30~40만 명에서 많게는 100만 명이 넘는 사람들이 몰려들어오고 있다. 많은 약소국들이 미국을 제국주의 국가라고 비난하지만, 동시에 그 나라의 많은 사람들은 가서 살고 싶은 낙원으로 여긴다. 그래서 정당한 방식으로 미국 이민길에 나설 수 없는 사람들은 무슨 수를 써서라도, 심지어는 생명의 위험을 감수하면서까지 미국에 이민할 수 있는 길을 찾는다. 미국 정부는 불법 이민자를 600만 명으로 추산하지만, 전문가들은 900만~1,100만 정도로 본다.

미국에는 이민자만 모여드는 것이 아니다. 많은 젊은이들이 청운의 꿈을 안고 공부하기 위해 미국으로 온다. 미국은 세계에서 가장 많은 유학생을 끌어들이는 나라이기도 하다. 2003~2004년에 미국 내 유학생 수는 57만 2,500명이었고, 이들이 쓴 돈만도 130억 달러가 넘었다. 미국에는 유학생으로 유지되는 대학도 상당수에 달한다. 미국 유학생 가운데 일부는 공부를 마치고 본국으로 돌아가기도 하지만, 많은 유학생이 미국에 남아 미국 시민으로 살아가기를 원하고 실제로도 그렇게 한다. 다시 말해, 많은 나라가 약 20년 동안 양육하고 가르친 고급두뇌를 미국은 단 몇 년 가르쳐서 미국의 인적 자원으로 흡수하는 것이다. 특히 이들 유학생들의 고급두뇌가 미국의 이공계를 유지하고 보강한다.

뉴욕의 세계무역센터 쌍둥이 건물과 워싱턴의 국방부에 대한 테러 이후 일시적으로 주춤거리기는 했지만, 미국은 관광객도 많이 끌어들이고 있다. 미국은 국토가 광대한 만큼 구경할 만한 뛰어난 자연 경관이 많다. 게다가 나라의 역사는 오래 되지 않았지만, 세계적인 예술품, 세계 각국의 민속품, 골동품, 지질학적 또는 인류학적 가치가 있는 화석과 유물 등이 많아 감상하고 연구할 대상이 풍부하다. 더구나 세계 도처의 많은 사람들은 대개 미국에 연고자가 있어서 그들의 관광 안내를 받을 수 있기 때문에 더 쉽게 미국 관광에 나설 수 있다. 이밖에 미국은 사업, 연구, 회의 등으로도 많은 사람들을 불러들이고 있다.

이와 같이, 싫든 좋든, 원하든 원치 않든, 미국과 세계는 밀접하게 관련되어 있고 다른 나라와 그 주민들의 삶에 직·간접으로 많은 영향을 미친다. 그래서 많은 나라와 사람들이 미국의 움직임이나 변화를 주시한다. 특히 미국의 정치적 결정이나 경제 동향은 주시의 대상이다. 미국의 새로운 문화적 경향은 즉각적인 모방의 대상이 된다.

미국도 미군 해외주둔과 교역을 통해 그리고 이민이나 유학생이나 관광객을 통해 다른 나라에게서 여러 도움을 받는 등 적지 않은 영향을 받고 있다. 그러나 역설적이게도 일반 미국인들은 세계문제에 별로 관심이 없다. 미국의 신문들도 뉴욕타임즈 등 몇 가지를 제외하고는 대개는 지역신문이고, 국제문제에는 별 관심을 보이지 않는다. 그래서 미국인 가운데에는 의외로 우물 안 개구리가 많다. 이것은 미국인들이 그만큼 자기중심적이고 오만하다는 증거일지도 모른다. 그러나 그보다 미국은 그만큼 큰 나라이고 자족적이기 때문이라고 보는 편이 정확하다. 물론 오늘날과 같은 지구촌 시대에 미국이라고 완전히 자족할 수 있는 것은 아니지만, 다른 어떤 나라보다도 자족의 정도가 큰 나라다.

그렇다고 미국이 다른 나라에 대해서 잘 모른다고 생각하면 큰 오산이다. 미 국무부는 세계 각국을 담당하는 부서를 두고, 거기에 수많은 외국 전문가를 두고 있다. 그뿐 아니라 미국에는 국제문제 관련 연구소도 많고, 그 산하에 연구원도 많다. 종합대학에는 각국의 문학과 문화, 정치와 경제, 역사 등을 연구하고 가르치는 학과와 교수도 많다. 무엇보다 미국에는 각국에서 그 나라를 너무도 잘 아는 그 나라 출신의 사람들이 이민 와서 미국인으로 살고 있다. 게다가 미국은 각종 레이더, 정찰기, 첩보위성, 통신 감청장치 등을 가동하여 적대국과 우방국을 가리지 않고 모든 나라의 통신 내용과 지상의 움직임을 감시하고 있다. 그러므로 미국의 일반인들이 외국에 대해 별 관심이 없고 잘 모른다 해도, 국가로서 미국은 세계의 어느 나라, 어느 지역의 문제에 대해서든지 정확하게 파악하고 있다. 이 점에서도 미국은 슈퍼파워의 나라다.

오히려 다른 나라나 그 국민들이 미국을 너무 모르는 것은 아닐까. 미국의 영향을 받는 만큼 미국에 대해서 제대로 알고 있다고 할 수 있을까. 미국에게서 직·간접적으로 영향을 많이 받는 우리야말로 미국을 잘 알아야 하겠지만, 과연 그렇다고 할 수 있을까?

강화되는 팍스 아메리카나

한국에서 한때 영어를 공용어로 하자는 주장이 제기되어 논란이 일어난 적이 있다. 스위스는 독어, 불어, 이태리어, 레토-로만어를 공용어로 쓰는 다민족 국가다. 그런데 각 민족은 제2언어로 스위스의 다른 공용어를 배우는 것이 아니라 영어를 배워, 다른 민족과 영어로 의사소통한다고 한다. 한국과 같이 민족주의가 강한 나라에서조차 영어를 공용어로 쓰자는 주장이 제기될 정도로, 스위스와 같이 다공용어 국가에서 공용어도 아닌 영어를 제2언어로 가르치고 이민족간의 의사소통 수단으로 이용할 정도로, 오늘날 영어는 세계적인 통용성이 있다. 그리고 그것은 대체로 미국의 영향이다. 그러나 영어가 미국의 실질적인 공용어이긴 하지만, 정작 미국이 영어를 공용어로 선포한 것은 아니다.

컴퓨터와 인터넷이 널리 보급되면서 국제어로서 영어의 지배력이 더 커지고 있다. 말할 것도 없이 컴퓨터와 인터넷은 미국에서 발명·발전된 것이기 때문에, 컴퓨터 운영체제나 인터넷의 기본 언어는 당연히 영어다. 특히 컴퓨터의 운영체제를 장악한 과거의 도스나 현재의 윈도, 그리고 이에 도전하는 리눅스 등이 모두 영어로 만들어져 있다. 그리고 이에 맞추어 다른 소프트웨어도 대부분 영어로 제작된다. 그러므로 컴퓨터나 인터넷을 제대로 사용하려면 영어를 배워야 한다. 거꾸로 영어에 유창하면 컴퓨터 산업, 특히 소프트웨어 산업에서 유리하다. 이 때문에 과거에는 산업화에 뒤져 있던 인도나 오스트레일리아와 같은 국가가 영어를 쓰는 덕택에 컴퓨터와 인터넷 시대에 빛을 보고 있다. 이와 같이 미국의 힘과 정보산업은 영어의 세계 지배력을 더욱 확고히 했다.

해가 지지 않는다던 영국에 해가 지기 시작하면서 미국이 세계의 지배적인 중심 국가로 발돋움했다. 그래서 많은 나라와 사람들이 미국과 이런저런 관계를 맺어, 미국을 경험하고, 미국의 제도, 문화, 가치, 사고방식을 배우게 되었다. 미국적인 것이 점차 세계적으로 되었다. 앞에서 보았듯이, 대표적인 것이 영어다. 미국과 관계를 맺기 위해 가장 먼저 영어가 필요하기 때문이다. 국제어로서 영어의 통용력은 미국이 세계의 지도국가가 된 이후에 확고해졌다. 한때 불어가 국제어로서 영어와 패권을 다투었으나, 미국이 국제무대의 헤게모니를 장악하면서 국제어로서 불어는 급속히 쇠퇴하고 말았다. 오늘날 영어 인구(약 5억)는 중국어 인구(약 10억)의 절반에 불과하지만, 영어는 세계의 실질적인 공용어나 다름없다. 거의 모든 나라, 심지어는 미국과 적대적인 국가에서조차 영어를 제2언어로 배운다.

　이와 같이 영어가 세계의 공용어가 되었기 때문에, 미국인들이 누리는 혜택은 많고 다양하다. 미국인은 외국어를 따로 공부하지 않아도 다른 나라 사람들과 의사소통하는 데 별 어려움이 없다. 미국인들은 외국어를 습득하기 위해 시간, 정력, 돈을 따로 쏟을 필요가 거의 없다. 오히려 외국어를 배우는 데 드는 많은 시간을 자신의 전공이나 기타 다른 공부에 투자할 수 있다. 미국은 외국인들에게 영어를 가르치는 것만으로도 많은 일자리를 만들어내고 수입을 올릴 수 있다. 그래서 많은 미국인들은 외국에서 영어 강사로 취업한다. 영어로 쓰기 때문에 미국인들이 쓰는 글이나 논문을 세계의 많은 사람들이 읽는다. 즉 영어를 사용하는 덕택에 미국의 학자, 문필가, 언론인은 세계적인 지명도나 영향력이 있다.

　미국적인 것이 세계적으로 되었거나 되어가는 사례는 영어와 컴퓨터 운영체제 외에도 많다. 미국 흑인들이 발전시킨 재즈와 랩은 미국인뿐만 아니라, 세계인의 대중음악이 되었다. 미국의 광부들이 입던 청바지는 미국인과 더불어 세계인의 일상적인 옷이 되었다. 미국의 대중음식인 햄버거와 핫도그는 세계인이 즐겨먹는, 세계의 대중음식이 되었다. 미국의 대중스포츠 야구는 세계인이 열광하는 세계적인 대중스포츠다. 미국인이 즐겨 마시는 코카콜라는 이제 세계인도 즐겨 마시는, 세계적인 음료수다. 미국인이 즐겨 씹는 추잉 껌은 세계인도 즐겨 씹는, 세계적인 심심풀이가 되었다.

　이런 문화적인 것만 세계적으로 통용되는 것은 아니다. 이밖에도 미국의 제도가 세계적으로 통용된 경우가 많다. 세계의 도처에서 미국 대학의 학위는 가장 확실한 학력의 보증서로 간주한다. 그래서 미국의 대학에 세계 각국에서 온 많은 유학생들이 공부하고 있다. 다시 말해, 미국의 대학은 세계의 대학이 되었다. 이밖에도 미국의 정치, 사법, 경제, 군사, 교육 등의 여러 제도를 세계의 많은 나라가 도입하거나 모방한다. 이미 세계의 많은 나라가 미국의 대통령제를 채택하고 있다.

미국의 돈인 달러는 세계의 기축통화 노릇을 하고 있다. 다시 말해 미국의 돈이 세계의 돈이 된 것이다. 수년 전에 유로화가 유럽공동체의 기축통화로 등장했지만, 아직은 세계의 기축통화로서 달러와 같은 통용력을 갖지 못한다. 국제적인 거래는 거의 달러로 지불한다. 많은 나라가 국제결제수단으로 상당량의 달러를 비축해놓고 있다. 달러가 제대로 비축되지 않은 나라는 언제 외환위기를 맞을지 몰라 전전긍긍해야 한다. 오늘날은 치고 빠지는 미국의 투기자본의 규모가 워낙 크기 때문에, 이에 대비해서 더 많은 달러를 비축해야 한다. 한국도 달러가 부족해서 경제위기를 맞았고, 국제통화기금의 구제금융으로 겨우 위기를 넘겼다.

그러나 미국은 이런 달러 위기를 염려할 필요가 거의 없다. 달러는 자국 화폐이므로, 급한 경우에 더 찍어 내면 되기 때문이다. 달러는 어느 나라에서나 그 나라 돈으로 쉽게 바꿀 수 있고, 많은 나라에서는 그대로 통용되기 때문에 관광객들도 달러를 가지고 다닌다.

경제적으로 여유 있는 사람들은 비상 자금으로 달러를 모아둔다고 한다. 국제적인 검은 돈도 대개 달러로 통용된다. 독재자들이 스위스 은행 등에 숨기는 돈도 대개는 마찬가지다. 이런저런 이유로 미국 이외의 지역에서 많은 달러가 일시적으로 또는 영원히 사장되어 버린다. 그렇게 사장된 달러만큼 미국은 다시 달러를 더 찍어 낼 수 있다. 더 찍어 내지 않으면 달러 가치가 그만큼 올라간다. 다시 말해, 달러가 사장되는 만큼 미국은 이득을 보는 셈이다.

미국의 할리우드 영화는 세계 영화계를 지배한다. 미국 영화는 세계의 영화가 된 것이다. 많은 나라에서는 미국 영화에 치어서 자국 영화를 제대로 생산하지도 못한다. 과거 영화 강국이던 프랑스 같은 나라도 할리우드 영화로부터 자국의 영화 산업을 보호하기 위해 안간힘을 쓰고 있다. 한국과 같이 국산 영화가 상당한 인기를 끌고 있는 나라는 예외에 속한다. 영화뿐만 아니라 대중음악에서도 마찬가지다. 재즈, 록, 랩 등 미국의 대중음악은 세계의 대중음악을 지배한다. 오늘날 세계의 많은 사람들은 미국 영화배우나 대중가수의 열렬한 팬이다. 그런 미국의 대중문화는 세계의 팬들에게 미국과 미국적인 삶에 대해 동경하게 만든다. 할리우드 영화를 비롯한 미국의 대중문화는 세계 대중문화 시장을 지배하면서, 직접적으로 세계 곳곳에서 막대한 돈을 벌어들인다. 또한 간접적으로는 수많은 사람들에게 미국 문화와 가치를 퍼뜨리고, 소비와 오락이 중심인 미국의 물질주의적 삶에 대해 선망과 동경을 품게 만든다.

미국의 뉴스 또한 세계의 뉴스가 되었다. 미국의 저널리즘이 세계의 저널리즘을 지배하기 때문이다. 다른 나라의 많은 언론은 세계의 저널리즘을 지배하는 미국의 언론, 특히 UPI와 AP 통신사, CNN 방송사, 3대 네트워크 방송사, 뉴욕타임즈 등의 주요 국제 뉴스를 그대로 인용하거나 참고한다. 미국의 여러 언론이 중요하게 다루는 것은 다른 나라의 언론도 중요시하다. 대체로 미국 언론이 보도한 논조를 그대로 전달하기 때문에, 많은 나라는 미국의 시각을 그대로 수용한다. 이러한 사실은 페르시아만전쟁(걸프전쟁)이나 '테러와의 전쟁'에서 입증되었다. 다시 말해 미국의 언론은 세계적인 의제를 설정하고, 미국의 관점을 세계인의 관점으로 유포시키는 것이다. 이것이야말로 가장 강력한 미국 것의 세계화다.

미국의 독주와 걸림돌

미국은 독립선언 이래 전쟁, 합병, 매입으로 계속해서 영토를 확장해왔다. 미국의 이런 팽창주의 정책에서 무력과 전쟁은 중요한 수단이었다. 사실 미국은 전쟁으로 탄생했고 성장했다. 미국은 독립전쟁을 통해 새로운 나라가 되었고, 1812년 영국과의 전쟁, 남북전쟁, 멕시코와의 전쟁, 스페인과의 전쟁, 제1, 2차세계대전 등에서 보듯이, 전쟁을 통해 국력을 신장시키고 영토를 넓혔다. 오늘날 미국은 세계에서 정치적·군사적으로 가장 강대한 국가이며, 그런 정치·군사력을 바탕으로 국제 분쟁이나 갈등에 개입해왔다. 미국은 제1, 2차세계대전에 참전했고, 한국전쟁, 베트남전쟁, 페르시아만전쟁(걸프전쟁), 코소보전쟁을 주도하는 등 20세기의 주요한 분쟁이나 전쟁에 개입했다. '테러와의 전쟁'이라는 21세기 최초의 전쟁도 미국이 시작한 것이다.

다른 한편으로는, 냉전을 통해 자본주의권과 공산권의 열전을 피하고, 중동의 평화협상을 중재하는 등 전쟁을 방지하거나 억제하는 역할도 해왔다. 그러나 미국은 그같은 평화유지 역할과는 이율배반적인 모습을 드러내기도 한다. 방어용 무기라는 미명하에 많은 무기를 수출하기 때문이다. 사실 미국은 세계 최대의 무기 수출국이다. 2001년 세계 무기 총판매액 264억 달러 가운데 미국은 45.8%인 121억 달러를 차지했다. 그래서 미국 정부는 한편으로 평화적인 대외관계를 주창하면서, 다른 한편으로는 자국의 군수산업체가 무기를 수출하도록 돕는다. 그래서 미국은 평화를 위협한다는 비난을 받기도 한다.

이와 같이 미국은 우리의 생각 이상으로 군사국가적 면이 강하다. 그렇다고 미국의 군부가 18세기 프로이센, 군국주의 일본, 군사정권하의 한국처럼 국가를 장악한 것은 물론 아니다. 미국의 군부는 아직까지 쿠데타를 시도한 적도 없고, 워싱턴 장군이 사령관이었던 독립군 시절부터 민간의 통제에 복종해온 것도 사실이다. 그러나 군은 미국의 군사정책뿐만 아니라 대외정책에 커다란 영향력을 행사하면서도, 책임은 지지 않는 미 행정부 내의 가장 강력한 집단으로 비판받기도 한다. 게다가 군과 결합한 미국의 군수산업체는 미국에서 대의회 로비력이 가장 막강한 이익집단이다. 그래서 아이젠하워 대통령은 자신이 군 출신임에도, 1961년 마지막 대국민 연설에서 그러한 군과 군수산업체가 결합한 군·산복합체의 위험성을 경고하기까지 했다. 그러나 미국에서 군·산복합체의 힘은 날로 커져만 간다.

미국은 한국, 일본, 독일, 사우디아라비아 등의 핵심거점 국가를 포함하여 약 40개 나라에 군사기지를 두거나 또는 군사기지 사용권을 갖고 세계의 경찰 역할을 수행한다. '테러와의 전쟁'을 시작한 뒤에는 아프가니스탄, 파키스탄, 우즈베키스탄, 키르기스스탄, 필리핀에 군대를 파견했고, 카자흐스탄, 타지키스탄, 아제르바이잔, 아르메니아, 예멘, 소말리아, 인도네시아 등에도 군대파견을 검토하고 있다. 미 국무성은 쿠바, 이란, 이라크, 리비아, 시리아, 수단, 북한을 국제 테러리즘을 후원하는 이른바 '불량(깡패) 국가'(rogue nations) 또는 '우려 국가'(states of concern)로 지정했고, 부시 대통령은 이라크, 이란, 북한을 '악의 축'으로까지 명명했다. 이들 나라에 대해서는 경제 제재를 가하고, 심지어는 다른 나라가 그 나라와 교역하지 못하도록 해서 경제적인 어려움을 겪게 만들기도 한다.

소련이 붕괴한 후, 미국은 강력한 경쟁자도 견제세력도 없는 세계 유일의 초강대국이 되었고, 그 행동도 좀더 자유로워졌다. 서방 국가를 비롯한 세계의 많은 나라가 반대했지만, 미국은 미사일 방어 계획을 추진하는가 하면, 과거에 서명했던 협정이나 협약도 무효화시키거나 무효화하려 들었다. 생화학무기의 개발, 생산, 보유를 전면 금지하는 1972년의 생물무기 금지협정에 강제력을 부여하는 검증 의정서를 143개 비준국이 약 6년에 걸쳐 마련했으나, 미국은 2001년 7월 제네바에서 열린 특별그룹회의에서 이를 거부했다.

'테러와의 전쟁'에서 타국의 협조를 강조한 미국 정부는 자신에게 조금이라도 불리하다 싶으면 일방주의를 고수하는 자세 때문에 프랑스나 중국 등 많은 나라로부터 비난을 받고 있다.

제2차세계대전 후 미국은 반공정책의 일환으로 개발도상국 지원, 개방적인 세계경제, 강력한 국제기관 등을 추구해왔다. 그러나 냉전체제가 붕괴된 이후로는 타국의 이익을 거의 배려하지 않고 자국의 이익만을 추구하는 일방적인 세계화를 도모하고 있다. 미국의 보수적 정치학자인 헌팅턴조차도 "미국은 정기적으로 여러 나라를 '깡패 국가'라고 부르고 있으나, 많은 나라의 입장에서는 미국이야말로 '무법자 초강대국'이다"라고 말한다. 그럼에도 미국인들은 마치 미국이 자비로운 패권국가인 것처럼 생각한다. 특히 미국의 정치가들은 언필칭 미국이 언제나 정당하고 정의로운 듯이 말한다. 클린턴 행정부의 국무장관이었던 올브라이트는 "우리들은 자신이 있고, 가슴을 열고 있으므로 다른 나라보다 사물을 잘 예견한다"고 했다. 서머즈 재무장관은 미국이야말로 "세계에서 처음으로 비제국주의적인 초강대국"이라고 선언했다. 그러나 그것은 미국의 수사적인 자화상에 불과하다. 이런 점에서 "세계에 미국의 리더십이 필요하다는 주장은 미국 내에서나 통용될 뿐이다. 그밖의 세계에서는 미국이 오만하게 일방적 정책을 수행한다고 본다"는 영국의 한 외교관의 지적을 미국의 정치가들은 음미해야 한다.

미국이 이렇게 된 데에는 그런 미국을 견제할 만한 세력이 국제사회에 없기 때문이다. 유럽연합이라는 유럽 국가들의 커다란 연합체가 있지만, 정치조직이라기보다는 경제조직의 면모가 더 강하다. 아직까지 유럽연합은 미국의 견제자라기보다는, 걸프전과 '테러와의 전쟁'에서 보듯이, 미국의 협조자에 더 가깝다. 또한 미국을 견제할 만큼 통일되고 강력한 정치적인 힘을 발휘하지도 못한다. 미사일 방어체제, 유엔기후변화협약, 반덤핑 관세정책 등 국제적 약속을 무시하고 독선적인 태도를 보이는 미국에 대해서 유럽연합 국가들의 반감이 커졌다. 그래서 유럽연합은 제3세계 국가들과 협력하여 유엔기후변화협약을 통과시키고, 유엔 인권위원회와 마약통제위원회 이사국에서 미국을 축출하기도 했지만, 여러 점에서 유럽연합은 미국의 적극적인 견제세력이라고 보기는 어렵다.

현재로서는 시장경제의 도입과 산업화의 추진으로 힘을 키워가고 있는 중국이 거의 유일하게 미국을 견제하고 있다. 그러나 아직은 제대로 된 견제자라고 하기에는 군사력을 비롯해서 국력이 미국에 훨씬 미치지 못한다. 더구나 미국과의 무역에서 최혜국 대우를 받는 등 경제적으로 미국에 지나치게 의존하고 있다. 현재 미국 상점의 값싼 상품들은 거의 예외 없이 중국제품이다. 만일 미국이 어떤 이유로 중국 상품의 수입금지 조치를 취한다면, 중국 경제는 큰 어려움에 봉착할 것이다. 실제로 2001년 4월 초 남중국해에서 미국 정찰기와 중국 전투기의 충돌로 미국 정찰기가 중국 하이난 섬에 불시착하자, 중국 측이 사과를 요구하며 승무원 24명을 억류했을 때, 미국의 강경파들은 중국이 승무원과 비행기를 돌려보내지 않으면 무역관계를 단절해야 한다고 주장하기도 했다. 물론 무역은 호혜적인 것이기 때문이 그렇게 쉽게 일방적으로 단절할 수는 없다. 더구나 중국과 거래하는 미국 무역업계에서 그렇게 되도록 방관하지도 않았을 것이다.

오히려 미국은 '불량국가'와 함께 중국을 미사일 방어체제와 우주 방어체제 구축 등 새로운 국방비 증액과 군사력 증강을 위한 구실로 활용하고 있다. 이를 위해 부시 행정부는 중국을 '전략적 동반자'로 규정했던 클린턴 행정부와는 달리, '중국 위협론'을 부각시키면서 아예 중국을 '잠재적 적국'으로 규정하고 있다. 세계 유일의 초강대국으로서 미국의 패권은 당분간 지속될 것으로 보인다. 그러나 헌팅턴의 지적처럼, 머지않아 중국이 동아시아의 강대국으로 부상해서 미국과 문명충돌을 일으킬 가능성도 있다.

이런 상황에서 미국은 신자유주의 이념으로 세계화(globalization)를 주도하면서 미국 중심의 새로운 세계 질서를 만들어가고 있다. 신자유주의는 국가에게서 재산권이나 사업권의 보호와 같은 경제적 자유를 강조하는 자유주의의 경제이념에서 한 걸음 더 나아가, 그런 경제적 자유를 위해서 국가와 정치의 역할을 최소화해야 한다고 강조하는 경제이념·정치이념이다. 신자유주의는 모든 것을 시장과 기업에 맡기고, 그에 대한 국가와 정치의 간섭을 적게 하는 것이다. 따라서 신자유주의 체제에서는 합리적 논의를 요구하는 정치 영역이 줄어들고, 이윤의 동기가 지배하는 시장과 기업, 즉 자본의 결정이 중요한 공공의 문제를 좌우한다. 미국 자본의 세계 지배를 강화하는 자본의 이데올로기라 할 수 있는 신자유주의가, 1980년대 레이건 행정부 때부터 오늘날까지 미국은 물론 미국이 주도하는 세계화와 함께, 세계를 지배하는 정치·경제 사상이 된 것이다. 이런 세계화는 무역 자유화, 금융시장의 자유화 등으로 제3세계에 강요되고 있다. 1997년의 아시아 금융위기는 아시아의 연고주의적 자본주의와 무능한 경영 등에 그 원인이 있는 것으로 진단되기도 했다. 그러나 사실은 아시아 여러 나라에 신자유주의 체제를 강요하려는 미국의 전략이었다는 지적도 있다.

물론 이런 세계화에 대한 반대도 거세다. 제3세계의 시민운동가들뿐만 아니라, 구미의 시민운동가들도 세계화 반대의 목소리를 높이고 있다. 그래서 1999년 시애틀 세계무역기구 각료회의 이후 G7 정상회담을 비롯해서 선진국이 주도하는 국제기구 모임을 개최하는 곳은 격렬한 세계화 반대시위로 얼룩지곤 한다. 세계화가 환경파괴, 노동착취, 그리고 국제간의 빈부격차, 즉 부익부 빈익빈 현상을 심화시키는 등 많은 부작용을 낳는다는 것이다. 세계 무역 시스템은 너무나 불평등해서 자유화하면 할수록 선진국에게만 더 유리해진다. 따라서 부국이 무역자유화에서 빈국에게 많이 양보해야 한다고 지적된다. 또 금융시장의 자유화는 자본이 부국에 집중되도록 만들고, 제3세계 개발을 위한 투자를 어렵게 만든다.

그러나 맹목적인 세계화의 반대도 문제가 있다. 예를 들어 미국의 대학생들은 미국 대학의 구내 상점에서 판매하는 티셔츠를 비롯한 많은 기념품이 개발도상국의 노동착취로 만들어진 것이라며, 이 물건의 판매를 반대하는 시위를 벌인다. 그러나 그럴수록 그것을 만든 개발도상국의 제조업과 거기서 일하는 사람들이 타격을 받게 된다.

　미국은 냉전 이후 군사력으로 세계 제국이 되었다. 2001년도 전 세계의 군사비는 8,390억 달러였는데, 이 가운데 미국의 군사비는 36%인 3,020억 달러였다. 2004년도 군사비는 3,707억 달러였다. 미국의 군사비는 세계 최고로, 2위에서 10위까지 군사 강국들의 모든 군사비를 합친 것보다 더 많다. 미국의 군사 기술력은 타의 추종을 불허한다. 그러나 그렇다고 미국이 모든 것을 군사력으로 해결할 수 있다고 생각한다면 이는 큰 오산이다. 미국은 군사력에 의한 패권에 한계가 있다는 것을 알아야 한다. 미국에 대한 동시다발 테러가 보여주듯, 미국과 같은 초강대국도 속수무책으로 당할 수밖에 없는 것이 오늘날의 여건이다. 현재 세계의 많은 나라가 핵무기와 생화학 무기를 제조·보유하고 있고, 또 그것의 일부는 국가가 아닌 테러 단체에도 유출될 수 있는 지경에 이르렀다. 특히 구 소련이 붕괴하면서 소련의 많은 첨단 무기가 테러 단체의 수중으로 들어갔을 가능성도 제기되고 있다.

　문제는 테러에는 굳이 이런 첨단 무기들이 필요하지 않다는 사실이다. 2001년 9월 11일의 테러에서 테러리스트가 사용한 무기는 기껏해야 문방구용 칼이었다. 첨단 무기 없이도 엄청난 테러가 가능한 것이 오늘날의 현실이다. 힘으로 모든 것을 해결하려는 자세는 더 극렬한 저항만을 불러일으킬 뿐이다. 미국은 자신들의 힘을 과신한 나머지, 미국에 대한 다른 나라나 그 나라 사람들의 인식이나 태도에 신경을 쓸 필요가 없다고 생각할지도 모른다. 그러나 미국이 대외관계에서 다른 나라나 그 민중의 원망을 무시한 채, 세계화를 강요하고 자신들의 이익만을 추구하는 등 제국주의적으로 행동하면 할수록, 미국에 대한 반발과 적대감도 커진다.

　오늘날과 같은 지구촌 시대에 더구나 미국이 나서서 추구한 세계화의 정책 탓에, 미국은 제3세계 가난한 나라들의 문제, 특히 그들의 피억압, 빈곤, 기아, 질병 문제를 외면할 수 없다. 미국은 제3세계 국가들의 압박과 빈곤 문제에 적극적으로 대처해야 한다. 오늘날 1년 동안에 출생하는 지구상의 어린이 약 8,000만 명 가운데 7,300만 명이라는 절대다수가 제3세계의 어린이다. 세계화 시대에 이들의 피억압과 빈곤의 문제는 그들만의 문제로 끝나지 않는다. 그것은 부메랑이 되어 선진국의 문제로 되돌아갈 수밖에 없다. 미국에 대한 테러에도 이슬람권의 억압과 빈곤에서 오는 분노와 절망이 자리 잡고 있다. 미국은 세계화를 자신의 이익을 추구하는 제국주의적 전략으로서가 아니라, 세계 공동체의 상부상조를 위한 전략으로 활용해야 할 것이다.

테러, 보복, 추악한 전쟁

2001년 9월 11일 미국에 동시다발 테러가 발생했다. 그로 인해 미 군사력의 상징인 워싱턴의 펜타곤과 미 자본주의의 상징인 뉴욕 세계무역센터의 쌍둥이 건물은 테러범이 납치한 여객기의 충돌로 처참하게 파괴되었다. 그와 함께 3,000명에 이르는 무고한 인명이 희생되었다. 게다가 이 테러의 충격이 채 가시기도 전에, 탄저균이 든 우편물이 미국의 언론사와 의사당 등에 배달돼 미국은 동시다발 테러에 이은 생화학 테러의 공포에 휩싸였다.

인간의 성취물과 목숨을 자연이나 그밖의 것이 아니라, 인간 자신이 손쉽게 파괴한다는 사실을 이 사건은 또 한번 입증했다. 무엇보다 이제 그 어떤 나라도—바다로 둘러싸여 고립되어 있든, 아무리 강대국이든—결코 테러에서 안전하지 않다는 것을 보여주었다. 사실 미국은 지금껏 많은 국제전에 참여했지만, 한번도 본토가 공격을 받은 적이 없었다. 그래서 미국 본토는 안전하다는 신화가 있었다. 그러나 이제 그 신화는 무참히 깨지고 말았다. 이제 미국인들도 테러의 공포에 떨게 되었다.

수천 명의 죄 없는 목숨을 앗아간 이 동시다발의 잔혹한 테러가 빚어낸 아비규환의 대참사, 특히 세계무역센터의 쌍둥이 건물에 대한 테러장면을 컬러텔레비전은 두 개의 거대한 건물이 납치 여객기에 부딪혀 검붉은 화염 속에서 무너져내리는 하나의 장관으로 보여줬다. 그동안 TV화면이 1991년의 페르시아만전쟁(걸프전쟁)과 2001년의 아프가니스탄에 대한 미국의 폭격을 비롯해서 미국이 주도한 최근의 많은 전쟁과 폭격을 단지 멋있는 비디오 게임처럼 보여주었듯이, 이제 미국이 당한 잔혹한 테러도 외부세계에는 그저 하나의 장관으로 비친 것이다. 실상을 있는 그대로 생생하게 보여준다는 텔레비전이라는 매체는 이렇듯 전쟁이나 테러조차도 참사보다는 장관으로 나타내는 맹점이 있다. 그동안 미국은 자신들이 주도한 전쟁의 모습을 텔레비전에 인간의 피와 시체가 있는 참상으로 보여주지 않은 채, 마치 무해한 것처럼 나타냈다. 따라서 전쟁에 대해 미국인이 양심의 가책을 느낄 수 없게 하는 데 이용했다. 그런데 이제 그 텔레비전이 거꾸로 미국에 가해진 테러의 참상을 단지 장관인 것처럼 보여주었다.

최근 정치적 목적의 테러가 대개 그렇듯이, 미국 심장부에 대한 이번 테러도 자살 테러였기 때문에, 그 장본인들이 누구인지 그리고 테러를 감행한 목적이 무엇인지 명시적으로 밝혀지지 않았다.

1980년대까지는 테러가 생기면 그 장본인들이 나서서 자신들의 목적을 밝혔다. 그러나 1990년대부터는 테러가 일어나도 그 테러의 장본인이 나서서 자기의 소행이라고 밝히는 일이 거의 없다. 특히 미국을 상대로 한 테러는 더욱 그렇다. 미국 심장부에 대한 동시다발 테러는 너무도 잔혹하고 인명 피해가 커서 누구든 감히 그 테러의 장본인임을 주장하고 나서기 어려웠을 것이다.

테러의 목적을 명시적으로 천명하지는 않았지만, 과격성만큼이나 그것이 의도한 메시지가 너무도 뚜렷해서 굳이 그 목적을 밝힐 필요도 없었다. 오늘날 세계, 특히 구미와 중동에서 테러는 하나의 강력한 정치적 메시지가 되었다. 언어라는 가장 세련되고 평화적인 표현수단이 있는 인간이지만, 역설적이게도 때로 가장 원시적이고 폭력적인 수단으로 자신의 의사를 표현한다. 불행히도 일부 약자는 자신의 의사를 효과적으로 표현하고 관철시키기 위한 수단으로 무고한 인명을 앗아가는 잔혹한 테러를 택한다. 그리고 테러를 당하는 강자들은 그런 과격한 수단에 호소할 수밖에 없는 약자의 처지나 심정을 헤아리려 하지 않는다. 미국도 예외는 아니다. 오히려 미국은 철저한 응징으로만 맞섰다. 그래서 이 문명시대에도 죄 없는 사람을 희생시키는 증오와 보복의 악순환이 거듭된다.

미국은 동시다발 테러가 발생하자, 곧바로 '테러와의 전쟁'을 선포했다. 미국의 수사 당국은 그 테러가 아랍계 과격단체, 특히 오사마 빈 라덴과 그가 이끄는 알 카에다 조직의 소행이라고 못 박았다. 그리고 아프가니스탄의 탈레반 정권에 빈 라덴의 인도를 요구하고 탈레반 정권이 이를 거절하자, 약 한 달 후에는 최신 무기로 아프가니스탄을 공격했다. 그러자 많은 이슬람권 국가에서 격렬한 반미시위가 일어났다. 아프가니스탄의 인접국인 파키스탄에서는 더 많은 소요가 있었다.

미국은 자신에 대한 테러가 발생하면 대체로 이슬람 과격집단을 지목해왔다. 미국은 그만큼 자신이 이슬람 과격집단의 증오와 반감의 대상이라는 점을 의식하고 있다고 할 수 있다. 그러나 미국은 회교권의 민중이 왜 그토록 미국을 증오하는가, 회교도 테러범들은 왜 자기 목숨을 버리면서까지 미국에 테러를 감행하려 하는가, 그 엄청난 참사에 대해서 왜 아랍계 팔레스타인 사람들은 애도의 뜻을 표하기는커녕 길거리에 나와 환호성을 질렀는가에 대해서는 심각하게 반성하지 않는 것으로 보인다. 그 대신 미국은 '테러와의 전쟁'을 선포하고, 테러범은 물론 비호국까지 응징하겠다고 선언했다.

미국을 상대로 테러를 감행하는 회교도들의 일부가 미국의 지원으로 게릴라 훈련을 받은 사람들이다. 미국이 테러의 배후인물로 지목한 빈 라덴과 그를 비호하고 있다며 적대시한 아프가니스탄의 탈레반 세력은, 아프가니스탄이 소련과 싸울 때 미국이 지원했던 이른바 '자유의 투사'였다. 미국 ABC방송의 존 K. 쿨리 기자가 쓴 『추악한 전쟁: 아프가니스탄, 미국 그리고 국제 테러리즘』에 잘 묘사되어 있듯이, 미국은 파키스탄과 함께 '아프간 반소 무자헤딘 게릴라 동맹'의 결성을 돕고 1982년부터 10년간 파키스탄과 아프가니스탄의 국경지역에 세워진 훈련 캠프에서 전 세계에서 모집한 10만 명 이상의 회교도 용병들의 훈련을 지원했다. 이들은 아프가니스탄의 대소전선에 투입되어 소련군을 격퇴하는 데 지대한 공을 세웠다.

1989년 소련이 아프가니스탄에서 철수한 뒤, 이들 무자헤딘 전사들은 강한 동지애로 무장한 채 세계 곳곳으로 다시 흩어졌다. 그리고 오늘날 전 세계 이슬람 근본주의 운동을 이끄는 핵심세력이 되었다. 이슬람 근본주의는 구미 기독교 문명을 적대시한다. 게다가 1991년 걸프전을 계기로 무자헤딘의 투쟁대상은 미국과 서방으로 바뀌기 시작했다. 1993년 뉴욕의 세계무역센터의 폭탄 테러도 이들의 소행으로 알려졌다. 미국은 소련과 싸울 때 '자유의 투사'로 부르며 지원했던 무자헤딘의 전사들을 이제 '테러리스트'로 지목하고, 그들을 상대로 전쟁을 선포한 것이다. 역사의 아이러니다.

미국 자신은 압제 정권에서 벗어나기 위해 전쟁까지 치렀지만, 미국의 대외정책은 많은 경우 압제정권조차 지원하는 경향이 있다. 또 공산주의에 맞서 싸우기만 하면 어떤 학살자들이든지 '자유의 투사'로 부르면서 지원했다. 오늘날 미국을 향한 이슬람권의 분노와 적대감은 미국의 친이스라엘적 정책과 함께 그런 패권주의적 대이슬람권 정책에서 초래된 면이 있다. 그래서 영국의 한 중동 전문가는 "미국은 이 지역에서의 행동방식을 재고해야 한다"고 지적했다.

다행히 시간이 흐르면서 미국 내에서도 이성적인 목소리가 나오기 시작했다. 무엇보다 미국의 보복은 또 다른 무고한 희생자를 낳고 또 다시 보복의 악순환을 불러일으킨다는 보복과 전쟁 반대의 목소리가 대학가를 중심으로 제기되었다. 다른 한편에서는 미국의 대외정책에서 일방주의적 외교를 반성해야 한다는 목소리도 나왔다. 지금까지 미국의 대외정책, 특히 중동정책에서 친이스라엘적 편향을 재고해야 한다는 주장도 높아졌다. 이런 이성적인 목소리를 듣게 되면, 그리고 미국 본토도 테러에서 안전하지 않다는 사실을 인정하면, 이제 미국 지도자들의 대외정책에서 패권주의적 모습이 사라질지도 모른다는 기대감을 갖게 한다.

그러나 이런 이성적인 목소리는 손상된 자존심을 보상받으려는 듯 보복과 응징을 주장하는 강경론에 묻혀 힘을 얻지 못했다. 오히려 여야가 일치된 강경한 목소리를 내면서 '테러와의 전쟁'을 위해 400억 달러의 특별예산을 아무런 이의 없이 단숨에 승인했다. 심지어 럼스펠드 국방장관은 '테러와의 전쟁'에 핵무기를 사용할 수도 있다고 공개적으로 언명했다. 그리고 파월 국무장관은 '테러와의 전쟁'에서 미국편에 가담하는 정도를 앞으로 미국의 대외관계에서 기준으로 삼겠다고 말했다. 게다가 부시 대통령은 의회 연설을 통해 '테러와의 전쟁'에서 "우리 편이 아니면 테러리스트의 편"(Either you are with us or you are with the terrorists)이라는 이분법적 선언을 통해 다른 나라로 하여금 미국의 대테러 전쟁에 가담하라고 강요했다.

미국의 대테러 대응책은 철저한 보복과 응징으로 맞서는 강경정책으로 점철되어 왔다. 미국은 자신이 공격을 받을 경우 철저하고 잔인하게 보복하는 나라라는 이미지를 심는 것을 전략으로 채

택하고 있다. 촘스키의 저서『불량 국가』에 따르면, 전략 핵무기를
관장하는 미 전략사령부의 1995년도 비밀 연구 보고서인「냉전 이
후 전쟁 억지 대책의 기본 요점」은 "우리 자신을 너무 이성적이고
냉철한 머리의 나라로 묘사하는 것은 자해행위"이고, 미국이 국제
법이나 조약에 매달리는 것은 어리석은 짓이라며, "미국의 치명적
이익이 공격당할 경우 비이성적으로 반드시 보복하는 국가"로 비
쳐야 하며, 그럴 경우 핵무기를 사용할 수도 있음을 암시하고 있다
는 것이다. 다시 말해, "우리를 건드리면 우리는 그만 정신이 나가
핵무기든 뭐든 사용할 수 있다"는 게 미국의 국가 이미지가 되어야
한다는 뜻이다. 이런 논리의 원조는 닉슨 대통령의 '미치광이 이론'
이다. 이 이론은 "우리의 적들은 우리가 미칠 수도 있고 예측이 불
가능하며, 가공할 파괴력을 구비하고 있다는 사실을 직시하고 겁에
질려 우리의 요구에 순응할 것"이라고 주장한다.

 1963년 당시 딘 애치슨 국무장관을 통해 '미국의 힘, 지위, 특권
에 대한 도전'에 대응하는 것이 적절한가의 여부는 국제법적 쟁점
이 아니라고 선언한 미국은 그동안 세계인권선언, 유엔헌장, 유엔
결의안, 국제법과 관행, 국제사법재판소의 판결에 이르기까지 국
제사회의 많은 합의를 외면하거나 무시했다. 예를 들어 미국의 쿠
바봉쇄가 국제법 위반이라는 미주국가 사법위원회 판결을 완전히
무시했다. 미국은 또 1986년 유엔 안전보장이사회가 '모든 국가는
국제법을 준수해야 한다'는 결의안을 통과시키려 하자, 거부권을
행사했다. 미국에 도전하는 세력에 대해서는 국제법 같은 것에 제
약 받지 않고 대응하겠다는 제국주의적인 행동양식을 보여온 것

이다.

　미국은 1990년대 사회주의 국가의 위협이 사라지자, 새로운 국제적인 위협으로서 이른바 '불량국가'라는 것을 제시했다. 미국에 고분고분하지 않은 이라크, 리비아, 쿠바, 북한 등의 몇몇 나라들을 이에 포함시켰다. 그러나 촘스키 교수는 국제사회에서 누가 힘의 지배를 내세우며 제멋대로 행동하는 진정 불량국가인지를 되묻는다. 미국의 배우이며 행동가이기도 한 우디 해럴슨은 "테러리즘에 대한 전쟁이야말로 테러리즘이다"라고 말하기도 했다.

　미국에 대한 테러를 뿌리 뽑으려면 대증요법이 아니라 예방책을 강구해야 할 것이다. 테러리스트를 응징하는 것보다 중요한 것은 테러가 왜 일어나는가를 성찰하는 일이다. 단순히 테러리스트를 응징하는 것으로 그친다면 또 다른 테러를 막을 수 없다. 수많은 빈 라덴과 자살 테러리스트가 속출할 것이기 때문이다.

이스라엘과 유대인의 수호신

미국의 중동정책은 대단히 친이스라엘적이다. 미국은 이스라엘에 해마다 20억 달러 상당의 군사원조를 보내고 있고, 이스라엘이 팔레스타인 공격에 동원하는 무기는 거의 모두 미제다. 이스라엘이 핵무기를 보유하고 있다는 것은 국제사회의 공공연한 비밀이다. 그런데 미국은 이스라엘의 핵사찰 문제를 한 번도 제기하지 않은 반면, 이라크에 대한 조처에서 보듯이 아랍 국가의 핵무기 개발 혐의에 대해서는 집요하게 추궁한다. 또 이스라엘의 팔레스타인 점령에 대해서는 아무것도 제재하지 않으면서 이라크의 쿠웨이트 침공에 대해서는 무력으로 응징하고 경제제재까지 가했다. 또 이스라엘의 국가 테러리즘에 대해서는 관대하면서도 고향을 잃은 아랍 팔레스타인인들의 테러에 대해서는 자못 비판적이라는 것이 아랍인들의 시각이다.

게다가 부시 행정부의 중동정책은 더욱더 친이스라엘적인 모습을 보여왔다. 아리엘 샤론이 집권한 이스라엘이 대팔레스타인 정책에서 점점 더 강경으로 치닫는데도 이를 제지하고 평화공존하도록 압력을 가하기는커녕 유엔이 시오니즘을 인종차별주의로 규정하는 결의안을 채택하려 한다는 이유로 2001년 8월 남아프리카공화국 더반에서 열리는 유엔 인권회의에 이스라엘과 함께 불참하였다. 이런 부시 행정부의 행동은 특히 이슬람 국가와 그 국민들로부터 반감을 샀다.

그렇다면 미국은 왜 중동정책에서 지나치게 친이스라엘적인 모습을 보이는가. 여기에는 무엇보다 이스라엘은 유엔 등 국제무대에서 언제나 미국과 똑같은 입장을 취하는 미국의 절대적 추종국이라는 점을 들 수 있다. 세계에서 최강국의 무조건적 동맹국으로 남는 것이 조그마한 나라 이스라엘의 생존전략이라고 할 수 있을 것이다. 그러나 그런 이유만으로 미국의 지나친 친이스라엘적 태도를 다 설명할 수는 없다. 여기에는 좀더 깊은 또 다른 이유가 있다. 그것은 바로 미국 유대인의 존재다.

유대인은 미국에서 이민의 역사도 길고, 그 숫자 또한 많은 편이다. 나라가 없던 유대인들은 일찍부터 자신들의 나라가 될 수 있고 차별이 적은 이민국가 미국으로 몰려들었다. 유대인의 미국 이민은 1653년 동부에 처음 정착한 시절부터 오늘날까지 계속되고 있다. 미국 전역의 유대인은 약 500만 명으로 추산되는데, 이스라엘의 유대인 수(400만 명)보다 더 많다. 그런데 이들 유대인은 대부분 유럽에서 왔다. 따라서 이들은 인종적으로 대개 백인이다. 이민의 역사도 길고, 유럽 백인들과 같은 생김새와 문화를 공유하는 이들은 유럽 출신의 백인들이 지배하는 미국 사회에 적응하기가 비교적 쉬웠을 것이다. 오늘날 유대인은 미국의 주류사회에 완전히 편입되었다고 할 수 있다. 나아가 그들은 교육계, 언론계, 예술계, 재계 등에서 막강한 영향력을 행사하는 실력집단이 되었다. 그리고 그들의 로비력도 대단하다.

캐나다, 영국, 프랑스 등의 나라들처럼 이스라엘은 이스라엘 시민이 되려는 해외 유대인들에게 본래 국적을 포기하라고 요구하지 않는다. 이스라엘의 이른바 '귀향법(Law of Return)'은 미국 유대인들의 이스라엘 이주를 장려하기 위해 만들었는데, 이스라엘로 이주하는 유대인에게 이스라엘 시민권을 자동적으로 부여하도록 규정하고 있다. 따라서 미국에서 이스라엘로 이주한 유대인들은 동시에 미국 시민권자이기도 하다. 미국에서 이스라엘로 이주했던 유대인들 가운데에는 다시 미국으로 와서 사는 경우가 많다. 그러므로 이스라엘과 미국의 많은 유대인들은 이스라엘과 미국의 시민권이 동시에 있는 이중국적자이기도 하다. 미국의 친이스라엘 정책은 유럽 유대인들의 미국 이주 그리고 이스라엘의 시민권 정책이라는 맥락에서 이해되어야 할 것이다.

반면에 미국의 아랍 인구와 회교도(muslim)는 상대적으로 적은 편이다. 전 세계에 아랍어를 쓰는 인구는 약 2억 명이고, 회교도는 약 12억 명으로 추산된다. 그러나 미국의 아랍 인구는 모두 300만 명 정도에 불과하다. 이 가운데 반절 가까이는 회교도가 아니라,

가톨릭이고 회교도는 약 23%인 70만 명에 불과하다. 미국의 전체 회교도 수는 약 200만 명으로 추산되는데, 이 가운데에는 흑인을 비롯해서 회교 국가와 상관이 없는 회교도도 상당수다. 이렇게 미국에 이슬람권의 이민이 적은 까닭은 미국의 이민 정책 탓도 있고, 또 아랍인이나 회교도는 모두 제 나라가 있기 때문에 나라가 없는 유대인같이 대량으로 미국 이민을 할 만큼 절박하지 않았을 것이다. 그나마 이들 미국 내 아랍인이나 회교도들은 그 종파, 민족, 출신 국가 등이 다양해서 유대인처럼 한목소리를 낼 수도 없다. 이같이 미국 내 아랍인들은 그 숫자도 적고 이민의 역사도 일천하며 통일된 집단도 아니어서, 미국 정치나 정책에 대한 그들의 영향력은 아주 미미할 수밖에 없다.

미국의 중동정책이 친이스라엘적인 데에는 유대인과 아랍인 간의 이런 현실적인 정치력의 차이 외에도 유태교, 기독교, 회교 간의 종교적·역사적 배경의 차이도 작용한다고 봐야 할 것이다. '주데오-크리스천'(Judeo-Christian)이라는 말에서 볼 수 있듯이, 유태교와 기독교의 뿌리는 하나다. 더구나 두 종교는 유대인의 역사를 기술한 구약을 공유한다. 따라서 유럽의 기독교도가 유태교도들을 차별하고 탄압하긴 했지만, 종교의 뿌리가 같고 구약을 공유한다는 점에서 상당히 친근하다. 더구나 유대인들은 유럽에서 오랫동안 살아오면서 유럽 백인의 피와 문화를 이어받았다.

회교(Islam)는 유태교, 기독교와 함께 인류의 조상으로서 아담과 그를 창조한 유일신으로서 하나님을 믿는다. 이들 종교는 천국과 지옥, 천사와 악마, 최후의 날에 있을 부활과 심판에 대한 믿음을 공유한다. 구약의 아브라함은 기독교의 창시자 예수와 이슬람교의 창시자 무하마드의 공통적 조상으로 간주된다. 이 때문에 무하마드는 성서의 백성인 유대인과 기독교인을 박해하지 말도록 강조했고, 이슬람 세계에서 유대인과 기독교인들은 하나님이 계시한 성서를 지닌 백성으로서 종교적 자율권과 국가로부터 보호받을 권리가 있다.

그러나 기독교는 회교에 대해서는 그렇게 우호적이고 관용적이지 않았다. 게다가 회교도와 유럽 기독교도는 지리적으로 가까운 관계로 정복과 전쟁을 거듭해왔다. 기독교는 11세기 초부터 약 2세기에 걸친 8차례의 십자군 원정으로 아랍 회교도와 피비린내 나는 싸움을 했다. 북아프리카의 회교도인 무어인들(Moors)은 8세기부터 15세기까지 기독교 국가인 스페인의 동남부 일대를 점령해서 무어 왕국을 세웠고, 회교 국가인 오토만 제국(Ottoman empire)은 14세기부터 제1차세계대전 전까지 중동, 북부 아프리카와 함께 유럽의 남동부 일대를 지배하며 유럽을 위협하는 강대한 제국을 형성했다.

오늘날 세계에서 기독교(신도수 18억 명)와 회교(신도수 12억 명)는 지리적으로 가장 넓게 분포하며 가장 강성한 종교다. 또 모두 유일신을 믿으며, 타종교나 타문화에 대해서 배타적인 성격을 띠고 있다. 기독교와 회교는 역사적·지리적·교리적으로 서로 갈등·반목하기 쉬운 관계에 있다. 그리고 19세기 영국과 프랑스를 비롯한 서구 열강은 지정학적·경제적 중요성이 큰 이슬람권을 식민지로 지배하는 한편, 그 독립운동을 탄압함으로써 이슬람권의 서구에 대한 증오와 반감의 싹을 키웠다. 그런데 제2차세계대전 후 서구 열강의 자리를 메운 미국은 기본적으로는 백인들이 지배하는 서양 기독교 문명을 대표하는 국가다. 그런 나라가 중동에서 아랍국과 견원지간인 이스라엘을 지원하면서 이란, 이라크, 리비아, 아프가니스탄 등 주요 회교권 국가와 적대관계에 있다.

제2차세계대전 후 영국과 프랑스를 대신해서 등장한 미국의 친이스라엘적·패권주의적 중동정책은 결과적으로 아랍 민중이나 회교도들에게 미국이 반아랍, 반이슬람의 선봉에 선 서양 기독교 문명의 대표로 보이게 만들었다. 그래서 이슬람권의 반서구 감정은 반미 감정으로 이어지게 되었다. 더구나 이슬람권의 이런 반미 감정은 상당히 광범하게 퍼진 정서라고 한다. 그래서 오늘날 세계 유일의 초강대국인 미국에 맞서는 나라는 군사적 강국인 러시아나 중국이 아니라, 엉뚱하게도 군사력이 빈약한 몇몇 이슬람 국가와 과격 회교도 집단들이다. 이런 점에서 보면 헌팅턴 교수가 지적한 문명충돌, 특히 미국과 회교 국가 간에 문명충돌의 가능성도 배제할 수 없다. 물론 이슬람권의 나라마다 미국과의 이해관계나 친선관계가 천차만별이기 때문에, 그런 문명충돌이 쉽게 일어나지는 않을 것이다.

그러나 헌팅턴류의 문명충돌론은 이질적 문명간의 충돌만을 강조한 나머지, 문명간의 접촉과 교류를 통해 서로 발전하는 면을 도외시한다. 게다가 기독교 문명권과 다른 문명, 특히 이슬람 문명이나 중화 문명과의 직접적인 충돌을 가상함으로써 이들 문명이 야

만적이고 호전적인 문명처럼 보이게 한다. 또한 그동안 미국의 패
권주의적 외교정책을 이슬람 문명의 탓으로 돌리는 면도 있음을
간과할 수 없다.

제2차세계대전이 끝나고 자본주의 진영의 리더가 된 미국은 공
산주의의 팽창을 저지하려고 또는 미국의 패권을 구축하기 위해서
과거 유럽 식민지 국가들의 유산을 물려받았다. 공산주의 팽창을
저지한다는 명목으로 미국은 프랑스에게서 베트남전쟁을 넘겨받았
듯이, 미국의 이익과 패권을 지키기 위해서 서구 열강으로부터 중
동 문제를 떠안았다. 미국 중동정책의 근간은 이스라엘에 대한 전
폭적인 지원과 석유자원을 확보하기 위해 중동 산유국 정치에 깊
숙하게 개입하는 것이다. 그래서 미국은 적게는 아랍권, 크게는 이
슬람권으로부터 반발을 사게 되었다.

유대인은 제2차세계대전 후 국제 역학 관계를 이용하여 아랍계
와 유태계가 공존하던 팔레스타인에 이스라엘이라는 유대인 국가
를 세웠다. 그 때문에 그곳에서 본래 살고 있던 약 100만 명의 아
랍계 팔레스타인인들은 고향을 잃고 이웃의 여러 아랍 국가로 내
몰렸다. 이스라엘은 1967년의 6일전쟁에서는 요르단 강 서안, 가자
지구, 골란 고원을 점령했다. 이스라엘은 건국과 6일전쟁 등으로
아랍계 팔레스타인 난민은 말할 것도 없고, 주위의 이집트, 시리아,
요르단, 레바논, 기타 아랍국가와 그 민중 사이에 원한·증오에 사
무친 적대관계를 만들게 되었다. 오늘날까지 이것이 중동 불안의
원인이 되고 있다. 그런 이스라엘을 지원하는 서방 국가, 특히 미
국을 팔레스타인 난민들과 아랍 민중 나아가 회교도들이 곱게 볼

리 없다.

미국은 또 석유의 국유화를 추진하던 이란의 민족주의자 무하마드 모사데그 정권을 공산주의자로 몰아 전복시키고 친미적인 팔레비 왕조를 세웠다. 그러나 팔레비 정권은 부패와 독재로 결국 호메이니 혁명을 초래했고, 그 결과 이란에 반미 이슬람 정권이 들어섰다. 그런 이란의 정권을 전복시키기 위해 미국은 이란-이라크전쟁에서 사담 후세인의 이라크 정권을 지원했다. 그러나 미국의 지원으로 힘이 커진 후세인 정권의 이라크가 쿠웨이트를 침공해서 합병하자, 미국은 다국적군을 편성해서 이라크를 초토화하고 경제제재를 가했다. 이같은 미국의 행동은 중동의 석유자원에 대한 위협을 제거하려는 것이었다.

그밖에도 이집트, 알제리, 요르단 등에서 친미 정권에 제동을 걸 수 있는 이슬람 원리주의자들이 의회로 진출하는 것을 막는 독재정권을 미국이 지원해왔다. 이러한 미국의 중동정책은 아랍 국가와 민중의 반발을 사고, 아랍인과 회교도들의 반미감정을 키우는 결과를 낳았다.

아랍 정권 가운데 미국의 전폭적인 지원을 받고 있는 가장 친미적인 정권은 사우디아라비아의 왕정일 것이다. 그러나 사우디아라비아의 왕정은 민중의 선택이나 대표성과는 상관없는 소수의 왕족들이 지배하는 봉건적·반민주적인 과두정권으로 알려져 있다. 미국은 이 정권을 지원한 대가로 영구적인 사우디아라비아 군사 주둔권을 따냈다. 그런데 회교도들은 이슬람의 성지인 '메카의 나라'

사우디아라비아에 서양 기독교 문명을 대표하는 미국의 군대가 주둔하는 것을 치욕으로 받아들였다.

이런 사정을 잘 아는 사우디아라비아 왕정은, ≪뉴스위크≫(2001. 10. 1.) 칼럼니스트인 파리드 자카리아(Fareed Zakaria)의 지적처럼, 정통성을 구축하기 위해 회교 가운데에서 가장 엄격하고 금욕적인 와하비즘(Wahhabism)이라는 보수종파를 채택하고 아랍 세계에서 종교적 부활을 증진시켜왔다. 사우디아라비아 정권은 비타협적인 종교적 도그마를 전파함으로써 정통성, 미국과의 동맹, 부정부패 등의 문제를 회피하려 한 것이다. 그런 노력의 일환으로 사우디아라비아 정권은 세계 곳곳에 있는 회교 사원을 지원하고, 설교사들을 훈련하며, 학교를 지었다. 그런데 이 와하비즘은 외부 세계와 현대 문명을 적대시하고 보수적인 이슬람을 가르친다. 결국 가장 친미적인 정권이 가장 반미적일 수 있는 회교 교리를 퍼뜨리는 셈이다.

그리고 그 결과가 현실로 나타났다. 미 국방부와 세계무역센터에 대한 테러의 배후인물로 지목된 오사마 빈 라덴은 사우디아라비아 출신의 독실한 와하비 회교도이고, 알 카에다 조직원들과 그의 호위 요원들도 대부분 사우디아라비아 출신들이다. 게다가 테러 직후 미국 수사 당국이 체포한 테러 용의자들 19명 가운데 15명이 사우디아라비아 출신이었다. 엎친 데 덮친 격으로, 파드 국왕의 와병으로 사우디아라비아의 실제적인 통치자가 된 압둘라 왕세자는 친미적인 인물이지만, 권력다툼에서 반미성향의 형제들에게 밀렸다. 그결과, 사우디아라비아 정부는 미국의 이라크 공격에 사우디아라비아 내 미군기지의 사용을 불허하겠다는 등 반미로 돌아서는 조짐을 보이고 있다. 그러자 미국 집권세력 내부에서 사우디아라비아를 적으로 간주해야 한다는 주장이 공공연하게 나돌게 되었다.

　미국과 이슬람의 관계에서 미국에게만 잘못이 있는 것은 아니다. 더 큰 잘못은 아랍인과 회교도들 자신에게 있다. 그들은 남의 탓을 하기 전에 먼저 자기 자신들을 반성해야 한다. 많은 이슬람권의 국가가 쿠데타나 독재로 얼룩져 있다. 수십 개의 이슬람 국가 가운데 국민들이 선출해 정통성이 있는 민주 정부를 가진 이슬람 국가는 터키 등 소수에 불과하다. 제2차세계대전 이후로 아시아, 중남미, 심지어 아프리카 대부분의 나라들이 경제적으로 발전하고 민주화하는 사이에 이슬람권 국가들은 경제적으로나 정치적으로 오히려 더 퇴보해왔다.

　많은 이슬람 국가에서는 여성에게 너무도 차별적이어서 여성을 사회의 인적 자원으로 활용하지 못한다. 아프가니스탄의 탈레반 정권의 경우에는 여성의 교육과 취업마저 금했었다. 이렇게 된 데에는 코란의 내용에 시대착오적으로 얽매이는 종교적 보수주의, 그리고 터키 등의 일부 국가를 제외하고 정치와 종교를 분리하지 않는 이슬람권의 독특한 문화가 작용하고 있다. 종교가 정치를 지배하면 정치와 사회가 세속화하지 못하고 과거로 회귀하려는 보수성향이 커진다. 말할 것도 없이, 그런 성향은 정치와 사회의 발전을 가로막는다. 그것을 어찌 남의 탓으로 돌릴 수 있는가. 무슬림은 자신들의 정치, 제도, 문화, 종교에 대해 반성하고 시대착오적인 것은 개혁해야 한다.

　그런데도 이슬람권의 민중은 이스라엘이나 미국을 향해 자살 테러를 감행하지만, 독재자에게는 거의 저항하지 않고, 잘못된 제도나 관행도 고치지 않는다. 아직도 이슬람권에서는 명예살인이 공공연히 자행된다. 터키 등 몇몇 이슬람 국가를 제외하고는 대부분의 이슬람 국가들은 여성을 사회적으로 해방시켜 인적 자원으로 활용하려는 노력을 거의 보이지 않는다. 게다가 소수 지배세력의 독재체제는 갈수록 더 억압적이고 국민의 이익과 복지에 반하는 정권이 되어간다. 따라서 이슬람권 국가들은 대개 실업률이 아주 높고, 민중의 삶은 매우 피폐해 있다.

　무엇보다 많은 젊은이들이 일자리가 없어 빈둥거려야 한다. 그런 이슬람권의 민중, 특히 젊은이들은 자신들의 어려운 처지를 내부가 아닌 외부의 탓으로 돌리는 이슬람 근본주의자들이나 독재정권의 선전이나 암시에 넘어가기 쉽다. 자신들의 절망적인 처지가 남의 탓이라고 생각하는 젊은 무슬림들은 자살 테러조차 삼가지 않는다. 애석한 일이다.

제2부 미국의 정치

미국 민주주의의 초석, 워싱턴

　미국의 수도 워싱턴 디시에 있는 스미스소니언 박물관에는 미국의 초대 대통령이었던 조지 워싱턴(George Washington) 대통령의 재임시절 당시의 커다란 초상화가 한 점 전시되어 있다. 이 초상화는 본래 미국 화가가 그린 것인데, 어찌해서 영국의 한 귀족이 소유하여 그 집안의 가보로 내려오게 되었다. 스미스소니언 박물관은 그 귀족집안의 후손 소유주로부터 초상화를 빌려서, 1968년부터 전시해오고 있다. 그런데 그 영국인 소유주가 박물관 측에 그 초상화를 3,000만 달러에 사던가 아니면 경매 처분하겠다며 반환할 것을 요구했다.

　박물관 측은 초상화를 매입하기 위해 모금을 시작했다. 그러자 전국 각지의 많은 미국인들로부터 헌금이 들어오기 시작했다. 로스 앤젤레스의 베트남인들은 자기들을 받아준 미국에 대한 감사의 표시로 자신들이 3,000만 달러를 전부 다 모금하겠다고 나서기도 했다. 그러나 일반인들을 상대로 한 모금은 시간이 걸리는 일이라 반환 요구일이 가까워졌지만, 3,000만 달러에는 턱없이 모자랐다. 다급해진 박물관 측이 전국에 급보를 보내자 라스베가스의 한 재단이 미국의 '국부'는 영원히 미국에 머물러야 한다며, 3,000만 달러로 그 초상화를 매입해 스미스소니언 박물관에 영구기증했다. 이것은 2001년 초의 일이었다.

이 에피소드는 워싱턴에 대한 미국인의 존경심의 일면을 보여준다. 미국인들이 가장 존경하는 인물은 단연 워싱턴과 링컨 두 전 대통령이다. 특히 워싱턴은 초대 대통령이지만 국부로 불리는, 미국인들의 절대적인 존경의 대상이다. 워싱턴의 이름을 따서 지은 미국의 수도, 주 명칭, 두 개의 유명 대학까지 있다. 그렇다면 워싱턴이 왜 그토록 미국인들의 존경을 받게 되었을까?

워싱턴의 초상화 가운데에는 혁명군 장군 시절에 휘하의 군인화가였던 찰스 윌슨 필(Charles Wilson Peale)의 작품이 몇 점 있다. 그 가운데 하나는 워싱턴이 장군복을 입고서 칼을 차고 윗배 부분의 상의 속으로 오른손을 찔러 넣은 모습이다. 왜 하필이면 옷 속에 손을 집어넣고 있는가에 대해서는 해석이 다양하다. 복통이 있어서 배를 만지고 있다거나 손 둘 바를 몰라서 그랬다거나 하는 해석도 있다. 그러나 워싱턴 디시의 국립 미술관(National Gallery of Art)에 있는, 자크-루이 다비드(Jacques-Louis David)가 그린 보나파르트 나폴레옹의 초상화(1812년)에서 나폴레옹도 같은 모습을 취한다는 점,

마네가 그린 자신의 친구 자카리 아스트루의 초상화(1866년)도 상의 단추 사이로 오른손을 찔러 넣은 모습이라는 점, 프랑스의 시인 보들레르도 비슷한 자세를 취하는 사진이 있다는 점 등으로 미루어 보아 그런 자세가 18~19세기 초상화가나 사진기 앞에서 취했던 성인남자의 근엄한 포즈인 것으로 여겨진다.

워싱턴의 장군 시절의 초상화 얘기를 꺼낸 것은 워싱턴과 나폴레옹의 유사점과 차이점을 비교할 수 있는 좋은 근거가 될 수 있고, 두 사람의 비교는 워싱턴의 인품과 미국 민주주의에 대한 기여를 이해하는 데 좋은 길잡이가 될 수 있기 때문이다. 장군 시절에 같은 포즈의 초상화를 남겼다는 점 외에도 워싱턴과 나폴레옹은 몇 가지 공통점이 있다. 워싱턴(1732~1799)이 나폴레옹(1769~1821)보다 한 세대 앞선 사람이지만, 두 사람은 30년 동안 동시대인이기도 했다. 두 사람 모두 군인으로서 새로운 체제를 위해 싸운 사람들이었다. 워싱턴은 미국의 독립을 추구하는 혁명군의 장군으로서 독립전쟁을 승리로 이끌었다. 나폴레옹은 프랑스 혁명군의 일원으로 많은 군사적 승리를 거두었다. 그리고 두 사람은 모두 자국에서 최고 직위에 올랐다. 그러나 이런 공통점은 피상적이다. 왜냐하면 이들의 인품과 삶이 너무나 대조적이기 때문이다.

사실 워싱턴과 나폴레옹은 너무나 다른 인물이다. 한 사람은 8척 장신이고, 다른 한 사람은 5척 단신이었다는 신체적 조건의 차이뿐만이 아니다. 워싱턴은 독립전쟁에 승리한 뒤 의회에 그의 군도를 조건 없이 넘기고 향후 공직에 참여하지 않을 것이라는 약속과 함께 고향의 농장으로 돌아갔다. 군사적 성취에 상응하는 정치적 보상을 거절한 채, 스스로 공직생활에서 물러난 것이다. 이로써 워싱턴은 사람들을 놀라게 했고 국제적인 명성을 얻었다. 그래서 나중에는 막강한 권력이 있는 대통령직에 만장일치로 선출되었다. 이때 워싱턴은 왕이 되라는 주위의 권고를 물리치고, 군주제밖에 없던 시대에 공화제를 정착시켜 미국 민주주의의 초석을 다졌다. 그리고 두 번의 임기를 마친 다음에도 주변에서는 대통령직을 계속하기를 바랐지만, 낙향하여 미국인의 존경을 한 몸에 받으며 평온한 여생을 보냈다. 그래서 오늘날까지도 미국 사람들은 워싱턴을 '우리나라의 아버지'(the Father of our Country)로 부르며 가장 존경하는 것이다.

그러나 나폴레옹은 해외에서의 군사적 승리를 등에 업고 파리에 입성해 쿠데타를 일으켰다. 그리고 혁명정부인 집정내각을 무너뜨리고 총독에 취임했다가 결국에는 스스로 황제가 되었다. 그는 프랑스가 시민혁명으로 성취한 공화제를 다시 제정으로 되돌리는, 반동적인 행동을 보인 것이다. 이같은 나폴레옹의 권력욕은 정복욕으로 나타나 한때는 유럽의 대부분을 장악했지만, 러시아 침략에 실패한 뒤 엘바 섬에 유배되었다. 이후 탈출하여 다시 황제의 자리에 올랐으나, 워털루전쟁에서 패함으로써 '100일 천하'의 막을 내리고 세인트헬레나 섬에 유배되어 울분 속에서 여생을 마쳐야 했다. 그는 일부에서 영웅으로 간주되지만, 분명 많은 사람들이 존경하고 본받으려는 존재는 아니다.

워싱턴의 초상화 얘기로 다시 돌아가보자. 워싱턴의 초상화를 그린 사람들은 많지만, 그 가운데 특히 세 명의 작품이 두드러진다. 앞에서 언급한 필은 장군 시절의 워싱턴을 그렸고, 길버트 스튜어트(Gilbert Stuart)는 스미스소니언 박물관에 전시된 초상화를 비롯해서 대통령 재직 시절의 모습을 그렸다. 그리고 다니엘 헌팅턴(Daniel Huntington)은 미국 건국 100주년이 되는 1876년에 <공화국 조정>(The Republican Court)이라는 이름으로, 장관 등 고위 공직자 부부를 초청해서 리셉션을 베푸는 장면을 상상해서 그렸다. 스튜어트는 모두 세 개의 초상화를 그렸는데, 그 가운데 하나는 상체만을 그린 미완성 작품이다. 이것이 워싱턴의 공식 영정이 되었고, 1달러짜리 지폐에도 이 그림이 약간 손질되어 삽입되었다.

스튜어트가 그린 나머지 두 점의 초상화는 워싱턴이 실내에 근엄한 모습으로 앉아 있거나 서 있는 모습이며, 실내에 보이는 건축과 가구는 로마 양식의 화려하고 위엄 있는 것으로, 유럽의 궁전에서나 볼 수 있다. 헌팅턴의 상상화 <공화국 조정>은 더 화려한 모습이다. 우선 그림의 명칭으로 궁전, 왕실, 군주가 베푸는 공식집회 또는 어전회의라는 뜻의 'court'라는 말을 쓴 것부터가 그렇다. 실내의 건축 양식은 유럽의 웅장한 로마 양식의 궁전 모습이며 모임에 참석한 남녀의 옷차림, 특히 여자의 옷차림은 유럽 궁정 파티에 참석한 귀족 부인들의 화려한 차림새와 똑같다. 물론 이런 그림의 모습들은 당시 실제 모습과는 다르다고 한다.

이같은 여러 초상화를 통해서 그 당시 미국인들의 대통령, 특히 초대 대통령인 워싱턴에 대한 생각을 짐작할 수 있다. 군주체제에서 성장한 당시 사람들은 자신들의 지도자를 왕으로밖에는 상상할 수 없었던 것이다. 그들은 대통령을 자신들이 선출한 대표로서 자신들과 똑같은 평범한 사람이 아니라, 유럽의 왕과 같이 특수한 신분으로 웅장한 궁정에서 화려하게 생활하는 위엄 있는 사람으로 보려고 했고, 또 그렇게 보았다. 헌팅턴의 그림이 말해주듯, 워싱턴이 사망한 지 80년이 지났는데도 미국인들은 대통령을 그런 식으로 보았던 것이다.

그러나 워싱턴이 의도적으로 그런 모습을 조장한 면도 있다. 군주제밖에는 없던 시절에 사람들은 공화제로 선출된 대통령이라 할지라도 일종의 군주로 여겼다. 실제로 일부 사람들, 특히 당시의 연방주의자들(Federalists)은 대통령직을 선출직 군주제로 바꾸기 원했다. 물론 워싱턴은 이런 바람을 물리쳤다. 그렇지만 워싱턴은 사람들의 기대에 부합되도록 근엄하고 제왕같이 행동했다. 워싱턴은 185cm가 넘는 훤칠한 키에 넓은 어깨와 큰 손을 가지고 있어서 미국인들의 체구가 지금보다 작았던 18세기에 아주 뛰어나 보였다고 한다. 그런 체격과 함께 얇은 입술을 앙다문 모습은 상당히 근엄하게 보인다. 모습도 그렇거니와 대통령이 된 후로 워싱턴은 의도적으로 군주와 같은 행동과 의전을 고수했다.

『브리태니커 백과사전』에 따르면, 매사에 꼼꼼한 워싱턴은 대통령직 초기에 많은 형식과 절차를 수립했다. 국가의 수장은 누구의 손님도 될 수 없다고 생각해서 최초의 수도 뉴욕에서나 둘째 수도 필라델피아에서 친지의 호의를 거절한 채, 그곳에서 구할 수 있는 가장 좋은 거처를 구했다. 그리고 누구의 내방에 대해서도 답방하지 않았고, 그 누구와도 악수하지 않았으며, 단지 형식적인 경례를 받았을 뿐이었다. 리셉션에서는 검은 벨벳 정장에 황금 버클, 노란 장갑, 분칠한 머리, 한쪽에 타조깃털로 장식하고 차양을 위로 젖힌 모자, 흰 가죽 칼집에 꽂힌 칼을 착용했다고 한다. 그리고 방문객이 많아지자, 주례 리셉션의 참석자 외의 모든 내방객은 사전에 약속하도록 했다.

워싱턴은 유럽 군주들의 조정을 모방해서, 헌팅턴이 상상해서 그렸던, 이른바 <공화국 조정>이라고 할 만한 것을 만들어 냈다. 이 같은 접견식은 너무 형식적이고 엄숙해서 군주적이라는 비판을 받기도 했다. 그는 또 처음에는 '각하'(His High Mightiness)라는 호칭을 좋아했고, 공적 발표문에서는 자신을 제3자로 지칭했다. 도처에 제왕적인 도상(圖像)을 두는 것을 허용했고, 공중에 모습을 드러낼 때는 6필의 말이 이끌고 제복을 입은 4명의 마부가 보살피는 정교하게 장식된 마차를 이용했다. 그는 영국의 왕들처럼 전국을 순회했는데, 그때마다 군주에 어울리는 승리의 아치와 의식으로 환영을 받았다. 사실 군주제밖에 없던 시절에 군주 같은 위엄과 의전을 고수했던 워싱턴 대통령만이 새로운 정부에서 미국인들의 상상력에 부합하는 유일한 부분이었다고 한다.

이와 같이 워싱턴은 대통령으로서 군주와 같은 형식과 위엄을 내세웠지만, 어디까지나 국가수반인 대통령의 공적 권위를 위해서였을 뿐, 자기 자신의 사적인 권위를 위한 것은 아니었다. 실제로 워싱턴은 겸손하고 아주 실무적이며, 꼼꼼한 행정가였다. 첫 번째

대통령 취임사에서 자신의 열등함과 공무에서 미숙함을 인정할 정
도로 솔직하고 겸손했다. 세심하고 실무적인 성격은 타고나거나 교
육을 받은 것이다. 특히 측량기술을 공부했는데, 이것이 실무적이
고 꼼꼼한 성격에 잘 맞았다고 한다. 워싱턴이 독립군 사령관을 지
낼 때에는 경리장부를 세세하게 기록한 것으로도 유명하다. 대통령
시절에도 세심한 기록들을 해두었다.

무엇보다 중요한 것은 워싱턴이 스스로 권력이나 명예를 구하
지 않았을 뿐만 아니라, 권력의 자리에 있을 때 그 권력을 강화하
거나 남용하지 않고 헌법에 충실했다는 사실이다. 그는 대통령으
로서 행정의 최고 책임자였지만, 장관 등 각 부처의 책임자들에게
권위를 대폭 이양했다. 물론 그들과 정규적으로 교신하면서, 어디
까지나 대통령에 대한 보조자이며 대통령에 책임이 있다는 것을
분명히 했다. 이것은 미국의 장관이 본래는 '비서'라는 명칭으로
불린다는 점에서 보면 당연한 처사이기도 했다. 두 번째 대통령
취임사의 핵심은 "본인의 행정부 동안에 원해서 또는 알면서 헌법
을 위반하는 경우가 있으면, 헌법적 처벌을 받는 외에도 오늘 이
취임식을 지켜보는 여러분의 비난을 받을 것이다"라고 말한 부분
이다. 이런 겸양과 절도가 미국을 민주주의적인 공화주의 국가로
정착시키는 데 크게 기여했다.

1787년 필라델피아의 대륙의회에 참석했던 대표들 사이에 이견
이 분분해서, 미국은 헌법을 채택하는 일이 쉽지 않았다. 그런 이
견과 반대를 수습하고 헌법을 채택하는 데, 그 당시 의장이었던 워
싱턴의 영향력과 신망은 절대적이었다. 이때 대표들간에 워싱턴이

초대 대통령이 될 것이라는 확신이 없었다면, 그렇게 강력한 대통령직을 만들지 않았을 것이라고 한다. 워싱턴 자신은 대통령직을 구하지도 않았고, 그 직을 수락하는 데 누구보다도 더 주저했다. 그러나 제헌의회의 의장으로서 헌법을 제정하는 데 가장 큰 책임이 있는, 워싱턴이 맡아야 한다는 주위의 권고에 의무감을 느껴 맡기로 했다. 헌법에 반대했던 제임스 몬로는 워싱턴이 대통령직을 맡는다는 것을 확인하고서 토머스 제퍼슨에게 "그의 영향력이 이 정부를 탄생시켰다"고 말했다. 2년 뒤인 1789년 워싱턴은 선거인단의 만장일치로 공화국의 초대 대통령에 선출되었는데, 그런 영광은 그후 어느 누구도 누리지 못했다.

워싱턴이 공직을 맡지 않겠다고 선언하고 낙향했음에도, 사람들은 계속 그를 불러내 제헌의회 의장으로 선출했다. 그리고 결국에는 초대 대통령직까지 맡겼다. 심지어 일부 사람들은 왕 또는 종신 대통령으로 모시려고도 했다. 권력이나 명예를 구하지 않는 사심 없는 성품 때문에, 사람들은 워싱턴이 권력의 자리에 있어도 결코 그 권력을 남용하지 않으리라고 믿었기 때문이었다. 독립군 사령관직을 비롯해서 제헌의회 의장직이나 대통령직 등 워싱턴이 역임한 여러 중요한 공직 가운데 어느 것 하나 그가 원해서 맡은 것은 없었다. 워싱턴은 모든 공직을 그의 사심 없는 성품을 잘 아는 사람들의 부탁 때문에 맡은 것이었다.

워싱턴의 사심 없는 성품은 미국 민주주의의 초석을 닦고 미국 민주주의를 지켜준 좋은 선례를 남겼다. 독립군 사령관으로 있을 때, 일부 사람들이 바라던 대로 독재자가 될 수도 있었지만, 워싱턴은 그런 아첨을 단호하게 물리쳤다. 그리고 군에 대한 민간의 권위를 존중해서, 독립전쟁이 끝난 후 의회에 무조건 군도를 넘기고 낙향했다. 이로써 군에 대한 민간 우위의 전통을 수립했다. 또한 왕이 되라는 권고를 단호히 물리쳤다. 초대 대통령직은 여러 사람의 권고에 응한 것이었고, 첫 번째 임기를 마치고 낙향하려는 것을 주위에서 간청해서 마지못해 두 번째 임기를 수락했다. 대통령직을 수행하는 동안에는 헌법에 명시된 대통령의 권한을 넘어서는 일을 엄격히 피했다. 이로써 그는 군주제 시절에 헌법을 준수하면서 월권하지 않는 민주적인 대통령제를 정착시켰다.

워싱턴이 두 번째의 대통령 임기를 마쳤을 때, 사람들은 그가 계속 대통령으로 남기를 바랐다. 그러나 워싱턴은 이에 응하지 않았다. 그리고 세 번째 임기를 거절하는 이유, 정당제에 의한 지리적 분열에 대한 경고, 특정 외국과의 지속적인 친구나 적의 관계로 남지 않기를 바라는 조언을 담은 고별사를 남기고 조용히 낙향했다. 이로써 적어도 제32대 대통령인 프랭클린 루스벨트 전까지는 헌법에 연임 제한 조항이 없음에도, 한 사람이 두 번 이상 대통령직을 구하지 않았다. 그리고 대통령을 지낸 다음에는 낙향해서 후임자에게 부담을 주지 않는 미국 전직 대통령들의 불문율을 수립했다.

워싱턴은 공직생활에서 금전적인 이득을 취하지 않는 것을 원칙으로 했다. 그래서 뇌물이나 이권개입은 말할 것도 없고 정당한 보수조차 거절했다. 초대 대통령 취임사 끝부분에서 대통령직을 수행하는 동안에 공직 수행에 필요한 경비는 쓰겠지만, 공직생활에서 봉급은 받지 않겠다는 자신의 원칙을 확인했다. 독립군 장군 시절에도 봉급을 받지 않았다. 워싱턴은 물려받은 유산이 많은데다, 유산이 많은 과부와 결혼해서 시골에 대 농장과 많은 노예들을 거느린, 경제적으로 여유 있는 사람이었다. 그렇지만 국가에 대한 봉사로 정당하게 받는 대가를 마다한다는 것은 그리 쉬운 일이 아니다. 그 정도로 사심 없이 국가에 봉사하는 헌신적인 공직자의 모범을 보여주었다.

워싱턴은 신생국가 미국의 결속과 국민들의 국가 소속감을 증대시키기 위해 애썼다. 그 일환으로 대통령 임기 중에도 세 번이나 초상화가 앞에서 장시간 포즈를 취해주었다. 자신의 초상화를 하나의 상징으로서, 국민들을 결속시키는 데 이용할 수 있다는 것을 알았기 때문이었다. 또한 대통령으로서 새로운 나라의 다양한 이해관계를 잘 알았고, 그 때문에 일어날 수 있는 분열을 막기 위해 노력했다. 워싱턴은 1789년과 1791년 두 차례에 걸쳐 국토의 변방까지 이르는 광범한 여행을 통해서 그를 보지 못한 국민들의 충성심을 강화했다.

워싱턴은 도로, 운하, 우체국과 같이 다른 주들과 지역들을 결속시킬 수 있는 것은 무엇이든지 증진시켰다. 그리고 새로운 사람을 임명할 때는 최선의 인물을 선택하는 것뿐만 아니라, 새로운 연방정부에 대한 광범한 지지를 끌어 모을 수 있는 인물을 선택하기 위해 장시간을 고심했다. 그리고 끊임없이 미국의 장래를 생각했고, 미국의 일체성과 국가성을 강화하는 데 전념했다. 그래서 스스로 수립한 '공화국 조정'이라는 사교모임에서 부인과 함께 의도적으로 다른 지역의 남녀를 한자리에 모아 중매자로 나서기도 했다. 워싱턴은 초대 대통령으로서 자신의 일차적 역할이 무엇인지를 잘 알았고, 그 역할을 수행하기 위해 많이 애썼다.

워싱턴이 대통령일 당시 세계에는 군주제밖에 없었다. 따라서 사람들은 왕이 아닌 국가의 최고 책임자를 상상하지 못했다. 이 때문에 초대 대통령으로서 워싱턴은 제왕적 통솔에 대한 사람들의 깊은 갈망을 충족시켜주면서 새로운 공화제적 대통령직을 만들어 내고 정착시켜야 했다. 아직까지 한 번도 실험되지 않은 잠재적으로 막강한 대통령직을 민주적인 제도로 정착시키는 데에는 워싱턴과 같은 위엄과 인내, 절제가 필요했다.

선출된 국가 지도자로서는 워싱턴이 세계에서 처음이었기 때문에 참고할 만한 선례도 없었다. 스스로가 중요한 선례를 만들고 모범을 보여야 했다. "우리는 어린 나라여서 새로운 성격을 수립해야 한다. 처음의 인상이 오래 가기 때문에 우리가 올바르게 출발해야 한다"는 언명에서 보듯이 그는 이 점을 잘 알고 있었다. 그래서 그에 걸맞게 좋은 선례와 모범을 남기려고 했고, 실제로 남겼다. 그는 미국 민주주의의 첫 단추를 잘 끼워놓은 것이다. 워싱턴이라는 인물은 국가 지도자의 모범과 선례가 국가 발전에 얼마나 중요한지를 보여준다. 만일 워싱턴이 나폴레옹과 같이 야심과 권력욕이 강했더라면 미국 민주주의는 초장부터 망치고 말았을 것이다.

워싱턴은 대통령직이라는 세계 역사상 초유의 직책을 정당화하고 구체화해야 했고, 새로운 국가를 결속시켜야 했다. 그리고 미심쩍어하는 세계에 국민이 주인인 정부라는 미국의 대실험이 성공적이라는 것을 증명해야 하는 삼중의 과업을 수행해야 했다. 워싱턴은 이러한 역할을 잘 알았고, 또 그것을 아주 잘 수행했다. 그래서 워싱턴은 미국 민주주의의 반석이 되었다. 건국 초기에 워싱턴과 같은 인물이 있었다는 것은 미국의 행운이다. 미국 민주주의에 대한 워싱턴의 기여도를 볼 때, 그가 미국의 '국부'(國父)로서 미국인들에게 최대의 존경을 받는 것은 너무나 당연하다.

헌법에는 두 번만 연임할 수 있음에도, 우리의 초대 대통령 이승만은 두 번으로 그치지 않고 무리하게 3선개헌을 시도했다가 자신과 우리의 민주주의를 망치고 말았다. 헌법에 명시된 대로 연임만 하고 물러났다면, 이승만도 한국의 국부로서 추앙을 받았을 것이다. 또한 우리의 민주주의도 더 일찍 정착되었을 것이다.

이승만은 못했지만, 박정희 대통령이 모범을 보일 수 있는 또 한 번의 기회가 있었다. 그러나 불행하게도 박정희 역시 이승만의 전철을 밟았다. 비록 쿠데타로 대통령이 되었지만 박정희가 3선개헌과 유신 쿠데타를 일으키지 않고 본래 헌법에 명시된 대로 두 번의 임기로 그쳤다면, 국민의 존경을 받고, 평안한 여생을 보내며, 우리의 정치제도를 안정시키는 역사적인 역할을 했을 것이다.

1790년대 미국의 헌법에는 얼마든지 대통령직을 연임할 수 있도록 되어 있었다. 또 주위의 많은 사람들이 재임한 후에도 연임할

것을 권했음에도, 워싱턴은 두 번만 연임하는 모범을 보임으로써
미국 민주주의의 가장 빛나는 전통을 수립했다. 그래서 미국인은
민주화 등에 정력을 낭비하지 않고, 안정된 정치 체제하에서 자신
과 국가를 부강하게 하는 생업에 전념할 수 있었다. 미국이 일찍부
터 번영한 강대국이 될 수 있었던 것은 단순히 나라가 큰 탓만은
아니다. 국토는 넓지만, 정치가 잘못되어 3등 국가에 속하는 나라
가 얼마나 많은가. 모범을 보이는 지도자가 있다는 것이 그만큼 중
요하다. 그런데 우리의 지도자들은 그보다 150년이 지난 1950년대
와 1960년대조차도 워싱턴과 같은 모범을 보이지 못했다. 미국에
서 정치학을 공부했기 때문에 워싱턴의 사례를 잘 알았을 이승만
조차도 그렇게 하지 않았다. 오히려 한국의 정치를 엉망으로 만들
어버렸다. 그래서 우리의 국민, 특히 젊은이들은 민주화를 위해 많
은 고통과 희생을 겪고 불필요한 정력을 낭비해야 했다. 그리고 그
만큼 민주국가로서 발전이 더뎌진 것이다.

국민성이 민족성보다 강한 나라

언어와 종교가 다르고, 상이한 민족으로 구성된 연방이나 대국은 분열하는 경향이 있다. 동구권의 공산주의 체제가 무너지자, 연방국가였던 소련과 유고슬라비아는 분열되었다. 사회주의 체제의 와해로 이들 연방을 유지시켜주던 강력한 정치·군사적인 힘과 이데올로기가 약해졌기 때문이다. 소련이나 유고슬라비아나 모두 단일한 언어를 쓰고 단일한 종교를 믿는 단일민족국가가 아니었다. 이들은 다민족, 다언어, 다종교의 국가였다. 민족, 언어, 종교의 차이에도, 이들 나라가 하나의 연방을 형성할 수 있었던 것은 순전히 강제력과 이데올로기라는 강력한 구심력 덕택이었다. 그러나 사회주의 체제의 붕괴로 강제력과 이데올로기라는 구심력이 사라지고 말았다. 그래서 더 이상 연방도 유지될 수 없었다.

강제력이나 이데올로기의 뒷받침 없이 연방을 제대로 유지하려면, 그 구성원들에게 인종, 언어, 종교 등에서 동질성이 있어야 한다. 연방 참여나 대국의 일부로 남는 것이 유리한 경우라 하더라도 영국의 북아일랜드, 러시아의 체첸, 캐나다의 퀘벡 주와 같이 민족, 언어, 종교가 다른 경우 떨어져나가려는 경향을 보인다. 더구나 소연방과 같이 참여 연방들이 서로 인종, 언어, 종교에서 상이할 뿐만 아니라, 연방에 참여하는 것이 별로 유리하지 않은 경우에는 떨어져나가려는 강력한 원심력이 작용한다. 또한 소련 참여국들은 과거 러시아인과의 전쟁에 패하여 또는 그 힘에 눌려 그 영향권에 있다가 억지로 소련에 참여했다. 그래서 사회주의 체제의 붕괴로 강력한 구심력이 사라지자마자, 결국 연방은 해체되어버렸다.

중국은 연방은 아니지만 여러 민족, 언어, 종교가 뒤섞인 국가다. 그러므로 중국도 주변의 소수 민족들은 중국에서 이탈하려는 원심력이 있을 것이다. 그러나 중국은 단일한 문자와 문화를 가진 한민족이 절대다수를 차지하고, 소수 민족 사이에 한족들을 많이 보내 함께 살게 하고, 소수 민족에 대해서는 자치를 허용하는 등 원심력을 약화시키는 정책을 펴왔다. 그리고 소련이나 유고슬라비아 연방과는 달리 사회주의라는 통치체제가 붕괴되지 않아, 아직까지는 중앙정부가 강력한 구심력을 발휘하고 있다. 그래서 티벳을 제외하고 독립하려는 민족이나 지역이 거의 없는 것처럼 보인다. 그러나 중국의 경우도 중앙정부의 구심력이 조금만 약해져도 티벳을 비롯하여 장족, 회족 등이 사는 서쪽 변방과 몽고족이 사는 내몽고 지역은 언제든지 독립의 움직임을 보일 가능성이 있다.

오늘날 연방국가 가운데 가장 안정적인 국가는 미국과 독일이다. 독일은 언어와 종교가 같은 단일 민족국가다. 그러나 미국은 언어와 종교가 다른 다민족으로 구성된 이민국가일 뿐 아니라, 연방을 구성하고 있는 주도 50개나 된다. 그럼에도 남북전쟁 이후 미합중국에서 탈퇴하려는 움직임은 전혀 없다. 어찌 보면 상당히 불가사의한 일이다. 미국처럼 큰 땅덩어리에 상이한 언어와 종교를 가진 다양한 인종과 민족이 사는 나라에서 독립하려는 움직임이 왜 없을까? 이 질문에 대한 대답이 미국을 이해하는 데 아주 중요한 실마리다.

미국은 유럽보다 더 큰 땅에 50개의 주로 구성된 연방이어서 그 주들 사이의 지리적 조건에는 상당한 차이가 있다. 그리고 그 지리적 차이는 풍습과 문화에도 상당한 영향을 미쳤다. 특히 남부와 북부는 전쟁을 치를 정도로 서로 달랐다. 그러나 이들 모든 주는 영어를 공용어를 사용하고 있고, 동일한 미국적 문화를 공유한다. 그 동질적인 문화의 기초는 이른바 워습(WASP: White Anglo-Saxon Puritan)이라 불리는 영국 백인 청교도의 것이다. 미국은 영국의 식민지였던 미 동부 13주가 자발적으로 참여한 연방에서 시작되었다. 이 13주에 서로 다른 전통과 문화가 있었지만, 모두 영국의 지배하에 있었다는 사실은 주민의 주류가 영국인이었다는 뜻이다. 이들 영국인의 지배적인 다수는 영국 각지에서 종교차별과 박해를 피해 온 개신교도, 특히 청교도였던 것이다.

이후 미국에는 민족, 언어, 종교가 다른 유럽인들이 더 많이 이민 왔지만, 오히려 영어와 영국인들이 만든 문화(사고방식과 행동양식)를 배워 주류에 합류했다. 이른바 '용광로'(melting pot)로 불리는 용해과정을 거쳐 본래의 민족, 언어, 종교에 상관없이 미국인으로 개조되었다. 이들이 비교적 쉽게 개조되고 주류에 편입될 수 있었던 것은 백인이라는 인종적 공통점 때문이었을 것이다. 그래서 오늘날까지도 미국의 주류는 인종적으로는 백인, 언어적으로는 영어, 종교적으로는 개신교를 바탕으로 한다.

유럽에서 백인들이 대량으로 이민을 와서, 완전히 백인국가가 된 미국은 아시아인과 중남미인을 비롯하여 백인 이외의 인종과 민족의 이민도 허용하였다. 미국에는 세계 각국 모든 인종, 언어, 종교가 있지만, 그들은 어디까지나 소수에 불과하고 대개는 주변화되어 있다. 백인, 영어, 개신교가 만든 미국의 주류 문화는 확고하고 지배적이다. 더구나 이민자들은 미국을 동경하여 아메리칸 드림을 안고 스스로 찾아온 사람들이다. 그러므로 그들은 주류문화에 기꺼이 또한 자발적으로 동화되었고, 그러지 못했을지라도 미국인이라는 자부심이 강하다. 따라서 미국에 대한 충성심도 크다.

미국은 50개의 주로 구성된 연방국가이지만, 독립전쟁에 가담했던 동부 13주, 그 주변의 몇몇 주와 기타 주는 탄생이나 연방 참여 동기가 전혀 다르다. 동부 13주는 식민지 시절부터 독립적인 자치체였다. 그들은 독립을 위해 동등한 자격으로 연합했고, 나중에는 강력한 중앙정부가 있는 연방국가로 발전했다. 다시 말해 동부 13주는 미합중국을 탄생시킨 주다. 그러나 대부분의 나머지 주는 미합중국 덕택에 파생한 주다.

　영국 식민지인 미 동부 13주는 느슨한 연합체였지만, 영국과 전쟁을 벌여 독립을 쟁취했다. 독립 이후에는 여러 혼란과 위기에 대처하기 위해 강력한 중앙 정부가 있는 미합중국이라는 연방국가로 전환했다. 그리고 나머지 지역을 개척하면서 새로운 주들이 생겨나 미합중국에 참여하여, 결국 오늘날의 미국이 되었다. 그런데 동부 13주 이외의 여러 주는 미국이 독립한 다음 사들이거나 합병한 땅에 설립되었다. 예를 들어 미국은 1803년 프랑스에게서 미시시피 강 서쪽의 광대한 지역을 사들였다. 이른바 '루이지애나 구입'(Louisiana Purchase)이다. 스페인에게서 플로리다를, 러시아로부터 알래스카를 구입했다. 남서부의 광대한 영토는 멕시코에게서 사들이거나 전쟁으로 획득했다.

　그렇게 해서 동부 13주와 그 주변의 몇몇 주를 제외한 대부분의 주, 특히 미시시피 강 이서 지역의 주는 대부분 미합중국이 성립된 다음, 매입이나 전쟁으로 미합중국의 영토에 편입된 땅에 세워졌다. 즉 동부 13주와 그 주변의 몇몇 주를 제외한 나머지 주는 미합중국이 영토를 개척하여 어느 정도 자립할 수 있게 되면서 주로 승격시켜 연방에 참여시킨 것이다. 그러므로 최초 동부 13주와 그 주변의 몇몇 주를 제외한 나머지 주는 미합중국의 영토로서 미합중국에서 분리할 수 없다. 그런 주들에게는 연방에게서 독립할 법적인 명분도 없다고 할 수 있다.

　미 연방이 분리되지 않는 가장 강력한 이유는 남북전쟁이라는 희생을 치렀기 때문이다. 미국은 식민지 시절부터 상공업이 기반인

북부와 농업에 기초한 남부 간에 전통과 문화에서 상당한 차이가 있었고, 이것이 독립 이후에는 점점 더 커져갔다. 급기야는 그 차이가 정치적 대립으로 표출되었고, 결국 지역감정으로 발전하였다. 그리고 19세기 중반에 이르러서는 노예제의 폐지를 둘러싸고 북부와 남부 사이의 정치적·감정적 대립은 돌이킬 수 없는 지경에까지 이르렀다. 그래서 1860년 노예제를 반대했던 북부 출신의 링컨이 대통령에 당선되자, 남부 11개 주는 미 연방에서 탈퇴하여 남부연합(the Confederate States of America)을 결성하였다. 전쟁역사상 그 유례를 찾아보기 힘들 정도로 잔혹한 학살전쟁이라 할 수 있는 남북전쟁(the Civil War)은 이렇게 해서 일어났다.

북부의 많은 사람들은 남부가 미 연방에서 떨어져나간 것을 반겼으나, 링컨은 어떤 대가를 치르든 미국이 통합되어야 한다고 생각했다. 북부는 상공업의 발달로 농업에 의존하는 남부보다 훨씬 더 많은 전쟁물자와 인구가 있었다. 전쟁은 1861년에 시작되어 1865년에 끝났다. 처음에는 잔학하지 않은 전쟁이었지만, 그런 식으로는 승리할 수 없다고 판단한 링컨이 적을 섬멸하도록 하였다. 그리고 그랜트 장군은 그 명령을 충실하게 시행했다. 그래서 전쟁은 참혹한 살상극이 되었다. 남부는 철저하게 짓밟히고 폐허가 되었으며 지역감정은 더욱 악화하였다. 미국 백인 인구 6명당 1명꼴인 약 300만 명이 참전하여 그 가운데 100만 명가량이 생명을 잃었고, 전쟁에 쓰인 경비는 80억 달러에 달했다고 한다. 이런 희생을 치르고서 미 연방을 지킨 것이다. 북부에 대한 원한이 있는 남부조차 더 이상 독립할 엄두를 내지 못했으니 감히 어떤 주가 미 연방에서 독립하겠다고 나설 수 있겠는가.

미국은 20세기에 들어오면서 강대국으로 부상하였다. 특히 제1, 2차 세계대전을 계기로 미국은 경제적·정치적으로 세계 최대의 강국으로 성장했다. 미국은 제2차세계대전 이후에는 소련과 함께 두 개의 초강대국이었으나, 1990년대 초 소 연방이 해체되고 나서 세계 유일의 초강대국이 되었다. 그러한 미 연방의 일원이라는 것은 경제적·정치적으로 유리하다. 그리고 세계 최강대국이라는 자부심도 있다. 따라서 미 연방에서 떨어져나가려는 주가 없다. 적어도 앞으로 당분간은 그런 주가 나오기 힘들 것이다.

미국의 각 연방은 군사·외교상의 문제를 제외하고는 막강한 자치권을 행사하고 있다. 각 주와 그 주민들은 종교·집회·언론·결사의 자유도 충분히 누리고 있다. 이렇듯 자치와 자유를 누리면서 연방의 군사적 보호를 받는다면, 주들에게 연방에 대해 불만이 있을 이유가 별로 없다. 더구나 오늘날은 남부와 북부 간의 경제적 차이도 없어졌다. 오히려 남부의 주들이 자동차 산업, 군수 산업 등을 유치하여 북부 못지않은 산업지대로 탈바꿈하였다. 북부에 대한 지역감정이 남아 있고, 남부연합의 기를 아직도 게양하는 남부에서조차 미 연방에서 떨어져나갈 생각이 없다. 그렇다면 그밖의 주들은 더욱더 그럴 것이다.

미국의 빛과 그림자

싫든 좋든 오늘날 세계의 많은 나라와 국민들이 미국과 관계를 맺고 있다. 무역이나 문화 교류와 같이 호혜적·평화적·건설적인 경우가 대부분이지만, 9·11 테러, 아프가니스탄 침공, 이라크 침공에서 보듯이, 일방적·폭력적·파괴적인 경우도 더러 있다. 9·11 테러가 미국이 대규모 폭력을 당한 경우라면, 미국의 아프가니스탄 침공이나 이라크 침공은 미국이 대규모 폭력을 가한 경우다. 미국의 일방주의적 경향이 두드러지면서 미국이 다른 나라와 마찰을 빚거나 폭력적 관계를 형성하는 경우가 늘고 있다.

대국은 말할 것도 없고 소국조차도 흔히 제국을 자처하고 자신의 통치자를 황제라 칭한다. 그러나 미국은 예외적이다. 미국은 스스로를 제국이라고 부르지 않는다. 역사에서 유일하게 제국임을 자처하지 않는 초강대국일 것이다. 미국의 신보수주의자들 가운데에는 미국이 제국임을 선언해야 한다고 공공연히 주장하는 이들도 있지만, 그것은 미 식자층 일반의 정서는 아니다. 미국은 제국인 영국의 식민통치를 받았고, 식민통치에서 벗어나기 위해 독립전쟁까지 치러야 했다. 그래서 군주제 대신에 공화제를 채택했고, 통치자도 왕으로 부르지 않고 대통령으로 부르며, 그 선출도 세습제가 아니라 처음부터 선거로 해왔다. 미국은 식민주의나 제국주의에 대해서 적대감이 큰 나라다. 그래서 미국의 지식인들은 흔히 미국을 비제국주의적 초강대국이라고 부른다.

그렇다고 미국에 제국주의적 면모가 없는 것은 아니다. 서부개척사가 말해주듯, 미국은 독립하기 전부터 팽창주의적 면모를 보였다. 그리고 남북전쟁에서 보듯이, 국가의 분열을 막기 위해 가혹한 전쟁을 치렀다. 미국은 중남미 국가들을 미국의 영향권에 두고 있다. 그리고 19세기에는 태평양 곳곳을 누비며 하와이를 비롯한 많은 섬을 자국 영토로 병합했다. 스페인과 전쟁을 벌여 필리핀을 식민지로 만들기도 했다. 20세기에 들어와서는 제1, 2차 세계대전을 비롯하여 거의 모든 중요한 전쟁에 주도적으로 참여했다. '테러와의 전쟁'(War on Terror)이라는 21세기 최초의 전쟁도 미국이 주도하고 있다.

미국은 적어도 국내 정치에서는 어느 나라보다도 민주적이다. 국가 지도자도 처음부터 선거로 선출했다. 양당제가 일찍부터 확립되어 정치에서 양당간의 견제와 균형도 적절하다. 민주당과 공화당 사이의 정권교체도 적절히 일어난다. 그러므로 독재도, 정권 차원의 조직적인 부패도 엄두를 낼 수 없다. 또 독립전쟁 시절부터 군에 대한 문민통제가 확립되어 군사반란이나 정변은 생각하기 어렵다. 미국은 건국 초부터 신분제도를 폐지했고, 신분에 따른 차별도 적다. 물론 흑인노예제도는 그 예외로서 오점으로 남아 있다. 그리고 미국은 세계 어느 나라보다도 법치주의가 잘 확립된 나라이기도 하다. 따라서 법적 근거도 없는 자의적인 권력행사가 적은 편이다. 또 소송이 발달해서 권력남용은 큰 대가를 치러야 한다.

미국은 어느 나라보다도 언론자유가 발달한 나라다. 언론의 종류와 수가 많고, 언론자유도 어느 나라보다 더 많이 누리고 있다. 미국의 언론은 영국의 압제에 맞서 미국이 독립을 쟁취할 때, 직접 나서서 용감히 싸웠던 전통을 지켜오고 있다. 그래서 정치행위와 관련하여 거짓말을 한 닉슨 대통령을 비판하여 사임시키는 데 일조하기도 하였다. 언론은 의견을 제시하고 시시비비를 가리는 데 열정적이면서도 사실을 매우 중시한다. 주파수 희소성의 문제가 사라지자, 1987년부터는 방송의 공정성 원칙이 언론자유를 제한하고 공공의 문제를 회피하게 만든다는 이유로 이를 폐지하였다. 그래서 방송이 의견을 개진할 수 있는 폭넓은 언론자유를 허용하였다.

미국 언론은 단순히 자유를 누리는 것만은 아니다. 자유에 따른 책임감도 크다. 정확한 보도를 위해 사실을 철저하게 확인한다. 그리고 왜곡하거나 조작하는 일은 매우 드물다. 보도한 내용에 착오가 있으면 즉각 정정한다. 또 언론사마다 이해상충에 관한 내용을 포함하여 엄격한 윤리강령을 만들어 준수한다. 언론이 권력기구화하여 사주나 자사의 이익을 위해 권력을 남용하는 일도 별로 없다.

언론인들이 언론직을 정치에 뛰어들기 위한 발판으로 삼는 일도 거의 없다. 대신 권력을 감시하고 견제하는 역할을 충실히 수행한다. 오보에 대해서는 솔직하게 사과한다. 예를 들어 뉴욕타임스는 미군이 이라크를 침공하기 전에 이라크에 대량살상무기가 있다는 정부의 주장이 거짓말이라는 칼럼니스트의 글을 게재한 바 있다. 그럼에도 2004년 5월에는 사설과 옴부즈맨의 글을 통해 "우리를 포함해 많은 언론매체가 거짓정보에 놀아난 셈이 됐다"며, 자사의 이라크 관련 보도가 잘못됐다고 반성하고 독자에게 사과했다.

그렇다고 미국 민주주의에 문제가 없다는 말은 아니다. 양당제가 확립된 탓에 제3의 목소리가 제대로 반영되지 않는다. 게다가 양당의 정책이 대동소이하다는 지적도 많다. 특히 국제정치에 큰 차이가 없다는 비판이 많다. 그래서 다른 나라들은 흔히 미국의 국제정치를 제국주의적이라고 비판한다. 이처럼 민주적인 국내정치와 제국주의적인 대외정치의 이중적인 모습 때문에, 미국을 지킬 박사와 하이드 씨라고 부르기도 한다. 그리고 선거에서는 정책과 비전보다는 돈과 홍보기술이 중요한 변수로 작용한다는 비판도 많다.

미국은 세계에서 가장 부유한 나라다. 2003년도 기준으로 미국의 개인당 연평균소득은 3만 7,800달러로 룩셈부르크(5만 5,100달러), 노르웨이(3만 7,800달러)에 이어 세계 3위지만, 인구가 2억 9,300만 명이라는 점을 감안하면 세계 최대의 경제 대국이다. 실업률도 6%대로 선진국 가운데서는 비교적 낮은 편이다. 그래서 다른 어느 나라보다도 일자리도 많고, 돈을 벌 수 있는 기회도 더 많다.

이 때문에 오늘날도 세계 각국에서 많은 사람들이 아메리칸 드림을 안고 미국으로 가거나 미국으로 가려 한다. 특히 정국이 불안하거나 경제적으로 어려운 제3세계 사람들이 어떻게든 미국으로 가기를 열망한다. 이것은 미국에 불법 이민자들이 많은 이유이기도 하다. 이들은 대개 궂은일을 도맡아 하면서 최하층으로 살아간다. 그래도 본국에서 정치적 박해나 기아에 시달리는 것보다는 더 나은 삶을 영위할 수 있는 곳이 미국이다.

미국인들은 상하관계에 있는 사람들도 평등하게 행동하고 의사소통도 비교적 자유롭다. 개인주의가 발달해서 사람들은 독립심이 강하고, 남의 일에는 함부로 간섭하지 않는다. 부자에 대한 빈자의 시기나 질투가 적고, 부자의 호사스런 생활도 별로 개의치 않는다. 미국인들은 또 공공질서를 잘 지키고, 공공질서를 지키지 않는 사람을 그냥 놔두지 않는다. 고발정신이 강해서 탈법자나 수상한 사람들은 철저히 감시하고 고발한다. 미국인들은 대단히 부지런해서 가게도 일찍 열고, 휴일에도 영업하는 가게가 많다. 팁 제도의 발달에서 보듯이, 미국인들은 무엇이든 정당한 대가를 지불하려고 하지 공짜로 얻으려고 하지 않는다. 또한 청교도 정신에 따라 자선활동이나 자원봉사활동을 통해 남을 돕는 데 적극적이다.

그렇다고 미국이 지상의 낙원은 아니다. 미국에는 사회문제도 많다. 대개 자본주의 국가들이 그러하지만, 미국은 특히 빈부격차가 심하다. 신분제도는 없지만 돈이 신분과 지위의 척도가 된다. 뉴욕의 할렘을 비롯하여 대도시의 많은 지역이 슬럼화하면서 한때 범죄의 소굴이 되었고, 많이 달라지고는 있지만 아직도 범죄가 많고 그

늘진 곳으로 남아 있다. 총기소지가 자유로워 총기사고가 빈발하고, 학교에서 학생들이 총기난사 사고도 심심찮게 일으킨다. 노예제도는 사라졌지만, 흑백차별, 인종차별이 아직도 존재한다. 커다란 이권이나 고위직은 대개 백인들이 차지한다. 적빈층이나 노년층은 사회보장제도로, 직장이 반듯한 사람은 직장보험으로 의료보험제도의 혜택을 받을 수 있지만, 그렇지 못한 일반 서민들은 보험료와 의료비가 너무 비싸 의료혜택을 제대로 받지 못하는 경우도 많다. 법치주의가 확립된 탓으로 변호사가 많다 보니, 소송이 많아지고 소송비용 또한 많이 들어 유전무죄, 무전유죄가 되기 쉽다.

얼굴 없는 대통령 후보

우리는 흔히 미국은 민주·공화 양당제이고, 대통령 후보도 이 두 당에서만 나오는 것으로 알고 있다. 언론의 선거보도가 이들 두 후보에만 초점을 맞추기 때문이다. 더구나 그들의 정책보다는 지지도 조사에서 누가 앞서고 있는가가 주된 내용이다. 사실 미국은 양당제의 역사가 깊고, 거의 모든 정치 제도와 조직이 양당제에 기반을 두고 있다. 그러므로 제3당이나 제3의 후보가 현실적인 힘이 되기는 어렵다.

그러나 미국과 같이 땅덩이가 크고 인구가 많으며, 정치적 자유가 많은 나라에서 어찌 정당이 두 개뿐이며, 후보가 두 명뿐이겠는가. 정당만 해도 약 100개가 넘는다. 그 가운데에는 별별 정당이 다 있다. 예를 들어 회고당(Looking Back Party), 마리화나 합법화(Legalize Marijuana), 낙태금지(Pro-Life), 영양권 연합(Nutritional Rights

Alliance), 금주당(Prohibition Party) 등이 있다. 당명에 감세(Tax Cut), 사회주의(Socialist), 노동자(Workers)라는 말이 들어가는 정당도 여럿이다. 독립(Independence 또는 Independent)이라는 말이 들어가는 당명이 가장 많다. 정치가는 사기꾼(Politicians Are Crooks)과 같이 장난기가 다분한 당명도 있고, 최고(Best), 쿨 무스(Cool Moose), 개방(Open) 등과 같이 무엇을 추구하는지, 심지어는 무슨 뜻인지조차 알쏭달쏭한 정당도 상당수다.

미국과 같은 규모의 나라에는 개혁가, 야심가, 과대망상가, 기회주의자, 만년 출마자도 많을 것이다. 그러므로 미국에서 대통령 선거 때마다 후보를 선언하는 사람의 수가 백 수십 명에 달하는 것은 당연하다. 그러나 투표지에 후보자로 이름이 오르기 위해서는 일정 수의 유권자의 서명이 필요하기 때문에, 그 관문을 통과하는 사람은 약 10분의 1로 준다. 그래도 투표지에 등재된 정식 대통령 후보는 2000년 대선에서 19명, 2004년 대선에서 16명이나 되었다.

그러나 선거는 열정, 지적 능력, 자만심, 야심, 망상, 동정심 등으로 좌우되는 관념적인 것이 아니고, 조직, 자금, 인지도, 홍보, 선거 운동이 관건인 현실적인 것이다. 그러므로 이같은 사항에서 월등한 민주-공화 양당의 후보만이 두드러지고, 실제로도 그 가운데 한 사람이 당선된다. 따라서 철저하게 현실주의적인 언론이 대통령 선거 보도에서 이들 두 후보만을 다루는 것이 이해되기도 한다.

그러나 가끔은 유권자들에게서 상당한 지지를 받아, 언론의 관심을 꽤 끄는 제3의 후보가 나타나기도 한다. 예를 들어 1980년의 존

앤더슨, 1992년의 로스 페로 같은 후보다. 이들은 그 지지가 상당해서 민주-공화 두 당의 후보와 나란히 대통령 후보 텔레비전 토론에까지 초대되었다. 이들은 대개 민주-공화 양당의 정책과 행태에 염증을 느끼면서 새로운 정치를 갈망하는 유권자들의 지지를 받았다.

2000년의 대통령 선거에서도 새로운 정치를 바라는 유권자들에게서 상당한 지지를 얻은 후보가 있었다. 그는 다름 아닌 녹색당의 랄프 네이더(Ralph Nader) 후보였다. 네이더 후보는 미국의 소비자 운동을 오랫동안 이끌어온 시민운동가로 우리에게도 잘 알려진 사람이다. 그는 클린턴 대통령도 끼지 못한, 20세기 미국의 가장 중요한 인물 명단에도 들었다. 네이더는 대기업의 영향력 축소, 금권선거 개혁, 환경보호 등을 주창했다.

네이더 후보의 지지율은 5% 이하로, 10% 이상이던 앤더슨이나 20%에 가깝던 페로에는 미치지 못했다. 그래서 텔레비전 토론에도 초청받지 못했다. 그러나 정치개혁을 갈망하는 대학생을 비롯한 젊고 진보적인 사람들에게서 상당한 지지를 받았다. 뉴욕에서 발행되는 ≪빌리지보이스≫라는 진보적 주간지는 11월 1~7일자 호에서 네이더를 지지하는 사설을 싣기도 했다.

네이더의 지지도는 별로 높지 않았지만, 그는 2000년 대통령 선거에서 중요한 변수로 떠올랐다. 민주당의 고어 후보와 공화당의 부시 후보의 선거전이 예상과는 달리 고어가 고전하고 부시가 선전하면서 엎치락뒤치락하는 아슬아슬한 싸움이 되었기 때문이었다. 그래서 고어-부시 양자택일에서는 고어를 선택할 가능성이 큰 네이더의 지지표가 갑자기 중요해진 것이었다. 특히 고어와 부시의 지지가 백중지세인 주에서 네이더의 지지율이 높기 때문에 더욱 그랬다.

민주당에서는 이들 주에서 네이더 지지를 더 이상 방치하면, 그가 민주당 표를 갉아먹어 고어를 떨어뜨리고 부시를 당선시킬 것으로 보았다. 처음에는 네이더의 존재를 철저하게 무시해오던 고어와 민주당이 선거전이 막바지가 되어도 고어와 부시 간에 우열을 가리기 어려운 백중세가 유지되자, 전술을 바꾸었다. 그래서 한편으로는 네이더의 친구를 동원하여 사퇴를 종용했다, 다른 한편으로는 제시 잭슨 목사와 같은 민주당의 진보인사들을 동원하여 네이더 지지가 높은 주에서 네이더에게 표를 주는 것은 부시에게 표를 주는 것이라고 유세하도록 했다.

민주당은 당의 우경화로 떨어져나간 유권자의 마음을 되돌리려 했던 것이다. 네이더를 지지하는 진보적인 성향의 유권자는 주로 민주당 좌파에 속했으나, 민주당의 보수화 또는 중도화에 대한 불만으로 민주당에서 떨어져나간 사람들이기 때문이었다. 아니면 본래 무당파라 하더라도 성격상 공화당보다는 민주당에 투표할 수 있는 사람들이었다. 민주당은 본래 노동자, 여성, 흑인을 비롯한 사회적 약자와 소수의 지지를 받는, 유럽의 좌파정당의 성격이 강했다.

그러나 그런 민주당이 갈수록 점점 더 기업의 정치헌금에 의존하고, 그 정책 또한 공화당과 차별성이 없다는 불만이 좌파 쪽에서 나오게 되었다. 이들이 네이더를 지지하고 새로운 정치세력으로 결집하면 민주당으로서는 큰 타격을 입게 된다. 단기적으로는 고어 후보가 선거에서 질 가능성이 있고, 장기적으로는 민주당의 진보세력이 떨어져나갈 가능성이 크다. 결국 플로리다 주에서 백중지세로 고어가 부시에게 패배한 점을 고려하면, 적어도 단기적 전망은 적중하고 말았다.

네이더의 부각은 민주당의 우경화에 대한 미국 진보적 유권자의 불만이 표출된 것이기도 하고, 정치개혁에 대한 열망의 표출이기도 했다. 네이더는 민주당이 자신의 역사적 정체성을 버리고 이제 공화당과 실제로 크게 다르지 않게 되었다고 말했다. 대기업의 돈이 민주당을 공화당에 가깝게 만들었다는 것이다. 그래서 공화당 극단주의자들의 정부 장악에서 자신들을 보호하기 위해 민주당에 의존할 수 없게 되었다고 했다. 그리고 과거 세 차례의 의원 선거에서 공화당이 의회를 장악할 수 있었던 것도 민주당의 그런 변신 때문이라고 주장했다.

물론 민주당의 고어 후보와 공화당의 부시 후보 간의 정책은 달랐다. 환경보호, 정치헌금법 제정, 세금정책, 노인 의료보장 등에서 상당한 차이가 있었다. 그러나 두 당과 두 후보에게는 근본적인 차이가 없다는 것이 네이더의 주장이었다. 특히 대기업의 정치헌금을 받고 대기업의 이해관계를 외면할 수 없다는 점에서 더욱 그렇다는 것이었다. 그리고 민주당이 그래도 낫다는 것은 차악책(lesser-evilism)에 불과한 것이라고 네이더는 일축했다.

네이더는 자기 때문에 고어가 집권하지 못할 수도 있다는 비난에 대해 고어와 부시의 정책에 근본적인 차이가 없고, 만일 부시가 집권하면 진보세력이 더 쉽게 결집하여 진보세력의 정치세력화가 앞당겨질 수 있다고 반박했다. 이런 입장은 네이더와 녹색당의 장기적인 정치적 전략과 목표의 맥락에서 이해해야 한다.

네이더와 녹색당은 대통령 선거에서 5% 이상의 지지를 확보하는 경우, 법에 따라 1%당 140만 달러의 정부 지원금을 받을 수 있었다. 그 돈을 활용해서 차기 의원 선거에서 진보세력을 규합한 다음 독일의 녹색당이나 캐나다의 신민주당과 같이 의회에 진출하여 현실정치에서 힘을 발휘하겠다는 전략이었다. 그래서 그들은 5%의 지지를 확보하기 위해 애를 썼고, 기발한 아이디어도 짜냈다.

예를 들어 녹색당은 고어의 압승이 예상되는 뉴욕 주 같은 곳에서는 녹색당을 찍는 것이 부시를 돕는 것이 아니라고 홍보했다(미국 대통령 선거에서 일반 유권자는 선거인단을 뽑는 투표를 하고 그 투표에서는 표차와 상관없이 이기는 쪽이 선거인단을 모조리 차지하기 때문이다. 이 선거인단이 나중에 대통령을 선출하는 투표를 한다). 또 부시의 승리가 확실한 주의 고어 지지자와 고어 승리가 아슬아슬한 주의 네이더 지지자가 서로 표를 바꾸어 투표함으로써, 고어를 대통령에 당선시키고 네이더의 지지표를 5% 이상으로 확보하자는 운동을 전개하였다. 그래서 그런 투표교환을 주선하는 인터넷 사이트도 생겼다.

2000년 대선에서 네이더와 녹색당의 가장 큰 기여는 정치에 대한 대기업의 지나친 영향력을 사회문제로 부각시켰다는 것이다. 네이더의 대기업 권력 문제화는 미국 유권자의 우려를 반영한 것이기도 했다. 선거 기간에 미 주간지 ≪비즈니스위크≫(2000년 9월 11일자)는 미국인의 4분의 3 정도가 자신들의 삶에 기업이 너무 많은 힘을 행사한다고 생각한다는 조사 결과를 소개하기도 했다.

고어 후보도 민주당 전당대회의 후보수락 연설에서 "미국인들은 큰 담배회사, 큰 정유회사, 제약회사, 건강관련 기구 들에 맞서 '아니다!'라고 말해야 한다"고 선언했다. 그러나 민주당은 대기업에게서 정치자금을 받아왔고, 받고 있다. 공화당은 전통적으로 기업의 이익을 보호·대변하고, 지원을 받는 정당이므로 말할 것도 없다.

이와 반대로 네이더는 대기업의 권력에 대해 분명히 반대하고, 그들의 로비를 차단하며, 시민의 힘을 증대해 민주주의를 복원시켜야 한다고 주장했다. 그리고 민주당이나 공화당은 똑같이 대기업에게서 수천만 달러의 정치자금을 받아왔기 때문에, 그 대가로 대기업이 정부를 지배하는 것을 허용하고, 그들을 위한 정책과 법안을 만드는 등의 행태를 보인다고 말했다. 그러므로 민주-공화 양당이 서로 수렴되어가고, 유권자들의 선택이 점점 더 적어지며, 시민 집단이 약화되고 있다고 비판했다. 그래서 두 당의 당명을 합성하여 '뎀렙당'(DemRep Party) 또는 두 당의 당원을 지칭하는 단어들을 합성하여 '리퍼블리크래트'(Republicrat)라는 신조어를 사용하면서 양당에게 이렇게 경고하기도 했다. "당신들이 미국인을 위해 새롭게 출발하지 않으면, 앞으로 선거에서 당신들의 숫자는 더욱 줄어들 것이다."

이런 메시지를 전달하면서 진보세력의 새로운 정치세력화를 꾀한 것이 네이더가 대통령에 출마한 목적이었다. 그 목적을 얼마나 달성했는지 판단하기는 어렵다. 우선 대선에서 5%의 득표에 실패함으로써 일차적인 목표에는 실패했다. 그러나 한 가지 분명한 것은 녹색당의 그런 주장과 네이더 후보의 존재가 고어를 떨어뜨리고 부시를 당선시킬 가능성 때문에, 네이더 지지자들과 반대자들 사이에 논란이 일면서 양측의 입장과 전략의 차이가 분명해졌다는 점이다. 그 때문에 네이더 후보가 언론의 주목도 받았다. 특히 사설에서 민주당의 고어 후보를 지지한 뉴욕타임즈와 워싱턴포스트 등에서 네이더의 주장과 전략, 그리고 그의 출마에 대한 논란을 상당히 소개해주었다.

선거 결과 고어가 유권자 투표에서 이겼지만, 선거인단 투표에서 져서 대통령직은 부시 후보에게 돌아갔다. 특히 플로리다 주에서 수백 표 차로 고어가 부시에게 패함으로써, 플로리다에서 97,000표를 얻은 네이더는 민주당원들로부터 고어 후보의 대통령 당선에 재를 뿌렸다는 비난을 받게 되었다. 그러나 네이더는 고어가 선거에 진 것은 자신의 출신주인 테너시 주와 클린턴 대통령의 아성인 아컨소 주에서조차 패한 고어 자신의 탓이라고 반박했다. 그리고 클린턴 대통령이 임기 8년 동안 좋은 말은 많이 했지만 실제로 한 것은 별로 없었고, 부시가 대통령에 당선되어 보여준 것은 민주당과 공화당 간에 별 차이가 없다는 점이라고 주장했다. 오히려 부시가 대통령에 당선되어 환경문제에 퇴행적인 정책을 시행함으로써 환경단체에 회원과 모금이 급속히 느는 등 환경문제에 대한 사람들의 관심과 분노를 촉발했다고 지적했다. 그래서 네이더는 선거 이후에 민주당의 비난에도 아랑곳하지 않고, 녹색당 조직과 녹색당 후보의 공직 출마를 독려하기 위해 전국 순회여행을 계속했다.

치열한 정치전쟁, 대통령 선거

2000년 11월 7일 미국의 43대 대통령 선거가 치러졌다. 그리고 36일째인 12월 12일에야 겨우 그 결과가 최종적으로 확정되었다. 그나마 논란의 대상이 되었던 플로리다 주에서 검표가 제대로 끝나서라기보다는, 미국 대법원의 판결에 따라 더 이상 검표하지 않고 문제를 적당히 처리해버린 셈이다. 미국의 대통령 선거는 선거인단 제도로 조금 복잡하다. 게다가 2000년 선거는 한 달 넘게 그 승자를 가릴 수 없었던 특수성 때문에, 미국의 선거 제도와 정치의 일면을 들여다볼 수 있는 좋은 기회를 제공했다.

불합리한 승패의 가능성

2000년 선거에서 승자가 빨리 가려지지 않은 가장 큰 이유는 플로리다 주에서 부시 후보와 고어 후보의 표차가 근소한데다가, 투표 기계가 낡거나 제대로 작동되지 않아 너무나 많은 무효표를 양산했기 때문이다. 표차가 너무 적었기 때문에 법적으로 재검표해야 했고, 투표기가 너무 많은 무효표를 양산했기 때문에, 손으로 재검표해야 했다. 게다가 이 과정에서 부시 후보와 고어 후보 사이에 법적 공방까지 벌이느라 시간을 끌게 된 것이다.

미국 대통령 선거는 유권자 투표와 선거인단 투표라는 이중의 투표 절차를 거친다. 미 대선에서 일반 유권자들은 대통령 후보에게 투표하지만, 그것은 형식적으로 대통령을 직접 뽑는 투표는 아니다. 유권자 투표는 대통령을 선출하게 될 선거인단을 뽑는 투표에 불과하다. 일종의 간접선거인 셈이다. 유권자는 선거인단을 뽑고 선거인단이 대통령을 뽑는 것이다. 물론 유권자의 투표로 어느 후보가 더 많은 선거인단을 차지하는지 결정하기 때문에 실질적으로는 유권자의 투표로 대통령의 당락을 결정한다.

그런데 유권자들의 투표 결과는 주별로 집계되어 그 주에서 가장 많은 득표를 한 후보가 그 주의 모든 선거인단(그 주의 연방 하원의원 수와 상원의원 수의 합계와 같음)을 차지한다. 득표수의 비율대로 선거인단을 차지하는 것이 아니다. 그러므로 2000년의 대선과 같이 한 후보가 유권자 투표에서는 이기고 선거인단 투표에서는 지는 불합리한 결과도 생길 수 있다. 전체적으로는 많은 선거인단을 확보했다 하더라도 유권자 투표에서 이기는 주에서는 적은 표차로 이기고, 지는 주에서는 많은 표차로 질 수 있기 때문이다.

2000년 11월 27일 선거의 승패를 결정한 플로리다 주의 개표 결과를 주 국무장관이 공식적으로 발표하였다. 그 결과 부시 후보가 고어 후보보다 537표 더 많았다. 부시 후보는 플로리다 주 유권자 투표에서 겨우 500표가량을 더 얻고서 25명이나 되는 플로리다 주의 선거인단을 전부 차지할 수 있었다. 그래서 미국 전체 선거인단의 과반수를 획득하게 되었고, 미국의 43대 대통령에 선출되었다. 그러나 부시가 고어에게 패배한 주에서는 많은 표차로 졌기 때문에, 유권자 투표에서는 전국에서 약 50만 표나 뒤졌다.

당리당략

플로리다 주법에 따라 당선자의 표차가 투표자(약 600만 명)의 0.5%(약 3만 표) 이내인 경우에는 후보 측의 요구가 있을 때, 수작업으로 개표하도록 되어 있다. 이에 따라 고어 후보 측은 플로리다 전체 선거구에 대해서가 아니라, 기계검표에서 무효표가 유독 많이 나온 세 개의 민주당 지배 선거구에서만 수작업 재검표를 요구했다. 그러나 부시 측과 공화당은 법원의 명령을 얻어 수작업 개표를 일시적으로 중단시켰다. 이에 따라 민주당도 플로리다 주최고법원에 호소하여 수작업 재검표를 11월 27일까지 연장하는 결정을 얻어냈다.

그런데 플로리다 주의 부시 선거대책위 공동위원장이기도 한 플로리다 주의 국무장관 캐더린 해리스는 이 기한까지 수작업 재검표가 완료되지 않았다는 이유로, 재검표가 완료된 결과조차 반영하지 않은 채, 서둘러서 기계 검표 결과만을 발표했다. 팜비치 구의 개표위원회는 법원이 정한 수작업 재검표 마감시한까지 50만 표의 대부분에 대한 수작업 재검표를 완료하고, 겨우 1,000표 정도만을 남겨놓은 상태여서 작업 시간을 세 시간만 더 연장해줄 것을 요구했으나 해리스는 이를 거절했다. 마감시간까지의 재검표에서 고어 후보는 215표를 더 얻었다.

재검표를 허용하면 당선이 뒤바뀔 수 있는 위험성 때문에 부시 후보 측은 한편으로는 재검표를 막기 위해 법적으로 대응하고, 다른 한편으로는 플로리다 주의 발표에 따라 즉각 부시 후보의 대통령 당선을 기정사실화하려는 전략을 취했다. 부시 후보 측의 소송 책임자인 짐 베이커는 몇 번의 재검표에서 모두 부시가 승리했으며, 대통령 선거를 "법률가들과 법정 싸움에 넘기는 것을 미국인이 원하지 않는다"고 믿는다며 법적 해결을 비난했다. 그리고 "정권인수에 시간이 필요하기 때문에 이제 더 이상 시간을 끌 수 없다"며, "국가를 위해 이제 고어가 승복해야 한다"고 강조했다.

부시 후보는 미국 국기가 양쪽에 늘어서 있는 연단에 나타나 자신이 정당한 당선자임을 선언하고, 정권인수인계를 위한 절차를 밟겠다고 선언하는 등 대통령 당선자로 행동했다. 곧이어 정권인수 책임자로 지명된 부통령 후보 딕 체니는 정권인수에 따른 구체적인 작업을 발표하고, 클린턴 행정부가 정권인수팀에 배정된 연방정부 예산을 지급하지 않는다고 비난했다.

그러나 이런 부시 후보 측의 기정사실화 전략에 맞서 고어 측은 진정한 승자는 고어라는 전략으로 맞서면서 미국인의 인내를 요구했다. 고어 측은 고어가 유권자 표에서 부시보다 수십 만 표나 이겼고, 플로리다 주의 재검표를 제대로 한다면 고어가 선거인단 표에서도 이겨 대통령 당선자가 될 것이라고 주장했다. 그래서 자신

들에게 정통성이 있다고 생각하는 고어 후보 측과 고어 지지자들
은 부시 후보 측과 공화당이 수작업 재검표를 방해함으로써 대통
령직을 도둑질하려 한다고도 말했다. 사실 그때까지만 해도 부시
후보 측과 그 지지자들은 고어 후보 측이 기계검표 결과에 승복하
지 않고 수작업 재검표를 요구한 것을 대통령직을 도둑질하려는
것으로 비난해왔다. 그러나 나중에는 오히려 고어 후보 측에서 '부
시 후보 측이 법적으로 보장된 재검표를 방해하고, 그 결과를 무시
한다'라고 부시 후보 측에 비난한 것이다.

선거의 공정성과 정당성

민주당의 고어 후보는 선거인단의 과반수 확보에 결정적인 플로
리다 주의 팜비치 선거구에서 혼란스럽게 도안된 이른바 나비형
투표용지(butterfly ballot) 때문에 자신의 지지자들이 엉뚱하게 부캐
넌 후보에게 투표한 불운을 감수해야 했다. 그러나 투표기계가 제
대로 작동되지 않아 구멍이 완전히 뚫리지 않았지만 투표한 흔적
은 분명히 남아있는 표, 즉 기계검표에서 무효표로 처리되었지만
수작업 검표로는 누구에게 투표한 것인지 확인할 수 있는 표는 최
대한 확인해야 한다고 주장했다. 고어 측은 "모든 투표가 검표되어
야 한다는 원칙"을 내세웠다. 민주주의에서는 투표하는 것도 중요
하지만 그 투표를 제대로 개표하는 것, 즉 민의를 확인하는 작업은
더 중요하다는 것이었다.

플로리다 주에서 투표는 투표용지에 구멍을 뚫는 것인데, 그 구
멍이 제대로 뚫려야 기계검표에서 투표한 것으로 확인된다. 그 구

멍이 제대로 뚫려서 떨어지는 조각을 영어로 '채드'(chad)라고 부른다. 그런데 기계가 마모되었거나 제대로 작동되지 않거나 기계에 채드가 많이 쌓여 있는 경우, 투표해도 구멍이 제대로 뚫리지 않게 된다. 채드가 떨어지지 않고 투표용지에 붙어 있는 경우 '매달린 채드'(hanging chad)라고 부른다. 채드가 자국만 난 채, 볼록하거나 오목한 상태인 경우에는 '임신 채드'(pregnant chad), '보조개 채드'(dimpled chad), '여드름 채드'(pimpled chad) 등의 갖가지 이름으로 부른다. 수작업 재검표의 핵심은 이것을 그 자국의 확실성 여부에 따라 유효표로 처리하는 일이라 할 수 있다.

민주당은 이런 표는 수작업 검표로 누구에게 투표한 것인지를 확실하게 가릴 수 있고, 그렇게 해서라도 최대한 명확히 하는 것이 선거의 궁극적인 목적이며 민주주의라고 주장하였다. 왜냐하면 개표를 제대로 하지도 않고 대통령이 되면 정당성이 떨어진다는 것이다. 그리고 공정성을 기하기 위해 부시 후보 측이 원한다면 민주당이 우세한 세 선거구뿐만 아니라, 플로리다 주 전체를 수작업으로 재검표하자고 제의했다. 그러나 공정성을 위해서라면 처음부터 그렇게 제의했어야 했다. 처음에는 민주당이 우세한 세 개의 선거구만을 수작업 재검표의 대상으로 선정했다가 여의치 않자 나중에서야 그렇게 제의했기 때문에 공정성에서 의심을 받았다.

부시 후보 측은 "편견이 없는 기계가 훨씬 더 공정하며, 기계가 공정하게 검표한 것을 공정성을 신뢰할 수 없는 사람의 손으로 다시 셀 필요가 없다"고 반박했다. 고어 측의 플로리다 주 전체에 대한 재검표 제의를 거부했을 뿐만 아니라, 여러 방법으로 재검표를 막거나 방해했다. 그러면서 고어 후보를 선거 결과에 깨끗하게 승복하지 않고 배 아파하는 패자(sore loser)로 비하했다. 그러나 결국 고어는 부시의 손을 들어준 대법원의 판결을 받아들였다.

선거결과의 승복

2000년의 대통령 선거는 미국의 대선 제도가 유권자 투표에서 더 많은 표를 얻고도 선거인단의 과반수 확보에 실패해 선거에서 지는 불합리한 승패의 문제가 있음을 보여줬다. 또 투표와 개표 과정에서도 문제점이 있음이 드러났다. 특히 선거결과가 지나친 정치적 술수와 사법적 판단으로 결정될 수도 있었다. 그러나 이런 모든 문제에도 불구하고 2000년 미국 대선 마무리는 깔끔했다. 패자인 고어가 그 결과를 깨끗이 승복하고 부시의 승리를 축복해 부시를 지지자들만의 대통령이 아니라 모든 국민의 대통령으로 만들어주었기 때문이다. 이것이야말로 미국 정치의 성숙함이다.

아마 투·개표 과정에서 그같은 문제점이 드러났다면 많은 나라에서는 선거결과에 승복하지 않고 엄청난 갈등과 분열, 그에 따른 소요가 초래되었을 것이다. 그러나 미국에서는 그런 소요가 일어나지 않았다. 투표와 개표 과정이 석연치 않았고, 선거결과를 자기편에 유리하게 이끌어내려는 여러 정치적 술수가 있었지만, 대법원의 최종 판단이 내려지는 순간, 모두가 그 판단을 받아들이고 더 이상 분란을 일으키지 않았다. 여기에는 미국 헌정에 위기를 초래해서는 안 된다는 애국심과 사익이나 정파의 이익보다는 국익을 우선하는 미국 정치인들의 대국적인 자세가 있었기 때문일 것이다.

미국 언론들도 양당이 당리당략으로 헌정상의 위기를 초래하는 것을 방관하지 않았다. 그들은 파당적으로 행동하지 않고 국익을 위한 논조를 펼쳤던 것이다. 언론들 특히 뉴욕타임즈나 워싱턴포스트와 같은 권위지들은 상당히 적극적으로 헌정 위기를 막는데 기여했다. 전쟁이 시작되고 헌정에 위기가 발생하자, 고어 후보에게 선거결과에 빨리 승복할 것을 촉구하기도 했다. 이 또한 매우 성숙한 언론의 모습이다.

이처럼 사익이나 정파의 이익보다는 국익을 우선하는 정치인들과 언론들의 대국적인 자세야말로 2000년 미국 대선의 가장 중요한 교훈이라고 할 수 있다. 2000년의 대선은 미국의 대통령 선거제도, 그 선거제도의 문제점, 대권을 차지하기 위한 정치싸움 등에 대해서 많은 것을 알 수 있게 했다. 그러나 우리가 알아야 할 가장 중요한 점은 당락 결정과정에서 많은 논란에도 최종 결과에 깨끗하게 승복해 헌정의 위기와 국론의 분열을 막는 정치권과 언론의 성숙한 자세다.

소수자를 지키는 관용의 정치

미국이 국방부와 세계무역센터에 테러를 당하고 테러리즘과 전쟁을 선포한 후, 부시 대통령은 '테러와의 전쟁'을 '크루세이드'(crusade)라고 불렀다. 이 말은 일반 명사로는 성전(聖戰), 개혁·숙청·박멸 운동 정도의 뜻이지만, 역사적으로는 회교도가 예루살렘을 점령하자 유럽 기독교도들이 이를 탈환하겠다고 이른바 십자군을 결성해서 벌인 8차례의 대이슬람 정복전쟁을 뜻한다. 따라서 회교도들에게는 아주 언짢은 단어다. 그래서 대통령의 참모들은 미국이 이슬람권 전체에 대해 전쟁을 선포한 것으로 받아들여지지 않도록 재빨리 그 말을 취소하는 소동을 벌여야 했다.

또 미국은 '테러와의 전쟁'의 작전명을 처음에는 '무한 정의'(Infinite Justice)라고 붙였다. 그러나 미국은 곧 이슬람에서는 이런 유의 궁극성은 오직 알라신만 확보할 수 있는 것임을 알게 되었다. '테러와의 전쟁'을 효과적으로 수행하기 위해서는 이슬람권의 도움이 절실한 미국으로서는 이슬람에 거슬리는 이름을 고수할 수 없었다. 그래서 작전명을 '지속적인 자유'(Enduring Freedom)로 바꾸었다.

'테러와의 전쟁'이 오사마 빈 라덴 등의 회교 과격파를 겨냥하자, '회교도 테러리스트 또는 이슬람 테러리스트'(Muslim terrorist or Islamic terrorist)라는 말을 많이 사용하였다. 그러자 미국 내 이슬람 종교 지도자들은 그 말은 아주 잘못된 것이라고 지적했다. 오하이오 주 연방 청사를 폭파했던 티머시 멕베이(Timothy McVeigh)를 '기독교 테러리스트'(Christian terrorist)라고 하지 않듯이, 테러리스트 앞에 무슬림이나 이슬람이라는 말을 붙이지 말아야 한다는 것이었다. 그런 말은 테러리즘과는 아무런 관련이 없는 미국 내 수백만 회교도들에게 기분 나쁜 표현이기 때문이었다.

이와 같이 오늘날은 특정 집단에 대한 차별적·도발적·폄하적인 표현에 피차가 민감하다. 외교가에서는 말할 것도 없고 국내 정치에서나 그밖의 어떤 경우에서건 가급적 그런 말을 안 쓰는 것이 불문율이다. 이런 경향은 이른바 '정치적 올바름'이라는 운동의 결과다.

미국 네트워크 방송인 ABC의 프로그램 가운데 밤 12시부터 1시까지 빌 메이허(Bill Maher)라는 사람이 진행하는 토크쇼가 있다. 이 프로그램은 대개 연예인들 가운데 진보적인 의견을 가진 사람과 보수적인 의견을 가진 사람을 각각 두 사람씩 초청하여 여러 정치적·사회적·문화적 쟁점에 대해 각자의 의견을 자유롭게 개진하게 한다. 진행자도 중립적인 진행자라기보다는 특정한 의견을 가진 토론자가 되어 자신의 의견을 자유롭게 말한다. 그런데 이 프로그램의 이름이 <정치적으로 올바르지 못한>(Politically Incorrect)이다. 이것은 말할 것도 없이, '정치적으로 올바른'(politically correct)을 풍자한 것이다.

『메리엄-웹스터 사전』에서 '정치적으로 올바른'은 1983년에 생긴 형용사로 성과 인종의 문제에서와 같이, '정치적 감수성을 해칠 수 있는 언어와 관행을 제거해야 한다'는 믿음에 순응하는 것을 뜻한다. 이 말의 명사형은 '정치적 올바름'(PC: political correctness)이다. 정치적 올바름은 흑인, 여성, 기타 소수자들의 인격, 권리, 문화, 종교를 무시하거나 비하하지 않고, 다른 다수자의 것과 마찬가지로 존중하는 것을 뜻한다. 그렇게 하는 것이 정치적으로 올바른 행동이라는 뜻에서 이 말이 생겼다.

정치적 올바름은 소수자의 권리나 문화도 다수자의 것과 똑같이 인정해서 말하고 행동하는 특정한 행동양식을 요구하는 일종의 다문화주의적 가치관 또는 윤리규범이라 할 수 있다. 이러한 다문화주의적 윤리규범은 흑인의 민권운동, 여성의 지위향상운동 등의 결과, 소수자들이 자신들의 권리와 문화에 대해 각성하고, 지배 문화의 억압적 면에 대해 자각하면서 대두되었다. 정치적 올바름은 사회 내에서 인종적·성적·문화적 차별과 억압을 없애고 좀더 평등한 사회를 추구하는, 진보적·이상주의적인 사고방식이고 행동양식이다.

정치적 올바름이라는 다문화주의적 윤리규범은 현실사회보다 좀더 이상적이고 진보적 성향이 강한 상아탑에서 더 널리 받아들이고 실천하였다. 어떤 면에서는 대학 캠퍼스에서 정치적 올바름은 적어도 겉으로는 흔들릴 수 없는 윤리규범으로 확립되었다고 할 수 있다. 대학 캠퍼스에서 정치적 올바름은 여성, 흑인, 히스패닉, 동양인 등을 비롯한 소수자에 대한 명시적이고 차별적인 언어와 관행을 제거하는 데 크게 기여했다. 예를 들어 흑인을 '껌둥이'(negro)이라고 부르는 것과 같은 경멸적인 언사, 인간을 지칭할 때 남성을 뜻하는 맨(man)이라는 말을 쓰는 관행, 남성은 모두 미스터(Mr.)로 지칭하는데 반해 여성은 미혼의 경우 미스(Miss), 기혼의 경우 미시즈(Mrs.)로 구분하는 것과 같은 성차별적인 언어적 관행이 없어졌다. 그래서 오늘날 흑인은 black person 또는 African American으로 부르고, 남녀를 다 포함하는 인간을 뜻할 때는 man이 아닌 person을 쓰고, 여성은 결혼 여부와 상관없이 모두 미즈(Ms.)로 지칭한다. 이렇게 해서 개선된 언어나 관행은 이밖에도 수없이 많다.

그러나 정치적 올바름은 이런 언어나 차별적인 관행을 개선하는 소극적인 선에만 머물지 않았다. 많은 대학에서는 좀더 적극적으로 민중 문화(popular culture)를 비롯하여 소수자의 문화를 적극적인 연구와 교육의 대상으로 삼았다. 그래서 랩 음악을 비롯하여 미국 흑인들의 또는 더 나아가 그들의 조상인 아프리카 흑인들의 문화, 이슬람 문화, 히스패닉의 문화, 여성학, 기타 소수자들의 문화와 언어가 정식 과목으로 커리큘럼에 오르게 되었다. 영미권을 주축으로 한 서구의 유명 작가나 예술가의 작품뿐 아니라, 비서구권, 지금까지는 거들떠보지도 않았던 무명의 작가와 예술가, 상류사회의 고급 문화와 함께 일반 서민들의 생활문화, 문자로 쓰이거나 인쇄된 기록 문화를 포함해서 구전 문화도 연구와 교육의 대상이 되었다.

그러나 이런 정치적 올바름이라는 새로운 사고방식과 행동양식은 백인 남성·앵글로색슨 문화·영어 중심이라는 미국의 전통적·지배적인 문화와 가치관에 반하는 것이다. 그래서 정치적 올바름에 대한 백인 중심의 보수 세력의 반발도 만만치 않다. 이들 반발 세력은 그런 정치적 올바름이라는 유행적인 사조가 교육과 문화의 질을 떨어뜨리고, 학문의 자유와 표현의 자유를 침해하는 교조적인 정치적 이데올로기라고 비판한다. 그들은 정치적 올바름이 셰익스피어, 베토벤, 고흐 등과 같은 일류 작가와 예술가의 작품을 연구하고 가르치는 대신에, 가치도 없는 삼류 작가나 예술가의 작품을 연구하고 가르치게 함으로써 대학에서의 연구와 교육, 전반적인 문화의 질을 떨어뜨린다고 주장한다. 그들은 또 특정 집단에 거슬릴 수 있는 과목을 개설할 수 없게 만들고, 언짢은 표현을 사용한 사람들을 인종 차별주의자 또는 성 차별주의자로 몰아 학교에서 내쫓는 것은 일종의 비관용이며, 학문의 자유와 언론의 자유를 제한하고 억압하는 것이라고 말한다.

또한 정치적 올바름이 영어 이외의 소수자들의 언어를 존중하고 증진시킴으로써 영어의 질과 통합력을 떨어뜨린다고 주장한다. 영어는 세계 각국에서 이민 온 사람들을 미국 문화에 동화시켜 미국 시민으로 만드는 이른바 용광로 역할을 하는 데 결정적이라는 것이다. 미국이 유럽 전체에 맞먹는 규모의 대륙임에도 동일하게 발음되는 영어라는 공통어가 제공해준 일관성 덕택에 세계 최초의 자유무역지역이 될 수 있었고, 이는 다시 미국의 산업화와 팽창에 긴요한 역할을 했다고 한다. 특히 20세기 말에 세계화와 더불어 세계에서 영어가 제1, 2의 언어로, 또는 상거래의 언어로 더욱더 중요해지는데, 영어 대신에 민족어를 존중하고 배우게 하면 영어 능력을 저하시키고 영어의 용광로로서의 역할을 제한한다고 주장한다.

이런 보수 세력의 정치적 올바름에 대한 비판에는 그것이 초래한 긍정적인 면을 무시하고, 일부 부작용을 지나치게 과장하거나 왜곡한 면이 있다. 그러나 그들의 주장에도 일리가 있다. 특히 정치적 올바름이 표현의 자유를 제한하고, 또 다른 인종주의를 조장하며, 영어를 소홀히 함으로써 미국인의 통합력을 떨어뜨린다는 주장은 무시하기 어렵다.

한때 마르크스주의자들은 노동자들을 신성시하여 그들을 사회적 차별과 억압의 해방자로 이론화하였다. 억압은 자본가와 같은 지배계급이 만든 것이며, 노동자들은 억압받던 사람들이기 때문에 해방자일 뿐 절대로 억압자가 될 수 없다는 이유에서였다. 오늘날 정치적 올바름에 자극받은 일부 흑인 이론가나 여성주의 학자들이 이같은 논조를 펼친다. 예를 들어 인종주의는 역사적으로 백인들이 창조한 것이고, 흑인은 그 피해자였다. 그러므로 결코 흑인은 인종주의자가 아니라, 탈인종주의자일 수밖에 없다는 것이다.

심지어 어떤 흑인 연구가는 생물학적으로 백인은 흑인보다 열등하며, 유대인들이 노예거래를 재정적으로 지원했고, 백인 가치체계의 궁극적 정점은 나치 독일이라고 말한다. 빙하기에 백인의 유전인자에 결함이 생겨 멜라닌 색소의 공급이 부족해졌고, 이같은 이유로 백인들은 전율할 만한 죄를 짓는 반면, 흑인의 유전인자는 태양의 가치체계로 향상되었다는 것이다(Johnson, 1997, p.958). 그러나 이런 주장은 좀 허황하고 위험하다. 물론, 아메리카 인디언 학살, 600만 명의 유대인을 살육한 나치 체제, 1,000만 명 이상의 희생자를 만들었다고 알려진 스탈린의 공포정치를 비롯하여 역사적으로 백인들이 잔인한 대량살육을 많이 범했다.

여성주의자들 가운데에도 지나친 주장을 하는 경우가 종종 있다. 어떤 여성주의 학자는 인종주의적·계급주의적·성차별주의적 사회에서는 우리 모두 알게 모르게 억압적인 존재방식을 익히게 된다고 본다. 따라서 백인 학생이 인종주의자인가 아닌가 또는 남학생이 성차별주의자인가 아닌가는 논의할 필요도 없다는 것이다. 왜냐하면 그들은 단순히 그런 존재들이기 때문이라는 것이다. 따라서 초점은 그런 왜곡을 깃들이게 한 사회적 힘에 맞추어야 한다고 주장한다. 이런 극단적인 주장들은 차별과 억압을 받아온 사람들의 입장에서는 상당히 합리적으로 보일 수도 있겠지만, 모든 사람들이 받아들이기에는 설득력이 부족하다. 합리성을 결여한 이같은 극단적인 주장은 정치적 올바름을 아주 우스꽝스러운 것으로 만들고, 바람직한 본래의 목적까지 훼손할 수 있다.

정치적 올바름의 덕택으로 비단 미국뿐만 아니라, 전 세계에서 소수자, 약자에 대한 차별적인 언어와 관행이 많이 개선되고 있다. 한국에서도 장애자들에 대한 비하적인 호칭을 비롯하여, 기타 특정 집단이나 직업을 비하하거나 공격하는 말이 덜 차별적·중립적인 말로 바뀌었다. 예컨대 식모는 가정부로, 운전수는 운전기사로, 청소부는 환경 미화원으로, 중은 스님으로, 봉사나 귀머거리는 장애인으로 바뀌었다. 또 "벙어리 냉가슴", "봉사 문고리 잡는 식"이라는 속담과 같이 비하적 단어가 들어간 표현도 사용하지 않게 되었다. 이런 단어나 표현을 못 쓰게 하는 것은 표현의 자유를 제한하는 면도 있다. 대체어나 중립적인 표현으로는 본래의 비하적·차별적인 단어나 표현이 주는 독특한 어감을 완벽하게 표현할 수 없다는 점에서 보면 그렇다. 그러나 몇몇의 표현의 제한은 좀더 큰 인권과 평등을 위해서 치러야 할 작은 대가라고 할 수 있다.

일본에서도 한때 비하적·차별적 언어의 사용을 제한하는 것은 표현의 자유를 억압한다는 논란이 일어난 적이 있다. 예를 들어 '메쿠라방'('봉사 도장'이라는 뜻의 일본어로, 내용을 잘 살피지도 않고 마구 찍는 도장을 일컬음), '씀보사지키'('귀머거리 관람석'이라는 뜻의 일본어로, 일의 사정을 알려주지 않는 소외된 입장이나 지위를 뜻함)와 같은 표현은 장애자들을 비하하고 차별하는 표현이기 때문에 사용해서는 안 된다는 측과, 그런 표현은 전통적으로 굳어진 표현방식이고 또 그 표현이 주는 어감은 다른 말로는 도저히 나타낼 수 없기 때문에 용납해야 한다는 측의 주장이 서로 엇갈렸다. 그러나 대체로 사회적 분위기는 그런 표현을 사용하지 않아야 한다는 것이었다.

한국이나 일본에서도 알게 모르게 정치적 올바름이 자리 잡고 있다. 이런 윤리 규범은 분명 미국의 인권운동과 여성운동, 정치적 올바름이라는 다원주의적 가치관에서 영향을 받은 것이다. 이것은 차별이 좀더 적은 평등한 사회로 나아가기 위해서 필요한 가치다.

전염병에 진 아메리카 인디언

맨해튼 남단 배터리 공원 바로 위쪽에 스미스소니언 국립 아메리카 인디언 박물관(The Smithsonian's National Museum of the American Indian)이 있다. 이 박물관에서는 아메리카 대륙의 원주민인 아메리카 인디언의 문화를 소개한다. 이 박물관 빌딩은 처음에는 뉴욕 세관으로 쓰던 것으로, 대표적인 보자르[Beaux-Arts: 1924년 파리의 에꼴 데 보자르(Ecole des Beaux-Arts)라는 예술학교에서 비롯된 건축양식의 하나로, 역사적 형태, 풍부한 세부적 장식, 기념비적 경향을 특징으로 함] 양식의 웅장한 화강암 건물이다. 이곳에 1994년부터 아메리카 인디언 박물관이 들어섰다. 이 박물관은 본래 1916년에 설립되었는데, 그 소장품은 초라하고 빈약했다. 백인이 건축한 웅장한 건물 속에 있는 초라한 원주민 문화유품은, 백인이 지배하는 미국이라는 초강대국과 그 안의 초라한 인디언 보호구역을 연상케

했다.

　게다가 대부분의 소장품은 20세기의 산물처럼 보이고, 연대도 적혀 있지 않았다. 19세기 평원지대의 인디언 전사들이 입었다는 가죽 셔츠만 연대가 적혀 있었다. 모두 19세기 후반 것으로, 대개는 인디언을 토벌한 후의 것이었다. 이처럼 아메리카 인디언 박물관에서는 인디언의 역사를 발견하기 어려웠다. 역사 없는 문화만을 빈약하게 소개할 뿐이었다. 아메리칸 인디언이 오랫동안 미 대륙의 원주민으로 살았던 모습이나 백인들에게 학살당하거나 삶의 터전을 뺏긴 수난에 대해서는 아무것도 알 수 없었다. 이런 역사의 생략이 의도적인지 아닌지 모르지만, 이것이 아메리칸 인디언의 문화는 역사도 뿌리도 없는 그야말로 말살해도 그만이라는 인상을 주는 게 아닐까?

　아메리카 인디언들의 역사와 문화를 보여주는 물품은 오히려 미국 자연사 박물관(American Museum of Natural History)에 많다. 그러나 인디언의 역사에 비한다면 자연사 박물관에도 인디언 관련 소장품이 많다고는 할 수 없다. 어쩌면 아메리카 인디언, 특히 북미의 인디언은 문화유산이 많지 않을지도 모른다. 북아메리카 인디언은 식량을 구하기 위해 더러 농사를 짓기도 했지만, 주로 사냥에 의존했다. 그래서 그들은 정착보다는 이동이 잦은 생활을 했다. 게다가 문자가 없어서 역사나 문화의 기록이 없다. 그리고 백인들이 학살하거나 정복한 탓에 전통 문화가 많이 단절되었을 것이다. 또한 정복자들은 값나가는 많은 물품을 이들에게서 약탈했다. 이들은 고대 이집트인처럼 많은 부장품을 남기지도 않았다. 그래서 남아 있는 문화유산이 많지 않고, 박물관의 소장품도 빈약할 수밖에 없을지도 모른다.

아메리카 인디언 박물관에 들어서면 본래는 아메리카 대륙의 원주민들이었으나, 백인 정착민들이 정복·학살하고, 이제는 소수 아니 극소수가 되어버린 피정복자의 무력감이 느껴진다. 아메리카 인디언들의 문화는 살아 숨쉬고 변화하는 그런 활력 있는 문화가 아니라, 웅장한 건축물에 초라하게 박제되어버린 느낌을 줄 뿐이다. 그들의 실제 삶이 인디언 보호구역에 갇혀 있는 것처럼 말이다. 웅장한 박물관 건물과 대조적으로 그 소장품들이 초라하고 빈약해서 더욱 그런지도 모르겠다. 아메리카 인디언은 우리와 같은 몽고반점이 있는 동아시아계 종족이라는 점, 우리도 그들처럼 정복당하고 학살당한 역사가 있다는 점 때문에 그들의 처지가 더 안쓰럽게 느껴졌다.

고고인류학에 따르면, 인류가 기원전 약 700만 년 전에 아프리카 대륙에서 생겨서 약 100만 년 전에 중동을 거쳐 아시아 대륙의 서남쪽과 동남쪽으로 퍼졌고, 50만 년 전에는 유럽 대륙으로 진출했다. 그리고 약 2만 년 전에 동아시아까지 진출했고 이중의 일부가 약 1만 2,000년 전에 베링 해를 거쳐 아메리카 대륙으로 들어갔다. 이들이 북미로 퍼지는 데는 1,000년, 그리고 남미 대륙의 남단에까지 진출하는 데 약 2,000년이 걸린 것으로 추정한다. 다시 말해 아메리카 인디언들은 적어도 기원전 1만 2,000년~기원전 1만

년부터 아메리카 대륙의 터줏대감이었던 것이다.

그들이 지금부터 겨우 500년 전인 16세기 중엽부터 밀려오기 시작한 백인들에게 1만 년 이상 조상 대대로 살아왔던 삶의 터전을 빼앗기고 목숨까지 잃게 되었다. 그리고 겨우 생존한 사람들과 그 후손들은 인디언 보호구역이란 곳에 갇혀 살다시피 해야 했다. 인디언이 이렇게 백인들에게 화를 당하게 된 데에는 여러 가지 이유가 있다. 그러나 가장 중요한 이유는 무엇보다 인디언들에게는 철기문화가 없었고, 말(馬)을 사용할 줄 몰랐다는 점이다. 외부 세계와 접촉이 없이 아메리카 대륙에 오랫동안 고립되었던 인디언들은 잉카, 마야, 아즈텍에서 보듯이 나름대로 상당한 수준의 문명을 발전시켰다. 그러나 철기문화를 발전시키지 못했고, 운송과 전쟁에 말을 이용할 줄 몰랐다. 그래서 인디언 군사들은 고작 나무 몽둥이와 방패로 무장한 정도였으니, 철제 칼과 총으로 무장한 채 말을 타고 달리는 백인들을 당해낼 수 없었다. 인디언들이 칼과 총, 말을 이용하게 된 것은 17세기에 들어와 백인들을 통해서였다.

인디언과 백인의 싸움이 어떤 식이었는가는 1532년 페루의 고원지대에 있는 카하마르카(Cajamarca)에서 잉카 제국의 절대군주이던 아타왈파(Atahuallpa)와 스페인의 정복자 프란치스코 피사로(Francisco Pizarro)의 첫 대면의 결과가 잘 보여준다. 피사로는 168명의 부랑자로 구성된 군인들을 거느리고, 페루 북쪽에 주둔하던 스페인인들로부터 1,000마일 이상 떨어진 곳에 고립된 채, 잘 알지도 못하는 지형에서 아타왈파를 만나게 되었다. 아타왈파는 수백만 명의 신민이 있는 자신의 제국 한가운데에서 8만 명의 병사들로 둘러싸여 있었다.

그러나 이들이 서로 대면한 지 단 몇 분 만에 피사로는 아타왈파를 인질로 잡았다. 숨어 있던 피사로의 병사들이 갑자기 총을 쏘거나 말을 타고 나타나 제대로 무장도 안 한 아타왈파의 호위병들을 칼로 무 자르듯 마구 베고 찔렀다. 그러자 인디언 병사들은 놀라서 우왕좌왕하다가 제풀에 엎어진 채 쌓여 숨이 막혀 죽기도 했다. 이렇게 해서 아타왈파와 8만의 병사들은 제대로 싸우거나 저항하지도 못하고서, 피사로의 총과 칼로 무장한 168명의 보병과 기마병에게 무너지고 말았다. 피사로는 아타왈파를 6개월 동안 인질로 잡아두고 석방의 조건으로 역사상 최대의 몸값(순금)을 우려냈다. 그러고도 결국 피사로는 아타왈파를 석방하지 않고 죽여버렸다.

인디언은 유럽에서 백인들과 함께 건너온 병균에도 약했다. 아메리카 대륙에 갇혀 외부와 접촉 없이 오랫동안 고립돼서 살았기 때문에, 아메리카 대륙의 풍토병 이외의 병에는 저항력이 없었다. 그런데 유럽인이 아메리카로 진출하면서, 이전에는 없던 각종 병원균도 함께 들어왔다. 인디언은 이들 병원균에 대한 저항력이 전무했다. 그래서 아메리카 인디언은 정복자들의 무기에 의한 살육 못지않게 흑사병, 천연두 등과 같은 유럽의 전염병으로 많이 희생되었다.

유럽의 전염병균이 아메리카 대륙으로 확산된 것은 고의적이기도 하다. 유럽 정복자들은 인디언을 손쉽게 살육하는 방법의 한 가지로 병원균을 이용하여 일부러 전염병을 퍼뜨렸다. 그들은 이들 병원균을 일종의 생화학무기로 사용했던 것이다. 예를 들어 1518년 스페인의 정복자 에르난도 코르테스는 멕시코의 원주민이었던 아즈텍족에게 천연두를 퍼뜨려 그들과의 싸움에서 승리했으며, 1767년 영국 장군 제프리 암허스트는 프랑스군을 돕고 있던 북아메리카 인디언들에게 천연두에 오염된 담요를 살포했다.

인디언은 국가라는 강력한 통합적·정치적 조직체가 없었다. 물론 인디언도 지역에 따라 상당히 커다란 제국을 만들었지만, 대부분의 인디언, 특히 북미의 인디언은 부족 중심의 고립된 공동체로 살았다. 다시 말해 인디언은 아메리카 원주민으로서 전체적으로는 그 수가 상당했지만, 뿔뿔이 흩어져 있었기 때문에 단결된 힘을 낼 수가 없었다.

이에 반해 유럽의 백인은 통일된 민족국가라는 강력한 정치 체제 속에서 다수의 잘 조직·훈련되고, 철제 무기로 무장한 상비군을 갖추고 있었다. 인디언 가운데 특히 북미의 인디언은 개별 부족별로 그런 백인을 상대해야 했다. 북미에서 서부개척이 시작되고 인디언 토벌이 본격화한 뒤에야, 인디언 부족들 사이에 느슨한 연맹체 같은 것이 만들어졌지만 이미 때는 늦었다.

영토 확장에 대한 끝없는 욕구

뉴욕 공공도서관 본관(맨해튼 42가와 제5애비뉴의 교차점) 1층 전시실에서는 도서와 관련한 전시회가 지속적으로 열린다. 2000년 여름과 가을 동안에는 미국의 역사를 보여주는 지도 전시회가 열렸다. 과거 정착 시절부터 현재에 이르기까지 미국의 영토를 그린 각종 지도가 한자리에 모여 시간순으로 배열되었다. 그 전시회는 미국 영토의 변천사를 일목요연하게 보여주는 동시에 미국의 역사는 끊임없는 영토 확장의 역사라는 것을 드러냈다.

그 전시회를 통해 미국인들 가운데에는 여러 난관을 이겨가며 미지의 세계를 탐험하고 그것을 글이나 그림, 지도로 자세하게 기록하여 후세에 남긴 사람들이 많았다는 사실에 놀랐다. 게다가 그들은 아주 정밀한 지도를 그려낼 만큼 매우 세밀하고 꼼꼼하며 인내력·있는 사람들이기도 했다. 비록 널리 알려지지는 않았을지라도 이런 사람들이 미국 발전의 밑거름이 되었을 것이다. 이 전시회를 통해 한 나라의 형성과 발전에 지도가 중요하다는 사실을 깨달았다. 그 전시회를 통해 미국 영토의 역사, 특히 그 확장의 역사가 어떤 것인지를 좀더 구체적으로 알게 되었다.

우리는 1867년 미국이 러시아에게서 알래스카를 600만 달러에 매입했다는 사실을 알고 있다. 그러나 미국 역사에서 그보다 더 중요한 영토 매입·병합·할양이 여러 번 있었다. 미국의 정착은 땅의 매입에서 시작되었다고 해도 과언이 아니다. 맨해튼은 1621년 네덜란드 서인도회사가 주관하던 뉴암스테르담(오늘날의 뉴욕)이라는 정착촌의 감독이었던 피터 미누이트가 당시 24달러 정도의 장신구와 물품을 인디언에게 주고 매입하였기 때문이다.

미국의 영토 확장에서 가장 중요한 사건은 독립 초기에 있었다. 1776년 미국의 독립선언에 참여한 동부 13개주가 차지하는 면적은 오늘날의 미국 영토에서 일부에 불과했다. 그러나 독립전쟁의 승리로 1783년에는 애팔라치아 산맥에서 미시시피 강까지 동쪽 지역의 땅을 영국에서 할양받았다. 오늘날 중서부(Midwest)로 불리는 지역인 이곳은 캐나다 전 지역과 함께 영국이 프랑스와 이른바 7년전쟁의 승리로 1763년 빼앗은 땅이었다. 7년전쟁의 승리로 변경개척민들은 싸워서 얻은 땅으로 건너갈 준비가 되어 있었으나, 영국은 '선언법'(Proclamation Act)을 선포하여 애팔라치아 산맥의 서쪽 토지를 인디언에게 주고 개인이 이 토지를 구입할 수 없도록 하였다. 그러자 변경개척민들의 불만이 쌓였다. 게다가 영국은 1764년의 사탕조례, 1765년의 인지조례를 선포하여 미국 식민지 모두가 영국에 불만을 품었고, 드디어 동부 13주가 단결하여 영국에서 독립을 쟁취하고 결국 중서부 지역까지 할양받게 되었다.

미국 역사에서 가장 획기적인 영토 매입은 이른바 루이지애나 매입(Louisiana Purchase)으로 불리는 것이다. 이는 3대 대통령이었던 토머스 제퍼슨이 1803년 프랑스 황제 나폴레옹에게서 사들인 프랑스령이었다. 이 지역은 미시시피 강에서부터 로키 산맥까지 경계조차 불분명한 광범한 지역이었다. 제퍼슨은 연방정부의 권한을 가급적 축소해야 한다고 믿었던 공화주의자였지만 넉넉하지 않은 재정과 많은 사람들의 반대에도, 그 당시로서는 불모지였던 땅을 과감하게 매입함으로써 미국의 영토가 오늘날과 같이 대서양 연안에서 태평양 연안까지 뻗칠 수 있는 계기를 마련했다.

플로리다는 1819년 스페인으로부터 매입했다. 오늘날 텍사스는 스페인에서 독립(1821년)한 멕시코의 영토였으나, 텍사스에 진출했던 미국의 변경개척민들이 1836년 멕시코와 싸움을 벌여 승리해서 독립국이 되었다. 텍사스 대부분의 주민들은 미국의 변경개척민들이었고, 미국의 보호를 받기 원했다. 그러나 당시 노예문제로 남부와 북부가 대결하였기 때문에, 미국은 텍사스를 10년 동안 합병하지 못했다. 결국 1846년 대륙팽창이 미국의 '명백한 운명'(manifest destiny)이라고 외치면서 텍사스를 합병했다.

그 직후 미국은 사소한 국경문제를 트집 잡아 멕시코와 전쟁을 벌여, 1848년에는 텍사스와 캘리포니아 사이에 걸쳐 있는 북미의 남서부 땅 전체(뉴멕시코, 애리조나, 콜로라도, 유타, 네바다, 캘리포니아)를 병합했다. 멕시코는 미국에 광대한 영토를 빼앗긴 셈이다. 멕시코인들이 미국 남부와 남서부 일대를 점령지라고 부르는 것도 그 때문이다. 1846년 북서쪽의 워싱턴 주, 오리건 주, 아이다호 주에 대해 영유를 선언함으로써 차지했다. 그리고 하와이는 1898년에 합병했다. 그밖의 태평양에 있는 많은 섬들도 차지했다. 이처럼 미국은 많은 영토를 전쟁 또는 매입·합병으로 확장해왔다. 이렇게 19세기까지 끊임없이 영토를 넓혔다.

20세기에 들어와서 미국의 직접적인 영토 확장은 멈추었지만, 간접적인 영토 확장은 계속되고 있다고 할 수 있다. 미국은 전통적으로 중남미 지역을 자신의 뒷마당 정도로 여기면서 언제나 강력한 정치적·경제적 영향하에 묶어두고 있다. 또한 수많은 나라에 군대를 주둔시킴으로써 군사적·정치적 영향력을 확장시켜오고 있다. 예를 들어 미국은 제2차세계대전 이후 독일을 비롯한 유럽지역 곳곳에 많은 군대를 주둔시키면서, 서구의 여러 국가를 참여시켜 나토(NATO)를 결성하고, 동구 공산권과 대결하기 위한 연합군을 주도해왔다. 태평양전쟁을 계기로 일본에, 한국전쟁을 계기로 한국에 군대를 주둔시키고 있다.

최근에도 군사기지 확보나 군대주둔을 위한 움직임은 계속되고 있다. 미국은 걸프전을 계기로 사우디아라비아에 군사기지를 확보하여 군대를 주둔시켜오고 있고, '테러와의 전쟁'을 빌미로 우즈베키스탄과 아프가니스탄에도 마찬가지로 군대를 주둔시켰다. 또한 테러 방지를 이유로 이라크의 후세인 정권을 무너뜨리고, 이곳에도 군대를 주둔시켰다. 동구권이 무너진 이후에는 나토에 동구국가들도 참여시켜 미국의 군사적·정치적 영향력을 동구로 확대시키고 있다. 현재 미국은 약 40개 나라에 군사기지나 군사기지 사용권이 있어서 그들 나라에 막강한 영향력을 행사하고 있다.

그뿐만 아니다. 미국은 제2차세계대전 후에는 우주로 눈을 돌려 우주 개발을 통해 우주에서 영토를 확장하려고 노력하고 있다. 과거의 서부개척을 이제 우주에서 이루는 셈이다. 1968년에는 달에 유인우주선을 보내 이미 성조기를 꽂아 놓았다. 화성을 비롯한 다른 행성에는 무인우주선을 보내 탐사하고 있다. 이런 미국의 우주 탐험은 프런티어를 우주 공간으로 확장하는 것이라고 할 수 있다. 미국의 팽창주의는 아직도 끝나지 않았다.

살아 있는 미국의 양심

뉴욕에서는 각종 대학, 연구소, 도서관, 협회 등에서 유명인사나 전문가들의 강연이 많이 열린다. 특히 컬럼비아 대학은 대학의 명성이 높은 만큼 저명한 학자, 고위 관리, 전문가 들의 강연이 많이 열린다. 강연은 대개 기존 질서 내에서 문제의 해결을 제시하는 기능주의적 내용이다. 필자가 들어본 컬럼비아 대학의 몇몇 강연도 그러했다. 그러나 오늘날 미국 최고 지성의 한 사람이며, 미국의 대표적 양심이라 할 수 있는 촘스키(Noam Chomsky) 교수의 강연은 달랐다. 청중이 큰 강당을 가득 메울 정도로 인기 있는 촘스키 교수는 강연에서 미국의 기존 질서와 언론을 신랄히 비판했다.

촘스키 교수의 강연 주제는 세계 평화와 미국의 역할이었다. 그는 주로 중동 지역에서 평화와 미국의 역할에 초점을 맞추었다. 촘스키 교수는 이스라엘이 요르단 강 서안, 가자 지구, 골란 고원을 강점한 데다 요르단 강 서안에 유대인들은 정착시켜왔고, 미국이 중동지역에서 패권 전략에 따라 이를 묵인 또는 방조하는 것이 중동 평화를 해치는 근본적인 원인이라며, 이스라엘과 미국을 가차 없이 비판했다. 그는 뉴욕타임즈나 워싱턴포스트와 같은 미국의 유명 신문조차도 실상을 호도하는 행정부의 주장만을 전달할 뿐, 중동 평화를 위해 문제의 본질에 접근하거나 미국의 잘못된 중동정책을 지적하지 않는다며 미국 언론에 대해서도 비판의 화살을 겨냥했다. 촘스키 교수는 구체적 사례를 들어가면서 거침없고 막힘없이 강연을 이끌어갔다. 필자는 1980년대 유학생 시절에도 미국의 동남아시아 정책을 비판하는 촘스키 교수의 강연을 들은 적이 있었는데, 그때도 풍부한 사례와 증거를 제시하면서 유창하게 강연하던 모습이 생생하다.

촘스키 교수는 유대인 출신이지만 중동 분쟁과 관련해서 이스라엘에 비판적이다. 미국의 대부분 유대인들은 이스라엘의 행동을 무조건 지지하는데, 그는 반대한다. 웬만한 용기와 양심으로는 어려운 일이다. 대부분의 뉴욕 유대인들은 유럽의 급진적 사상의 영향을 받은 독일, 헝가리, 러시아 등 동구 출신으로, 미국에서 차별과 착취 때문에 노동조합을 주도해 종교적·인종적 차별을 철폐하는 데 앞장서는 등 진보적이었다. 그러나 기득권 세력으로 성장하고 유대인에 대한 차별이 철폐된 오늘날 유대인들은 대부분 보수화했다. 촘스키 교수는 유대인의 진보적 전통을 잇는다고 할 수 있다.

촘스키 교수는 본래 언어학자였다. 그는 소수의 문법 규칙으로 무한수의 문장을 만들어내는 인간 언어능력의 보편성에 주목한 변형생성 문법 이론으로 언어학에 혁명을 일으키고 인지 연구에서 언어의 중요성을 복원시켰다. 그러나 촘스키 교수는 언어학자의 틀에 머무르지 않았다. 미국 정치에 대해서 양심의 목소리를 냈다. 미국의 베트남전쟁 개입정책과 베트남전쟁 개입을 초래한 미국의 체제에 대해 신랄한 비판을 시작으로, 미국의 패권추구적인 대외정책과 이것을 초래한 미국의 체제, 체제의 일부로서 기능을 발휘하는 미국 언론에 대해서 비판의 메스를 가하는 일관된 정치 평론을 펼친다. 이 때문에 그는 '미국의 양심'으로 통하고, '살아 있는 가장 중요한 지식인'으로 칭송되고, 대학 등에서 많은 강연 요청이 쇄도하여 2년간의 강연 일정이 미리 짜여 있을 정도라고 한다.

촘스키 교수는 언어학 서적 외에도 『국가를 이유로』, 『새로운 냉전을 향해서』, 『숙명의 삼각』, 『동의의 제조』(공저) 등 많은 정치 비평서를 냈다. 최근에는 한국어로 번역된 『불량국가』라는 저서에서 미국이 불량국가로 지목한 여러 국가가 불량국가인지, 국제적 합의를 무시하고 멋대로 행동하는 미국 자신이 진정한 불량국가인지를 풍부한 객관적 자료를 근거로 제시하며 묻고 있다. 이러한 촘스키 교수의 지적은 구 소련이 붕괴되고 세계 유일의 초강대국이 된 이후의 미국에 대해서는 더욱더 설득력이 있어 보인다.

미국 행정부는 미국에게 불리한 국제 협약이나 국제법을 무시하는 제국주의적 처신을 더욱더 노골화하고 있다. 또한 미국은 9·11 테러에 대한 보복으로 아프가니스탄을 초토화하고, 탈레반 정권을 무너뜨린 데 이어 테러 방지를 구실로 이라크에 선제공격해 후세인 정권을 무너뜨렸다. 이같은 행동은 촘스키 교수의 지적을 되새기게 한다.

제3부 미국의 가치관

뉴프런티어 정신

미국에서는 프런티어(frontier)라는 말을 많이 듣거나 볼 수 있다. 이 말은 본래 육지의 개척 지방과 미개척 지방의 변경, 특히 미개척지가 펼쳐져 있던 미 서부의 변경을 의미했다. 미국은 워낙 큰 땅이기 때문에, 1620년대 동부에 정착하면서부터 서부개척이 시작되었지만 남북전쟁이 끝난 1865년부터 본격적으로 이루어져 1890대에 끝났다고 할 수 있다. 그때까지 끊임없이 미국 백인들은 서부로 프런티어를 넓혀간 것이다. 그래서 변경 개척자를 의미하는 프런티어맨(frontierman)이나 개척자 정신을 의미하는 프런티어 스피릿(frontier spirit)라는 말에서 보듯이, '변경'에서 확장하여 '변경 너머의 미개척지를 개척한다'라는 의미까지 함축하게 되었다. 그리고 지금은 비유적으로 새로 개척하거나 연구할 여지가 있는 모든 영역을 가리킬 때 이 말을 쓴다.

미국의 서부개척은 원주민이었던 아메리카 인디언들에게는 조상 대대로 살아온 삶의 터전을 빼앗기고 학살당해야 했던 비극의 역사이지만 백인들에게는 그야말로 자유와 야망을 실현하는 절호의 기회였다. 그들에게 서부개척과 그 개척자 정신은 어떤 외부의 간섭도 받지 않고 자유롭게 스스로 새로운 기회를 만들어가며 미국적 기질을 발휘할 수 있는 가장 이상적인 경우에 해당되었다.

미개척지에서는 개척지보다 개인에 대한 정부나 사회의 통제가 아주 적다. 개척지의 주민들에게는 적용되는 법도 적고 그들을 구속하는 정치적·사회적 제도도 적을 수밖에 없다. 그래서 자유로운 대신 개인들은 모든 것을 거의 혼자서 해결해야 했다. 문명의 이기도 없었기 때문에, 개인적인 필요를 대부분 스스로 해결해야 했고, 치안도 유지되지 않아 자신의 안전은 스스로 지켜야 했다. 서부개척시대를 통해 확고하게 뿌리내린 이런 개인의 자유와 그에 따른 철저한 자기 의존은 가장 미국적인 특성이나 가치관이라 할 수 있다. 다시 말해 유럽 문화와 다른 미국적인 문화는 서부개척을 통해 형성되었다고 할 수 있다.

따라서 서부개척 이야기는 미국인들, 특히 백인들에게는 향수를 불러일으키는 호소력이 있다. 그래서 미국에는 서부영화가 많고 인기도 있다. 그런데 이 서부영화에서 주인공들이 대개는 단독으로 또는 도움을 받는 경우에도 거의 독자적으로 자신과 가족 또는 공동체의 문제를 해결하는 이야기가 전개된다. 클린트 이스트우드 주연의 <좋은 녀석, 나쁜 녀석, 더러운 녀석>이라는 마카로니 웨스턴은 그 모델의 전형이다. 부루스 윌리스가 주연한 <라스트 맨 스탠딩>에서도 주인공 윌리스는 영리한 전략, 기민한 판단력, 강한 투혼, 뛰어난 총 솜씨로 혼자서 약한 여인을 구하고 경쟁하는 두 깡패집단을 다 무찌른다. 이 영화에서 주목되는 것은 제목이 암시하듯이 혼자서 끝까지 버티고 맞선다는 점이다.

우주나 미래를 프런티어 삼아 펼쳐지는 공상과학 영화도 어떤 면에서는 이런 서부영화의 현대판이라 할 수 있다. <스타워즈> 시리즈나 <터미네이터> 시리즈에서 보듯이, 그 무대가 우주나 미래의 세계일 뿐 이야기 전개방식은 서부영화와 비슷하다. 주인공이 자유를 위해 목숨을 걸고 혼자서 또는 약간의 도움을 받아서 끝까지 싸우는 이야기다. 우리가 미국의 할리우드 영화에서 끊임없이 만나는 이야기는 이처럼 개인이 자유와 안전을 위해 스스로 어려움을 이겨내는 것을 골자로 한다. 그것이 미국인의 기질과 특성에 잘 맞기 때문에 흥행에 성공할 수 있다. 이와 같이 미국에서는 대중문화를 통해서 개인의 자유와 그것을 지키기 위한 자기 의존이라는 가치관을 끊임없이 강조·주입한다.

개인의 자유와 자기 의존이라는 미국적 가치는 서부개척 시대에 강화되고 확고해진 것은 사실이지만 그 뿌리는 초기 정착시절로 거슬러 올라간다. 미국의 정치제도와 사회규범을 구성하는 데 가장 큰 영향을 미친 사람들은 유럽의 억압적인 봉건체제를 피해 보스턴, 뉴욕 등과 같은 북미 대륙의 동북부에 정착한 초기의 백인 이민자들과 그 후손들이다. 이들은 거의 맨손으로 새로운 땅에 들어와 정착해야 했다. 이들은 본국 정부의 주도로 정착한 것이 아니어서, 보호를 받지도 못했다. 이들의 신천지 정착은 처음부터 민간 주도로 이루어졌으므로 생존도 스스로에게 의존해야 했다.

그런데 영국인들은 주로 북미 대륙 동부 해안에 정착했다. 그래서 영국 정부는 아무것도 한 것이 없이, 정착한 후 영국의 식민지로 합병하여 총독과 행정관들을 파견하고 군대를 주둔시키는 등으로 통치를 했다. 이들은 영국 식민지로 편입되고 영국의 통치를 받았지만 스스로의 힘으로 정착했고 자신들을 지켰다. 그러므로 그만큼 자립심이 강했고 상당한 자치권을 행사했다. 이 신천지 정착자들의 다수는 영국 청교도이었기 때문에 흔히 WASP(White Anglo-Saxon Puritan)이라고 불린다. 그들은 대부분 미국 동부의 뉴잉글랜드에 정착했고 그 후손들도 그곳에 많이 살기 때문에, 동부 기성층(Eastern Establishment)이라고 불리기도 한다.

유럽의 봉건체제는 왕(정부), 교회, 귀족이 지배계급으로서 특권과 경제적 부를 누리면서 피지배계급인 일반 서민들을 수탈·억압하는 체제다. 게다가 가톨릭(영국의 경우는 성공회)이 지배하는 유럽에서 청교도들은 종교적 박해까지 받아야 했다. 미 대륙의 영국 식민지 정착자들은 유럽의 이런 정치적·사회적·종교적 억압을 피해 자유를 찾아서 아메리카라는 신천지에 온 유럽인, 특히 영국의 청교도인이다.

따라서 이들은 새로운 정착지에서만큼은 정부, 교회, 귀족 등의 억압이나 착취가 없어야 한다고 생각했다. 그래서 1776년 동부 13주의 영국 식민지 정착민들은 미합중국을 결성하여 주권재민의 원칙, 국민의 안녕과 행복을 가장 잘 보장할 수 있는 정부를 구성할 수 있는 권리를 천명한 독립선언서를 선포하고, 전쟁을 통해 영국 식민지 정부를 무너뜨렸다. 그렇게 해서 그들은 스스로 선택하지 않았던 군주의 자의적이고 폭압적인 권력으로부터 자유로워졌다. 대신 자신들이 선택한 대표들로 구성되고, 그 권한이 제한적인 공화제 정부를 수립했다.

또한 그들은 1783년 미합중국의 헌법을 제정하면서 정교분리 원칙과 귀족 칭호의 금지를 명문화했다. 그렇게 해서 정부는 어떤 교회도 국교로 지정할 수 없었다. 따라서 사람들은 종교의 자유를 누리고 특정 종교나 그 성직자들이 박해할 수 없었다. 미국 정부는 누구에게도 귀족의 작위를 부여할 수 없기 때문에, 미국에 유럽식의 귀족이라는 신분의 지배계급은 없다. 미국인은 귀족과 귀족정치에서 자유로웠다.

물론, 이런 미국의 자유는 매우 제한적인 것이었다. 그것은 기본적으로는 재산을 가진 백인 남성들의 자유였다. 특히 정부를 비롯한 외부의 간섭 없이 부를 추구하고 소유할 수 있는 자유였다. 자유는 무산자와 여성과 흑인에게는 적용되지 않았다. 독립선언서의 모든 인간은 평등하게 창조되었다는 구절이 있었음에도, 여성과 흑인은 말할 것도 없고 백인이라도 자산이 없는 사람들에게는 투표권을 주지 않았다. 여성에게는 투표권도 재산소유권도 없었다. 흑인은 백인의 노예로서, 주인 마음대로 사고 팔 수 있는 그들의 재산에 불과했다. 미국의 공화제와 자유는 재산이 있는 백인 남성들을 위한 정부였고 자유였던 것이다. 미국인 모두가 형식적으로나마 동등한 자유를 향유할 수 있게 된 것은 한참 후의 일이다.

정부의 권한을 제한하고 교회의 간섭을 배제하고 귀족주의를 철폐함으로써 미국인들은 자유를 구가할 수 있게 되었다. 다시 말해 미국인의 자유는 정부, 교회, 귀족을 비롯해서 어떤 것이건 조직된 외부의 권위로부터 간섭이나 통제 없이 자신의 운명을 스스로 통제하고 결정하는 개인의 자유를 의미한다. 이와 같이 외부의 간섭 없이 개인이 자신의 운명에서 주체가 되어 스스로 책임지는 개인의 자유가 미국의 가장 중요한 가치관이 되었다. 그리고 많은 사람들이 이런 가치와 자유를 찾아 정치적·사회적 억압이 심한 곳에서 미국으로 왔고 지금도 온다.

미국인은 외부의 간섭을 받아들이지 않기 때문에 자신의 운명은 스스로 책임진다. 즉 자신의 모든 필요와 욕구를 해결하기 위해서 정부나 남이 아닌 자기 자신에 의존하는 것이다. 남에게 의존하면 의존하는 만큼 자유를 잃는 것이다. 그래서 미국인들은 고등학교를 졸업하는 18세의 나이 아니면 늦어도 20대 초반에 부모에게서 재정적·정서적으로 독립한다. 미국인들은 스스로를 돌보고, 자신의 문제를 직접 해결하는 등 자신의 두 다리로 버티고 서야 한다고 믿고, 일찍부터 부모에게서 독립해서 스스로 살아가는 것이 전통이 되었다. 부모나 가족뿐만 아니라, 그 누구로부터도 독립적이어야 자유로울 수 있다고 믿는다. 그렇지 않으면 자기가 하고 싶은 것을 할 수 있는 자유를 잃는다고 생각한다.

이와 같이 자기 의존은 개인의 자유와 함께 동전의 양면에 해당하는 미국의 강한 전통적 가치관이 되었다. 그래서 미국인들은 의

존적인 인물은 자유를 누리지 못할 뿐만 아니라 남의 존경도 받지
못한다고 생각한다. 미국인들이 어떻게든 독립적으로 되려고, 아
니면 적어도 그렇게 보이려고 노력하는 것은 이 때문이다. 실제로
는 독립적이지 못하더라도 겉으로는 독립적인 듯이 행동해야 남
의 존경을 받을 수 있다. 주류사회에 끼어서 존경도 받고 힘이라
도 좀 쓰려면 먼저 자기 의존적, 즉 남에게 의존하지 않는다는 것
을 보여줘야만 한다.

　뉴욕 주 하이드 파크라는 소읍에 있는 프랭클린 루스벨트 대통령
의 생가는 기념관으로 보존되어 있다. 거기에는 그가 대통령 재임
기간을 비롯해서 생전에 사용·수집했거나 선물로 받은 물건들이
보관되어 있다. 루스벨트는 미국 대공황기에 뉴딜 정책으로 많은
일자리를 만들어내 공황을 극복하고, 제2차세계대전을 참전하여 자
유세계를 구출한 대통령으로 국민들과 외국 지도자들의 추앙을 받
았다. 그런데 그 기념관에는 대공황기에 어떤 초라한 실업자가 "자
선이 아니라 일자리를 달라"는 피켓을 들고 있는 사진이 한 장 있
다. 이 사진은 공황기의 실업난을 상징하는 것으로 자주 등장한다.
　미국에는 자선가나 자선단체도 많고 자선으로 들어오는 돈도 많
다. 그러나 역설적이게도 미국인들은 자신의 힘으로 벌지 않고 남
의 도움에 의지하는 것을 수치로 여긴다. 그래서 미국 정신에 투철
한 사람들은 실업수당이나 사회보장의 도움을 받는 것조차도 꺼릴
정도다. 이 때문에 미국은 구미의 다른 선진국보다 사회보장제도가
발달하지 못했다. 그런 제도를 만들 수 없어서라기보다는 그런 제

도가 미국의 가치관에 반하기 때문이라고 해야 할 것이다. 대공황
기의 실업자가 자선이 아니라 일자리를 달라고 한 것은 공황기의
실업난을 잘 보여주면서도 자기 의존이라는 미국적 정신을 잘 드
러낸 것이기도 하다.

　미국인들은 어려운 사람들이 외부의 도움을 받더라도 단기간에
그쳐야 하며 궁극적으로는 자신은 스스로 돌봐야 하는 것으로 믿
는다. 그래서 구미의 선진국 가운데 미국의 사회보장제도가 가장
허술한 편이다. 특히 대부분의 국가에서 의료보험제도는 국민 개인
보험제이지만, 미국에서는 '메디케이드'의 대상인 빈곤층과 '메디케
어'의 대상인 노년층을 제외하고는 모두가 개인보험에 의존해야 한
다. 직장에 다니는 경우에는 직장에서 보험료의 많은 부분을 부담
하지만 자영업자나 직장이 없는 사람은 비싼 의료비를 개인이 전
적으로 부담해야 한다. 정부에서 하는 일에 대한 미국인들의 불신
과 개인의 자기 의존성이라는 강한 전통적 가치관이 작용한 결과
라 할 수 있다. 개인의 자유를 중시하는 만큼 개인의 삶은 개인 자
신이 책임져야 한다는 자유와 책임에 철저한 가치관이다.

평등주의와 진정한 자유경쟁

한국에서 한때 토끼와 거북이에 관한 이솝 우화가 협동보다는 경쟁을 강조한다고 해서 토끼와 거북이가 어깨동무를 하고 함께 나란히 골인하는 이야기로 바꾸어 아이들에게 가르쳐야 한다는 주장이 제기된 적이 있다. 그러나 그런 식으로 각색하면 이 우화가 본래 불어넣어 주려던 근면과 노력이라는 가치는 빛을 잃게 된다. 토끼는 그늘에서 낮잠이나 자는데, 거북이가 굳이 땀을 뻘뻘 흘리며 혼자서 열심히 결승점을 향해 걸어야 할 필요도 없는 것이다. 일반적으로 사회는 성원들에게 협동을 강조하면서도 다른 한편으로는 경쟁을 부추긴다. 공동체를 유지하기 위해서는 성원들 사이의 협동이 필요하지만, 경쟁이 없으면 그만큼 사람들의 노력과 근면도 줄어들어 개인과 사회의 발전이 침체되기 때문이다. 양자가 적절히 균형을 이뤄야지 어느 하나만 지나치게 강조되는 것은 바람직하지 않다.

그러나 사회에 따라 양자 가운데 더 우선시되고 강조되는 것이 다르다. 사회주의적 성향이 강한 나라일수록 경쟁보다는 협동을, 자본주의 성향이 강한 나라일수록 협동보다는 경쟁을 더 강조한다고 할 수 있다. 사회주의 체제는 성격상 협동의 원리에, 자본주의 체제는 성격상 경쟁의 원리에 기초하기 때문이다. 그런데 협동의 원리만 강조하고 경쟁이 없는 사회는 침체되며, 협동이 무시되고 경쟁이 심한 사회는 살벌하다. 공산주의 체제의 붕괴에 여러 원인들이 작용했겠지만 경쟁이 없었다는 점도 그 중요한 요인의 하나라고 할 수 있다. 한국은 자본주의 체제이기 때문에 경쟁이 강조되고, 그래서 온갖 탐욕, 사기, 시기, 빈부격차 등으로 들끓는다.

그런데 지상에서 자본주의가 가장 발달한 나라는 미국이라고 할수 있다. 따라서 미국은 다른 어떤 나라보다 더 경쟁을 강조하고 중시한다. 미국에서는 협동을 그다지 중시하지 않는다. 오히려 국가적인 차원에서 요구하는 희생을 공유하는 협동을 자발적·건설적인 것으로 간주하기보다는 강제적·파괴적인 것으로 의심한다(Datesman et al., 1997. p.254). 미국인들에게 국가 전체의 공공복리를 위해 개인이 희생을 공유해야 한다는 생각은 받아들이기 힘든 것이다. 그렇다고 미국인들이 협동의 가치를 모른다거나 협동을 못한다는 뜻은 아니다. 벤자민 프랭클린은 독립선언서 서명식에서 "우리는 모두 뭉쳐야 한다. 그렇지 않으면 우리 모두는 교수형에 처해질 것이 확실하다"는 말을 남기기도 했다. 미국인들도 경우에 따라서는 자국 선수들을 위해 조직적으로 열심히 응원하고, 필요하면 공동체 차원의 캠페인에 적극적으로 참여하기도 한다.

그러나 미국의 문화는 그런 협동이 공적으로 강조되고 지배하는 문화는 아니다. 대신 경쟁은 어느 부문에서나 강조된다. 미국에서는 모든 부문에서 경쟁이 치열할 뿐만 아니라 당연시된다. 사회의 거의 모든 제도가 협동보다는 경쟁을 자극하도록 구조화되어 있다. 경쟁에서 이기거나 경쟁력이 있으면 많은 물질적 보상이 따르고 존경과 명예를 얻을 수 있다. 미국에서 유명한 운동선수나 일류회사의 사장이 받는 보수가 이를 증명한다.

미국에서 경쟁은 학교에서부터 시작되어 직장에서 은퇴할 때까지 계속된다. 그래서 성장과정은 성공적으로 경쟁하는 법을 배우는 것이라고 해도 과언이 아니다. 학교와 공동체는 야구, 풋볼, 농구 등과 같은 경쟁 스포츠 프로그램들을 제공하는데, 이 스포츠를 통해 어려서부터 자연스럽게 경쟁을 배우고 익히게 된다. 텔레비전의 프로그램도 경쟁을 부추긴다. 보통 100만 달러라는 어마어마한 상금이 걸려 있는 퀴즈 프로그램이나 리얼리티 프로그램은 노골적으로 경쟁을 부추긴다. CBS의 <가장 약한 고리>(Weakest Link)라는 퀴즈프로그램에 8명이 출현했는데, 이들에게 일정한 시간 동안 돌아가면서 계속 질문한 다음 가장 약하다고 생각되는 사람 한 명을 지명하도록 해 가장 많이 지적 받은 사람을 탈락시킨다. 이런 식으로 최후까지 남은 두 명에게는 각각 다른 내용으로 같은 수만큼 질문해서 더 맞춘 사람을 최후 승자로 정해 상당한 돈을 준다.

이와 같이 미국에서 경쟁은 학교, 공동체, 직장, 대중매체에서 강조·조장한다. 경쟁은 사람들을 근면하고 노력하며 성취하게 하는 긍정적인 면이 있지만, 다른 한편 사람들에게 많은 정서적 긴장감을 주는 부작용도 있다. 특히 은퇴해서 경쟁에서 풀려나면 해방감을 맛보기보다는 경쟁력 없는 쓸모없는 인간이라는 버림받은 느낌을 갖게 된다고 한다. 오늘날은 많이 바뀌었지만, 한국과 같은 사회에서는 노인의 경험과 지혜를 중시하여 그 권위를 인정하고 존경하기도 한다. 그러나 미국 사회에서 노인은 사회보장제도나 자선 등으로 사회적인 보호를 받지만, 경쟁력이 없는 사람으로 취급된다. 따라서 권위와 존경의 대상이 되지 못한다.

그러나 미국의 경쟁은 기회의 균등을 전제로 한다. 경쟁과 기회 균등은 동전의 양면과 같다. 경쟁이 정당하려면 누구나 똑같은 조건에서 경쟁에 임해야 하기 때문이다. 미국에서 평등이란 바로 경쟁에서 기회의 균등을 의미한다. 미국의 평등은 모든 사람이 동등하다는 뜻에서 평등이 아니라, 모든 사람에게 성공할 수 있는 동등한 기회가 있다는 의미에서 평등이다. 예를 들어 달리기에서는 모든 사람이 출전해 이길 수 있는 동등한 기회가 있어야 하고, 그 규칙이 공정해야 한다. 특정한 사람은 출전할 수 없다거나 어떤 사람은 먼저 출발하거나 말을 타고 달리거나 해서는 안 되는 것이다. 참여를 원하는 모든 사람은 참여할 수 있고, 참여한 사람들은 모두 똑같은 조건 속에서 달려야 한다.

그러나 사회는 여러 가지 이유로 성원들에게 기회의 평등을 보장하지 않는다. 특히 과거 유럽 사회와 같이 귀족들은 작위와 부를 대대로 세습하면서 특권과 사회적 지위를 누리는 계급사회는 타고 난 신분으로 운명이 결정된다. 그래서 귀족이 아닌 일반 서민들은 아무리 노력해도 그 신분적 한계를 벗어날 수 없다. 그래서 많은 유럽인들은 그런 계급차별적인 사회를 떠나 누구나 똑같은 기회가 있는 신천지 미국으로 이민을 왔고, 미국에서만큼은 신분적 차별로 불평등이 없어야 한다고 믿었기 때문에 헌법에 국가가 작위를 줄 수 없도록 못을 박았다. 따라서 타고난 신분적 차별이 없이 누구나 똑같이 성공의 기회를 가질 수 있는 미국 땅은 오랜 역사 속에서 형성된 사회적 불평등을 벗어날 수 없는 세계 도처의 많은 사람들 에게 매력적으로 비치는 것이다.

그렇다고 미국에서 기회균등과 공정경쟁이 완벽한 것은 아니다. 그런 사회는 지상에 존재하지 않는다. 미국은 과거에는 무산자와 여성과 흑인에게 매우 차별적이었다. 이민정책에서도 차별적이었 다. 유럽 백인들을 우대한 반면 다른 지역, 다른 인종은 차별했다. 심지어 1882년에는 '중국인 배제법'을 제정하여 중국인 이민을 금 지하기도 했다. 오늘날에는 적어도 법적으로 무산자, 여성, 흑인, 기타 소수자 집단에 대한 어떤 차별도 금지되어 있고, 오히려 소수 자 집단에게 특혜를 주는 '어퍼머티브 액션'(Affirmative Action, 소수 자 우대정책)이 있다. 1965년의 이민법 개정으로 적어도 형식적으로 는 이민정책에서 인종차별은 없어졌다. 그러나 오늘날에도 약자나 소수자들에게 기회균등과 공정경쟁이 완전하게 보장된다고 할 수 는 없다. 미국은 처음부터 부를 가진 유산계급이 그들의 재산을 보호하기 위해 수립한 나라이고, 오늘날에도 그들이 여러모로 유리한 위치에 있다. 다른 나라에 비해 상대적으로 기회균등과 공정경쟁이 좀더 보장된다고 할 수는 있겠지만 말이다.

그러나 이보다 더 문제시되는 것은 부의 불평등과 그 불평등한 부의 세습이다. 미국에서는 신분의 불평등은 없지만, 부의 불평등은 그 어느 나라보다 심하다. 그리고 그런 부의 불평등, 즉 부익부 빈익빈 현상은 더욱더 깊어지고 있다. 한 연구에 의하면, 1974년 미국 가정의 부유한 상위 20%가 미국 전체 개인 수입의 43.1%를 차지한 반면, 가난한 하위 20%는 4.4%를 차지했다. 그런데 25년이 지난 1999년에는 이 수치가 49% 대 3.6%로 더 벌어졌다. 미국 국민들 자신도 이런 부익부 빈익빈 현상이 심해지고 있음을 느끼고 있는 것으로 보인다. 의견조사기관인 '퓨 리서치 센터'가 2001년 6월 미국 성인 1,200명을 조사한 결과, 미국이 부유층과 빈곤층으로 나눠졌다고 생각하느냐는 물음에 "그렇다"고 답한 이들이 전체의 44%였다. 이 수치는 1988년 8월 조사에서는 26%에 불과했다. 또 자신이 빈곤층에 속한다고 답한 이들이 32%에 이르러 88년의 17%에 비해 크게 늘었다.

물론 부의 불평등 그 자체가 미국적 가치관에 반하는 것은 아니다. 왜냐하면 미국의 평등은 기회의 평등이지 결과의 평등이 아니기 때문이다. 따라서 일반적으로 미국인들은 아무리 빈부격차가 크더라도 그것이 기회균등과 공정한 경쟁의 결과로 발생한 것이라면 문제될 것이 없다고 생각한다. 미국은 빈부격차가 심한 나라지만 그것이 사회적으로 크게 문제가 되지 않는 데에는 미국인들의 이런 가치관이 작용하고 있기 때문일 것이다. 미국에서는 불평등이라 하더라도 그것이 기회균등과 공정경쟁 이후에 생긴 것이라면 당연한 것으로 간주한다.

그러나 그 불평등한 부가 후세에게 상속되어 생긴 부의 불평등은 사정이 다르다. 그것은 미국 정신에 반하는 유형의 불평등이기 때문이다. 상속된 재산은 기회균등과 공정경쟁의 결과라고 할 수 없다. 상속된 재산은 그 상속자로 하여금 재산상속을 하지 않은 다른 사람들보다 훨씬 더 유리한 조건에서 경쟁하게 한다. 다시 말하면, 재산상속은 기회균등과 공정경쟁이라는 미국적 가치관에 정면으로 반하는 것이다. 그것은 기회의 불평등을 영구화하면서 불공정 경쟁을 당연시한다. 미국에서 세습되는 재산의 액수와 그 건수가 많으면 많을수록 미국의 기회균등과 공정경쟁이라는 가치는 커다란 손상을 입게 된다.

오늘날은 미국뿐만 아니라 세계 대부분의 나라에서 귀족제도와 계급제도는 철폐되었다. 그러나 많은 나라, 특히 자본주의 국가에서 새로운 귀족주의가 탄생하고 있다. 새로운 귀족주의는 신분세습에 의한 귀족주의가 아니라 재산세습에 따른 귀족주의다. 말할 것도 없이, 이러한 새로운 귀족주의는 과거의 귀족주의와 마찬가지로 기회균등과 공정경쟁을 해치고 있다. 이 점에서 미국도 예외가 아니다. 재산의 세습은 미국인들이 혐오하고 금지한 귀족신분의 세습과 똑같은 결과를 낳는다. 미국은 신분세습에 의한 기회의 불평등은 막았지만, 재산세습에 의한 기회의 불평등은 막지 못했다. 신분제의 귀족주의만큼이나 미국정신에 위배되는, 재산에 의한 귀족주의가 탄생한 것이다.

그래도 미국은 다른 나라보다는 재산에 의한 귀족주의라는 문제가 훨씬 적다고 할 수 있다. 여기에는 두 가지 이유가 있다. 하나는 미국에서도 재산이 세습되지만 한국이나 기타 다른 사회처럼 그 경우가 많지 않다는 점이다. 많은 미국인들은 재산을 자식에게 상속하기보다는 학교, 도서관, 연구소, 병원 등 공익사업이나 자선사업에 기증한다. 자식에게 상속하는 경우에도 재산의 일부만 하는 경우가 많다. 다른 하나는 미국에는 높은 세율의 유산세가 있다는 것이다. 재산을 가족에게 상속하거나 기증하는 경우, 최저 37%에서 최고 55%에 이르는 고율의 세금을 연방정부에 물어야 한다.

그런데 이 유산세를 부시 대통령은 선거운동기간에 폐지하겠다고 공약했고, 대통령이 된 후에는 그 폐지를 추진하고 있다. 그를 지지한 많은 사람들은 유산세의 폐지를 바라고 있다. 그러나 유산세의 폐지는 귀족주의의 반대 그리고 기회균등과 공정경쟁이라는 미국의 전통적 가치에 반하는 것이다. 이 때문에 미국의 양식 있는 부자들의 모임인 '책임 있는 부'라는 단체는 자신들에게 불리한 유산세를 존속시켜야 한다고 주장하며, 부시의 유산세 폐지 정책에 반대하고 나섰다. 그 가장 큰 이유는 유산세를 폐지하면 부의 귀족주의가 초래되어 공정경쟁이라는 미국적 가치가 손상되기 때문이라는 것이다. 진정 미국적 가치와 정신을 지키는 사람은 미국적 가치와 제도를 수호할 것을 선서한 대통령이 아니라 이들 양식 있는 부자들이라고 할 수 있다.

미국식 물질주의와 근면정신

톰 크루즈와 니콜 키드먼이 주연한 할리우드 영화 <파 앤 어웨이>(Far and Away)는 아일랜드의 젊은 남녀가 미국에서는 땅을 공짜로 얻을 수 있다는 말을 듣고 미국으로 무조건 건너와, 우여곡절 끝에 오클라호마에서 무료로 땅을 나눠주는 경주에 참여하여 넓고 좋은 땅을 차지하고, 서로의 사랑도 확인하는 이야기를 그리고 있다. 그런데 19세기 후반에 오클라호마에서는 실제로 이런 식으로 사람들에게 땅을 무료로 나누어주었다. 정부에서 미리 대지에 깃발을 꽂아 놓고 경주에 참여하는 사람들에게 각각 다른 깃발을 하나씩 나누어준다. 경주가 시작되면 사람들은 말이나 마차를 타고 좋은 위치의 땅을 차지하기 위해 최대한 빨리 그리고 멀리 가서 정부에서 꽂은 깃발을 빼고 자신의 깃발을 꽂는다. 그러면 그 깃발을 꽂은 사람이 그 일대의 땅을 차지하는 식이었다.

    미국의 초기 정착자들 가운데에는 유럽의 정치적·사회적·종교적 차별과 박해를 피해온 사람들이 많고, 지금도 그런 박해를 피해서 오는 사람들이 적지 않다. 그러나 미국 이민자의 대다수는 역시 생활수준이 높은 미국에서 경제적으로 더 나은 삶을 살기 위해서 이민을 했다고 할 수 있다. 이른바 '아메리칸 드림'을 실현하기 위해 미국에 오는 것이다. 아메리칸 드림은 정치적 자유와 기회의 균등에 대한 갈망도 있겠지만 역시 가장 중요한 요소는 물질적으로 풍요로운 삶에 대한 동경이다. 자기 농지를 소유하고, 게다가 주택, 자동차, 가재도구, 가전기기 등 생활에 필요한 문명의 이기들을 모두 다 갖추고 풍요롭게 살고 싶은 인간적인 욕구가 사람들로 하여금 아메리칸 드림을 안고 미국으로 오게 만드는 것이다. 서부개척이 끝나기 전에는 앞의 영화에서처럼 그렇게 땅도 공짜로 얻거나 아주 헐값에 살 수 있는 기회가 있었다.

    사실 미국은 세계 어떤 나라보다도 물질적으로 풍요롭다. 국토도 크고 자연자원도 풍부하고 농업, 목축업, 공업, 상업이 발달해서 상품도 많고 상대적으로 싼 편이다. 무엇보다 기회균등과 공정경쟁이 다른 나라보다 잘 보장되어 있고 사업이 비교적 용이하다. 또 실제로 대부분의 미국인들의 삶은 다른 어느 나라 사람들의 삶보다 더 풍요로운 편이다. 그러니 물질적으로 빈곤한 지역에서 아메리칸 드림을 안고 미국으로 모여드는 것은 어찌 보면 당연하다. 대부분의 나라에서는 빈곤과 기아가 일상적이다. 그러나 미국에도 빈곤층이 있고 기아에 허덕이는 사람이 있다. 그러나 제3세계의 빈곤이나 기아와는 다르고 그런 빈곤층과 기아가 있다 하더라도 대부분의 미국인은 풍요를 구가하기 때문에 미국을 풍요의 나라로 부를 수 있다.

미국에서는 물질적인 풍요를 구가할 뿐만 아니라 그것이 중요한 사회적 척도이기도 하다. 미국에서 모든 보상을 철저하게 돈이라는 물질로 한다. 이 점을 가장 잘 보여주는 예가 교육이다. 미국에서는 교육을 중시한다. 그러나 교양을 갖추고 인격을 연마하는 그런 추상적이고 고상한 목적이 아니라, 더 많은 돈을 벌기 위한 현실적 수단으로 중시된다. 미국은 언뜻 보기에는 학력을 별로 중시하지 않는 것 같지만 사실은 그렇지 않다. 미국에서도 학위를 사칭하여 물의를 일으키는 경우를 종종 볼 수 있다. 교육과 학력을 중요시한다는 증거다. 미국에서는 공개행사에서 사람을 소개할 때, 흔히 어떤 대학에서 무슨 학위를 취득했다는 것을 언급한다. 신문기사도 관행적으로 어떤 사람의 말을 인용할 때, 그 사람의 출신 대학과 학위를 소개하는 경우가 많다.

미국에서 교육과 학력을 중시하는 더 중요한 까닭은 그것이 곧 그만큼의 금전적 가치로 보상된다고 믿기 때문이다. 미국인들은 학력이 높으면 높을수록 그만큼 더 많은 돈을 벌 수 있다고 믿고 있다. 실제로 직장에서는 학력과 전공에 따라 대우를 달리 한다. 미국에서 학력은 중요한 자산이다. 이런 면은 의학, 법학, 경영학 등과 같이 전문 직업교육 분야에서 더 강하게 나타난다. 이와 같이 교육도 철저하게 물질적 부를 위한 것으로 생각할 정도로, 미국에서는 물질적 부가 모든 것의 척도다.

사실 물질적 부는 미국의 가치관 가운데 하나라고 해야 할 것이다. 미국에서는 사람들의 평가가 물질적 부의 양과 질에 따라 좌우된다. 그래서 수입이 좋은 직업을 가진 사람들, 보수가 높은 직책에 있는 사람들, 자수성가하여 부를 쌓은 사람들이 사회적으로 존경을 받는다. 미국에서는 부가 사회적 성공과 존경의 기준이다. 이렇게 물질적 소유로 사람을 평가할 정도로 미국에는 물질주의가 팽배하다. 그런 물질주의는 경멸의 대상이 될 수도 있다. 그러나 미국에서 물질주의적 가치관이 자리 잡게 된 배경을 살펴보면 그것을 수긍할 만한 부분이 있다.

미국에서 물질주의가 정착한 데에는 적어도 두 가지 원인이 있다. 하나는 미국에 귀족제도와 사회적으로 차별적인 신분제도가 없기 때문에, 신분을 대신해서 사회적 지위의 척도가 이 필요했다. 그것이 바로 부라는 척도였다. 성공이나 사회적 지위의 척도로서 부는 고상한 기준이라고는 할 수 없다. 그러나 귀족이라는 세습적 신분으로 사회적 지위를 평가하는 것보다는 자기 노력이나 근면으로 획득한 부로 사회적 지위를 평가하는 것이 더 공정하다.

미국에서 물질주의가 정착하는 데 작용한 또 다른 원인은 청교도 정신이다. 미국 정신에 가장 큰 영향을 미친 초기의 청교도 이민자들이 미국에 이주한 목적은 종교적 자유와 함께 땅을 얻기 위해서였다. 그 당시에 땅은 물질적 부의 상징이었다. 다시 말해 청교도가 신천지에 이주한 중요한 목적 가운데 하나가 부의 획득이었다. 아메리칸 드림은 초기 이주민인 청교도들에게도 있었던 것이다. 게다가 미국에 정착한 초기 청교도 지도자들 가운데 일부는 물질적 성공을 신의 은총으로 생각했다. 신의 은총을 받은 사람은 현세에서 물질적인 성공으로 인정을 받는다고 믿었다. 1900년 미국의 한 주교는 "신성(godliness)은 부와 함께 한다 …… 물질적 번영은 국민의 성격을 더 달콤하고, 더 명랑하고, 덜 이기적이고, 더 예수같이 만드는 데 도움을 준다"(Datesman et al., 1997, p.48에서 재인용)고 말하기도 했다. 이와 같이 물질적 부를 신성과 동일시하는 청교도의 믿음이 물질주의를 낳은 원인 가운데 하나다.

종교는 물질적인 문제가 아니라 정신적인 문제에 관심을 갖기 때문에, 종교와 물질주의가 혼합되어 있다는 것은 일견 모순적으로 보인다. 그러나 이와 같이 물질적 부를 신의 축복으로 보는 청교도적 믿음에서는 모순적인 것이 아니라, 오히려 조화로운 것이다. 흔히 가장 세속적인 것으로 간주되는 물질적인 부가 적어도 청교도들에게는 신의 은총에 대한 증거이기 때문에 신성한 것이기도 하다. 즉 사회적 척도로서 물질적 부는 청교도들에게는 세속적인 것이 아니라 신성한 것이다. 미국에서 물질적 부로 사람을 평가하는 물질주의에는 물질적 부와 신의 은총을 동일시하는 이런 청교도적 신념이 한 요소로 작용하고 있다. 미국의 물질주의는 물질이 주는 힘을 얻기 위해 모든 수단과 방법을 동원해서 물질을 획득하고 그것으로 모든 것을 해결하려 드는 천박한 물질주의와는 그 뿌리가 다르다고 할 수 있다.

여기서 중요한 것은 청교도 윤리가 근면을 통한 부의 획득을 강조했다는 점이다. 물질적인 부는 자기 노력으로 얻는 정당한 것이어

야 한다. 청교도는 열심히 일하지 않고 부를 획득하는 것을 결코 권
하지 않았다. 일하지 않고 부를 획득하는 것은 오히려 신에 대한 모
독이고 죄악이다. 자신의 근면을 통해서 획득한 정당한 부만이 신의
진정한 은총을 증명하기 때문이다. 바꾸어 말하면, 신의 은총을 증
명하기 위해 부를 획득해야 하고 부를 획득하기 위해서는 열심히 일
해야 한다. 이것이 독일의 사회학자 막스 베버가 지적한 이른바 청
교도의 근로윤리다. 청교도들에게 신의 은총을 실현하는 수단인 근
로는 신성한 것이다. 그러한 청교도의 근로윤리가 미국의 풍요에 기
여했다. 또한 미국의 산업화와 자본주의 발달에도 기여했다.

물질적 부를 획득하기 위한 수단으로서 근면은 역사적인 뿌리가
있기도 하다. 초기의 정착민들이 미 대륙에 도착했을 때, 미 대륙
은 자연자원이 풍부했다. 그러나 그 자원들은 모두 개발되지 않은
상태였기 때문에, 근면과 노력을 통해서만 안락한 생활을 할 수 있
는 물질적인 소유물로 바꿀 수 있었다. 서부개척에서도 마찬가지였
다. 광활한 토지와 자원이 있었지만, 그것들을 물질적 부로 전환시
키기 위해서는 힘겨운 노동을 해야 했다. 이와 같이 미국 역사를
통해서, 미국인들이 물질적 부를 누리기 위해서는 열심히 일해야
했다. 그리고 그 보상으로 커다란 물질적인 부를 획득하게 되었다.
그래서 미국인들은 물질적 소유를 그들의 근면에 대한 정당한 보
상으로 간주하였고, 성공과 사회적 지위의 척도로 삼은 것이다.

아주 제한적인 서구 여행 경험으로 말하기 때문에 조심스럽지만,
서구에서는 상점들이 문을 열지 않는 날이 많고, 문을 여는 경우에

도 장사하는 시간이 짧다. 물론 나라마다 지역마다 차이가 있지만, 한국보다는 대체로 가게를 여는 날과 시간이 적다. 늦게 열고 일찍 닫아버린다. 그래서 여행객들에게는 불편한 점도 많다. 선진국에서는 대체로 그러하다. 그러나 미국에서는 그렇지 않다. 미국의 상점들은 아침 일찍부터 문을 열고 저녁 늦게 닫을 뿐만 아니라, 쉬는 날도 별로 없다. 백화점이나 식료품점의 경우에는 오히려 한국의 상점보다 더 일찍 문을 열고 더 많은 시간 동안 영업한다.

미국의 상점들이 이렇게 일찍 문을 열고 또 오랫동안 문을 열어두는 것은 자본주의와 상업이 발달하고 경쟁이 심한 탓으로 볼 수도 있을 것이다. 그러나 사람들이 일찍부터 몰려와서 물건을 사지 않는다면 그렇게 일찍부터 문을 열어 두는 것은 손해다. 아침 일찍부터 고객들이 쇼핑을 오기 때문에 일찍부터 상점을 여는 것이다. 뉴욕에서는 식료품점들이 대개 오전 8시부터 문을 여는데 그 시간에 이미 많은 고객들이 쇼핑을 한다. 이렇게 일찍부터 상점 문을 열고 또 일찍부터 고객이 몰린다는 것은 미국인들이 그만큼 근면하다는 증거다. 일반적으로 미국인들은 아침 일찍부터 활동하는 근면한 사람들이다.

그러나 근면에 대한 이런 전통적인 가치관이 새로운 세대, 특히 베이비 붐 세대부터는 변화하고 있음을 보여주는 조사결과가 나오고 있다. 1950년대까지만 해도 미국인들은 그들의 일을 거의 전적으로 수입원으로 생각했지, 재미있거나 즐거워야 한다고 여기지 않았다. 그러나 오늘날은 다섯 명 가운데 한 명 꼴로 일은 수입원일 뿐만 아니라 동시에 개인적 만족과 자아실현의 수단이어야 한다고 생각한다. 그리고 일부 사람들은 성공과 물질적 부를 위해서 오랫동안 일하는 것이 과연 그럴 만한 가치가 있는 것인지 의문을 표한다. 그들은 적게 일하고 즐기는 것이 더 낫다고 생각한다.

오늘날 과거 미국인의 근면 정신을 이어가는 것은 더 이상 주류 사회의 백인들이 아니라, 한국인을 비롯한 아시아계의 이민자들이라고 할 수 있다. 이들 아시아계 이민들은 근면과 성실 그리고 높은 교육열이라는 유교적 가치관으로 무장하여 미국의 새로운 세력으로 부상하고 있다. 특히 한국인 이민자들의 경우는 청교도 근로윤리를 무색케 할 정도의 근면과 자기희생으로 단시일 내에 중산층으로 자리 잡았다. 그러나 그렇게 되기 위해 휴가도 거의 없이 새벽부터 밤늦게까지 제대로 자지도 못하면서 일만 하는 등 자기희생을 치러야 했다. 미국의 언어와 제도에 익숙하지 못하고 주류 사회에는 낄 수 없는 이민 1세들로서는 성공과 2세의 교육을 위해서 그 길밖에 없었다.

그런 아시아계 이민자들에 대해 근면에 대한 가치관이 바뀐 주류 사회의 백인들은 놀 줄도 모르고 일만 하는 일개미라고 비웃기도 한다. 그러나 그들이 비웃는, 일밖에 모르는 사람들이 있기에, 그리고 궂은일을 도맡아 하는 저임금의 새로운 이민자들이 있기에, 정작 미국인들은 궂은일은 아예 하지 않고 적당히 즐기면서 살 수 있다. 이같이 생각한다면 결코 아시아계나 그밖의 새로운 이민자들을 일밖에 모르는 일개미라고 조소할 수 없을 것이다. 무엇보다 근면을 비웃는 것은 미국 사회를 있게 한 미국적 가치를 비웃는 일이다.

박애를 실천하는 사람들

뉴욕에 몇 개월 이상 머물 사람으로서 영어 회화 실력을 닦거나 미국 문화를 이해하는 데 관심 있는 사람이라면 활용해야 할 곳이 한 군데 있다. '뉴욕국제센터'(The International Center in New York: www.intlcenter.org)다. 맨해튼 제23동서로가 제5남북로와 교차하는 지점 가까이에 위치한 한 건물의 7층에 있는데, 뉴욕에 온 이민자나 외국인들에게 미국 영어와 문화를 가르치고 뉴욕에 정착하도록 도와주는 비영리 조직이다.

이곳은 제2언어로서 영어(English as Second Language)를 가르치는 영어반, 미국의 문화, 역사, 정부에 대해 강의·토론하는 토론반, 뉴욕 정착에 필요한 다른 여러 실무적인 기술이나 지식을 가르치는 실기반이 있다. 그리고 무엇보다 대화 상대(coversation partner)라는 프로그램을 통해 뉴요커와 일대일로 만나서 대화할 수 있는 기회

를 제공하고 있다. 이곳은 회원제로 운영되는데 1년에 200달러, 6
개월에 150달러의 회비를 내면 제공하는 각종 프로그램을 다 이용
할 수 있다. 그러나 회원들이 내는 회비는 이 센터 운영비의 적은
일부에 불과하다. 이 센터는 독지가가 설립하였고, 독지가들의 헌
금으로 유지되고 있다.

필자가 이 얘기를 꺼낸 것은 이곳을 소개하기 위해서가 아니라,
이 센터의 목적 사업을 자원봉사자들이 수행한다는 점을 말하기
위해서다. 이곳에서 강의하는 사람이나 대화상대로 나오는 사람들
은 모두 무보수 자원봉사자들(volunteers)이다. 물론 이곳에도 보수
를 받는 직원이 있기는 하다. 그러나 직원들은 대개 센터 운영에
필요한 실무적인 일을 하는데 불과하고, 센터의 존재 목적인 영어
교육이나 실무 강의나 대화상대를 맡은 사람들은 거의 모두 자원
봉사자들이다. 학교로 치자면, 학교의 존재목적인 교육을 담당한
선생님들이 모두 보수를 받지 않는 자원봉사자들로 구성되어 있
는 것과 같다.

사우스 캐롤라이너의 힐튼 헤드 아일랜드(Hilton Head Island)라는
섬에는 '의료자원봉사자'(Volunteers in Medicine: VIM)라는 이름의 비
영리 진료소가 있다. 이 진료소는 해열제 타이레놀의 개발을 지휘
했던 잭 매코넬(Jack McConnell)이라는 의사가 은퇴한 후, 자기가 사
는 부유한 지역의 바로 옆 동네에 의료 혜택도 제대로 받지 못한
채 아주 어렵게 사는 사람들이 있다는 것을 알고 주도해서 만든 무
료 진료소다. 이 진료소를 세우는데 필요한 땅은 읍에서 제공했고,

사무실과 의료장비는 부유한 지역의 주민들이 기부했고, 건물의 단장작업은 가난한 지역의 사람들이 자원했다. 그렇게 해서 1994년에 개원한 이 진료소의 의료업무는 은퇴한 의사, 간호사, 치과의사, 물리치료사 등의 전문의료인이 맡고, 비의료업무는 150명의 일반봉사자가 맡고 있다. 이 진료소는 첫해에만 5,000명, 2000년에는 16,000명의 환자를 돌보는 그 지역의 중요한 의료기관이 되었다.

곧 '의료자원봉사자'의 소식이 미국 전역의 은퇴한 의사들에게 알려졌다. 그래서 전국의 많은 은퇴 의사들이 이곳에 전화해서 자기 지역에 그런 무료 진료소를 개설하는 데 도와달라고 요청했다. 힐튼 헤드 아일랜드 VIM은 최선을 다해 그런 요청에 응했다. 그렇게 해서 미국에 15개의 VIM 진료소가 더 설립되었다. 그러나 지원요청이 너무 많아 모든 요청을 받아들일 수는 없게 되자 최근 타이레놀 제조회사인 맥닐 컨슈머 헬스(McNeil Consumer Health)가 VIM 설립을 돕기 위한 지원금을 제공하겠다고 나섰다. 따라서 의료혜택을 제대로 받지 못하는 가난한 서민들에게 무료로 의료혜택을 베푸는 더 많은 VIM을 좀더 쉽게 설립할 수 있게 되었다.

최초의 VIM을 주도했던 의사 매코넬은 어려서 목사인 아버지로부터 매일 "오늘 누군가를 위해서 무엇을 했느냐"는 질문을 받으면서 자랐다. 그러나 성장해서 의과대학생으로, 의사로, 가장으로 살면서 남을 위해 봉사하라는 아버지의 뜻을 제대로 실천하지 못했다가 은퇴한 후 VIM을 설립해서 아버지의 뜻을 제대로 실천하게 된 것이다. 매코넬은 VIM에서 무보수로 일주일에 60시간씩 일하면서도 전에 없던 만족을 느끼면서 더 활발하게 살고 있다. 그는

VIM에서 환자보다 자신이 더 많은 혜택을 받고 있다고 말한다. 이 이야기는 ≪뉴스위크≫ 2001년 6월 18자에 실렸다.

뉴욕국제센터나 힐튼 헤드 아일랜드의 무료진료소뿐만 아니라 미국의 비영리 단체는 대부분 자원봉사자의 도움으로 유지된다. 뉴욕에서는 약 1만 5,000곳에서 150만 명의 뉴요커가 이런저런 자원봉사활동에 나선다. 뉴욕의 한 자원봉사자가 자원봉사를 원하는 사람들을 위해 발행한 『뉴욕에서의 자원봉사』라는 안내책자에는 자원봉사가 필요한 분야를 12개로 나누어 각 분야마다 자원봉사활동이 가능한 기관이나 조직과 함께 그곳에서 필요한 자원봉사활동은 어떤 것인가를 자세히 소개하고 있다. 미국에서 봉사활동은 어디서 무엇을 하는 것인지에 대한 이해를 돕기 위해 12개 분야와 그 분야에서 가능한 주요 자원봉사활동을 소개하기로 한다.

가. 예술과 문화: 박물관 안내, 공영방송을 위한 모금, 댄스 그룹을 위한 의상 만들기.

나. 동물원, 공원 및 기타 야외에서 기회: 센트럴 파크에서 페인트칠하기, 동물원 안내, 지역 정원 가꾸기.

다. 어린이: 청소년 스포츠 팀 지도하기, 어린이에게 학대에 대해 보고하는 법 가르치기, 큰오빠나 큰언니 되기.

라. 동물들: 집 잃은 동물 집 찾아주기, 동물 보호소에서 개 운동시키기, 요양원에서 애완동물 빌려주기.

마. 교육: 어린이 관광 안내, 제2언어로서 영어 가르치기, 특정 사안에 대해 강연하기.

바. 가정: 가족계획에 대해 강연하기, 어린애를 보호가족(foster family)에

맡기기, 가족으로 자원하기.

사. 공동체: 마을 거리 장터에서 자원하기, 방과 후 프로그램 맡기, 공동체 위원회에서 적극적 위원으로 활동하기.

아. 무주택자: 집 없는 사람에게 일자리 신청서 써주기, 보호 숙소에서 식사 차려주기, 공공 주택 거주자 돌보기.

자. 도서관: 문맹퇴치에 자원하기, 지역 도서관에 마을의 관심을 불러일으키기, 이야기 들려주기.

차. 정치: 투표자 등록하기, 마을에서 개표에 참여하기, 선거자금 모금하기.

카. 노약자: 노약자를 위해 편지쓰기, 요양소에서 게임에 참여하기, 소일거리 가르치기.

타. 건강과 봉사: 병원에서 무의탁 유아 돌보기, 에이즈 환자 돌보기, 환자 돌보는 간호사 돕기.

뉴욕의 메트로폴리탄 예술 박물관을 비롯하여 공공박물관, 큰 도서관, 동물원 등에 가보면 많은 자원봉사자들이 나와서 안내 등의 여러 잡무들을 맡고 있는 것을 볼 수 있다. 자선단체는 말할 것도 없고, YMCA, 학부모회, 민권 운동 단체, 소비자 운동 단체, 환경 운동 단체 등을 비롯해서 사회 운동 단체들도 대부분 자원봉사자들의 도움으로 유지해가고 있다. 병원이나 요양원에도 많은 자원봉사자들이 나서서 환자나 요양자를 돌보는 일을 맡고 있다. 미국에서는 대통령 선거를 비롯해서 각종 공직 선거운동도 자원봉사자들의 도움으로 꾸려간다.

자원봉사는 미국의 뚜렷한 문화이고 전통이다. 물론 자원봉사자들 가운데에는 은퇴한 연장자가 많다. 은퇴자들이 자원봉사자로 나서서 남을 위해 일하면, 무료함도 달래고, 새로운 사람이나 사물을 만나며, 새로운 지식과 이해를 얻게 될 뿐 아니라, 그 결과 보람도 느낄 수 있으니 일거다득이다. 그러나 자원봉사가 이로운 면이 있다고 해서, 아무나 봉사활동을 할 수 있는 것은 아니다. 거기에는 상당한 자기희생과 박애정신이 필요하기 때문이다. 더구나 미국의 자원봉사자가 다 은퇴한 사람들인 것만은 아니다. 자원봉사자들 가운데에는 젊은 사람들이 의외로 많다. 앞에서 언급한 센터에도 대다수가 은퇴한 연장자들인 것은 부정할 수 없지만, 20대와 30대의 젊은 사람들도 많다.

그렇다면 미국의 자원봉사 문화는 어디서 비롯된 것일까? 미국인들이 교회에는 잘 가지 않지만 미국 문화에는 기독교, 특히 청교도 정신이 강한 영향을 남긴 것으로 보인다. 기독교의 기초는 본래 박애정신이다. 청교도는 박애정신과 함께 자기향상(self-improvement)을 강조한다. 자기향상은 근면과 자기규율로 물질적인 획득뿐만 아니라 기독교의 박애정신에 따라 타인에 대한 도움을 통해서 달성하는 것으로 되어 있다. 따라서 미국인들은 다른 사람을 돕기 위한 자선사업, 교육사업, 종교사업에 자신의 시간이나 돈의 일부를 기부함으로써 자신을 더 나은 사람으로 향상시킨다고 생각한다. 이것이 바로 미국의 자원봉사 정신이고 인도주의 정신이라 할 수 있다. 이러한 정신에 따라 미국의 부호들은 대개 자선사업에 많은 재산을 쾌척한다. 일반 서민들도 나름대로 이곳저곳에 헌금도 하고 무엇보다 자신들의 지식과 헌신이 필요한 곳에서 자원봉사활동을 한다.

이런 점을 감안해서 자원봉사를 정의하면, 기독교의 박애정신, 특히 청교도의 자기향상을 실천하기 위해 자기의 도움을 필요한 곳에 무보수로 도움을 주는 행위라고 할 수 있다. 이런 자원봉사 정신은 미국인의 중요한 가치관으로 자리 잡은 것으로 보인다. 그래서 미국의 각급 학교에서 자원봉사를 강조하고 자원봉사활동이 학생의 평가에서 중요한 요소가 된다. 몇 년 전부터는 한국 대학도 입학사정에서 봉사활동을 반영하기 시작했지만, 미국의 대학, 특히 유명한 대학은 오래 전부터 입학사정에서는 자원봉사활동을 중요하게 평가하기 때문에, 자원봉사활동이 없거나 적으면 입학에 불리하다. 뿐만 아니라 직장에서도 자원봉사활동을 장려한다고 한다. 이것은 회사 직원들의 자원봉사활동으로 회사 홍보를 노린 것이라고도 할 수 있겠지만, 그만큼 자원봉사활동이 중시되고 있음을 보여준다.

이와 같이 미국에서는 자원봉사활동이 문화와 전통이 되었다. 은퇴한 연장자들의 자원봉사활동도 이런 맥락에서 이해해야 한다. 연장자들의 자원봉사활동은 무료함을 달래려는 면이 있지만, 그보다는 자기희생을 통해 남을 돕는 박애정신의 실천이다. 그것은 자기희생이라는 기독교 정신과 자기향상이라는 청교도 정신에 기초한 미국의 문화이고 전통이다. 그래서 여유시간이 비교적 많은 연장자들뿐만 아니라 젊고 바쁜 사람들도 자원봉사활동에 적극적으로 참여하는 것을 많이 볼 수 있다. 미국에서 부자들은 인류복지를 위한 공익사업에 헌금해서 박애나 자선을 실천하는 반면, 일반 서민들은 자원봉사로 그것을 실천한다고 할 수 있다.

한 국가나 사회에는 그것을 유지하고 발전시키는 것이 임무인 각급 정부, 제도, 조직과 그것을 담당한 사람들이 있다. 말할 것도 없이 우리 사회와 공동체를 유지하고 발전시키는 것은 1차적으로는 이 사람들의 책임이다. 그러나 그 사람들의 의무수행만으로 충분한 것은 아니다. 특히 공동체를 좀더 건전하고 살기 좋은 곳으로 발전시키고 유지하려면 많은 사람들의 헌신이 필요하다. 사회와 공동체가 좀더 원활하게 돌아가고 좀더 살기 좋은 곳이 되기 위해서는 구성원들의 자발적인 봉사가 필요한 것이다.

근래에는 한국에서도 자선단체나 사회단체를 중심으로 자원봉사자들이 늘고 있다. 그러나 불행히도, 우리에게는 자원봉사 문화나 전통이 너무 빈약하다. 자녀가 성장한 가정주부와 은퇴한 사람들을 비롯해서 고등교육을 받고 경제적·시간적으로 여유가 많아서 자원봉사활동에 적임인 사람들도 자원봉사활동에 나서는 일은 흔치 않다. 자원봉사의 문화나 전통이 없기 때문에 자원봉사로 나서고자 해도 어디서 무엇을 해야 할지 모르는 경우가 많다. 최근에 여러 대학교가 입시사정에 지원자의 자원봉사 경력을 반영하기 시작하자, 중고생들 사이에 입시를 위해 억지일망정 자원봉사활동이 관행화하고 있는 점은 그나마 다행이다.

국제연합은 2001년을 '자원봉사자의 해'(The International Years of Volunteers)로 선포했다. 코피 아난(Copi Anan) 유엔 사무총장은 선포식의 성명서에서 "자원봉사자의 마음속에는 봉사와 연대 그리고 우리가 함께 더 나은 세상을 만들 수 있다는 신념이 자리 잡고 있다"며 "자원봉사자는 자신의 가치나 이상, 의제를 강요하지 않는다. 오히려 그들은 사람들이 원하고 필요한 것을 찾아내고, 그것이 가능하도록 사람들과 같이 일한다"고 말했다.

그는 "자원봉사자의 보상은 일생 동안 지속되는 새로운 우정, 다른 사람들이나 다른 문화나 다른 국가의 문제나 입장에 대한 새로운 이해, 또는 단순히 그것이 다르다는 것을 아는 것이다. 자원봉사자는 언제나 자신들이 주는 만큼 받는다고 말할 것이다"라고 지적했다. 이런 지적은 유엔이라는 맥락에서 자원봉사자가 남에게 베푸는 만큼 얻는 것이 많다는 것을 강조하기 위한 말이지만, 자원봉사 일반에 적용되는 적절한 지적이라 할 수 있다.

미국의 책임 있는 부

미국에는 사망세(death tax)라는 것이 있다. 공식적으로는 유산세(the estate tax)라고 부르는데, 한국의 상속세에 해당한다. 유산세는 사람의 사망으로 유산의 소유권이 바뀔 때 그 액수에 따라 매기는 연방정부의 세금이다. 이 세금은 일정한 액수 이상에 대해서 누진적으로 적용된다. 현재 세금이 부과되는 하한선은 67만 5,000 달러인데 법에 따라 2006년에는 그 하한선이 100만 달러로 인상된다. 농가나 가족 소유 사업체에는 이미 100만 달러 하한선이 적용되고 있다. 세율은 37%에서 최고 55%까지 아주 높다. 300만 달러 이상의 재산에 대해서는 일률적으로 55%의 세율이 적용된다.

유산세는 연간 1인당 1만 달러 이상의 증여에 적용되는 증여세와 밀접한 관련이 있고, 따라서 법으로도 이 두 세금이 통합되어 있다. 증여가 교육이나 자선처럼 공공의 이익을 위한 기부일 때 면세의 대상이지만, 유산세를 피하기 위해 자식 등에게 증여할 때는 증여세의 대상이 되기 때문이다. 미국에서는 유산세와 상속세(inheritance tax)가 다르다. 유산세는 유산 전체를 대상으로 연방정부가 거두어가는 세금이고, 상속세는 상속인과 피상속인의 관계, 피상속인이 받은 액수에 따라 차별적으로 주정부에서 거두어가는 세금이다.

유산세로 거두어들이는 세금은 연간 300억 달러 정도다. 사망세라는 별명 때문에 죽는 사람은 모두 이 세금에 해당되는 것 같지만, 실제로는 미국 연간 사망자의 약 2%에 해당하는 4만 8,000명만이 이 유산세의 대상이 된다. 더욱이 이 가운데 500만 달러 이상의 유산을 남기는 약 4,000명의 사람들이 유산세로 거두는 총액의 거의 반절에 가까운 금액을 부담한다고 한다. 다시 말해 유산세의 징수 대상은 그 수가 아주 적을 뿐만 아니라, 그 대상 가운데 일부가 대부분의 세금을 부담하고 있다.

그런데 이 유산세가 부시의 대통령 취임으로 폐지(repeal)의 위기를 맞았다. 미국 부유층의 이익을 대변하는 공화당은 감세나 세금 폐지를 적극 추진한다. 말할 것도 없이 언제나 감세나 세금 폐지의 혜택은 주로 상류층에게 돌아가기 마련이다. 공화당은 이미 클린턴 행정부 시절에 유산세와 증여세의 폐지를 법안으로 상정해 의회에서 통과시켰으나, 클린턴 대통령이 이에 거부권을 행사했다. 그런데 2000년의 대선에서 공화당의 부시 후보가 대통령에 당선되면서 유산세와 증여세의 폐지 가능성이 현실화하였다. 실제로 부시 대통령은 향후 10년 동안 1조 6,000억 달러 감세 방안의 하나로 유산세와 증여세의 폐지를 포함시켰다.

부시의 유산세, 증여세 폐지를 포함한 감세정책은 혜택을 많이 받게 되는 중·상류층의 적극적인 지지를 받고 있다. 특히 유산세의 대상이 되는 상류층은 부시의 유산세 폐지 정책에 대해서 열렬히 찬성하고 있다. 그러나 부자라고 모두 찬성하는 것은 아니다. 오히려 진짜 부자들은 유산세 폐지에 대해서 반대운동을 벌이고 있다. 그것도 서명을 받는 등 아주 적극적으로 말이다. 부시 행정부에게는 예상했던 민주당이나 서민들의 반대보다는 예상치 못한 수혜 대상자들의 반대가 훨씬 더 난처한 것임은 말할 필요도 없다.

그렇다면 자신들에게 유리한 상속세 폐지를 반대하는 부자들, 세율이 높기로 악명 높은 세금을 자신들에게서 거두어가야 한다고 주장하는 부자들은 도대체 어떤 사람들이며, 어떤 이유로 그렇게 주장하는가? 그들은 빌 게이츠 1세와 워린 버펫 말고도 록펠러 일가, 조지 소로스, 폴 뉴먼 등 이름만 들어도 바로 알 수 있는, 미국에서도 내로라하는 굵직굵직한 억만장자(billionaire)이거나 돈 많은 유명인사다. 이들은 미국 사회에서 부익부 빈익빈 현상이 심화되는 것을 원치 않기 때문이다.

이들은 '책임 있는 부'(Responsible Wealth: www.responsiblewealth.org)라는 단체의 회원이기도 하다. 1997년에 탄생한 이 단체는 기업, 공동체, 정부, 자선사업, 학계, 재계 등의 지도자들로 구성된 조직이다. 그 회원들은 미국인 가운데 가장 부유한 상위 5% 내에 속하는 부자로 미국 경제 성장의 주된 수혜자라 할 수 있는 사람들이다. 이 단체는 미

국에서 수입과 부의 지나친 불평등의 위험에 경각심을 불러일으키는
데 헌신하는 공정경제를 위한 연합(United for a Fair Economy: www.
ufenet.org)이라는 전국적 단체와 보조를 맞추는데, 여기에서도 그 성격
을 짐작할 수 있다. 책임 있는 부는 ①공정한 세금을 고취하고, ②모
든 사람에게 생활급을 줄 것을 지지하고, ③기업의 좀더 큰 책임을 요
구하고, ④모든 미국인에게 자산 소유의 확대를 증진시키는 일에 초
점을 맞추고 있다.

책임 있는 부의 이러한 목표는 다른 모든 사람들의 희생 위에서
자산가들인 자신들에게 유리하게 기우는 사회 규칙들이 늘어나는
것을 변화시키려는 회원들의 양심과 양식에서 비롯된 것이다. 그들
은 또한 빈부격차가 늘어나고 소수의 손에 경제적·정치적 힘이 집
중되는 것을 묵인하는 경제와 민주주의는 지속될 수 없다고 믿는
다. 빈부격차의 증대는 사회와 사업을 위해서도 좋지 않기 때문에
그들은 장기적으로 자기 이익을 도모하는 셈이다. 왜냐하면 건강한
시장(市場)에는 안정과 질서가 필요한데, 사회 내의 빈부격차의 심
화로 생긴 사회 파괴는 그런 시장의 안정과 질서를 위협하기 때문
이다.

부시가 대통령이 되고나서부터 '책임 있는 부'가 벌리는 가장 주
요한 활동은 부시 행정부가 추진하는 유산세 폐지정책에 대한 반
대운동이다. 부시 대통령이 이 세금을 2009년까지 단계적으로 폐
지할 것을 정식으로 제안했기 때문이다. 이 단체의 회장인 빌 게이
츠 1세(마이크로소프트사를 창립해서 세계 최대의 부자가 된 빌 게이츠의

아버지)는 "누군가가 상속세를 폐지하려 한다는 얘기를 들은 이후로 나는 화가 났다"며 만일 자기에게 '빌과 멜리사 게이츠 재단' 회장이라는 풀타임 업무가 없었더라면 '상속세를 위한 백만장자들'이라는 모임을 조직했을 것이라고 말했다.

'책임 있는 부'는 뉴욕타임즈에 유산세 폐지에 반대하는 의견광고를 게재하고, 회원들로 하여금 언론에 기고하게 하고, 무엇보다 의회에 유산세 폐지 반대를 청원하기 위해 서명운동을 벌이는 등 유산세 존속에 발 벗고 나섰다. 이 단체는 유산세 폐지의 명분인 농가나 가족 기업의 보호는 유산세법을 약간 개정하는 것으로 충분하다며 그 전면 폐지를 반대했다. 이들이 유산세의 폐지를 반대하는 이유는 자신들의 이익을 위해서가 아니라, 미국 사회의 이익을 위해서다. 그들은 "유산세를 폐지하는 것은 백만장자나 억만장자를 더 부유하게 하는 반면, 생계를 위해 싸우는 많은 가정에 상처를 준다"고 지적했다. 왜냐하면 그렇게 해서 줄어든 수백억 달러의 국세를 메우기 위해 가난한 사람들에게서 더 많은 세금을 거두든가 아니면 미국의 계속적인 복지를 위해 중요한 사회보장, 메디케어, 환경보호, 기타 다른 정부 프로그램을 줄여야 하기 때문이라는 것이다.

미국 가정의 2%에 해당하는 유산세를 폐지하면 그만큼의 세금을 서민들에게서 더 거두어들이거나 그들을 위한 프로그램을 없애야 한다는 점 외에도 이들이 자신들과 같은 부자들에게 계속 상속세를 부과해야 한다고 주장하는 데는 사회적인 이유가 있다. 유산세를 폐지하면, 교육기관에서부터 빈자들을 돕는 단체에 이르기까지 공공의 이익을 위한 활동에 기부하는 헌금이 줄어들고, 부익부 빈익빈 현상이 가중되어 미국이 돈 있는 자들의 귀족주의 국가로 전락하여 민주주의가 위협받는다는 점을 꼽고 있다. 진정으로 자신들의 이익보다는 사회와 국가의 이익을 위한 책임 있는 자세라고 할 수 있다.

유산세는 그 세율이 높기로 악명 높아서 부자들은 유산세를 피하거나 아예 폐지하기 위해서 갖은 노력을 해왔다. 그러나 제정된 지 85년이 지난 지금까지 존속하면서 미국의 소득재분배에 크게 기여한 것도 사실이다. 유산세는 위헌소송도 견뎌냈다. 연방 대법관이던 루이스 브랜다이스는 유산세를 옹호하여, "우리는 민주적인 사회를 갖거나 소수의 손에 집중된 커다란 부를 갖거나 할 수 있다. 이 양자를 둘 다 가질 수는 없다"는 유명한 말을 남겼다.

미국은 유럽의 세습적 귀족주의를 피해온 사람들이 설립한 나라다. 그래서 어떤 유의 것이든 귀족주의와 세습주의에 반대하는 것이 미국의 면면한 정신이다. 이런 정신은 자수성가한 부자들에게도 이어지고 있다. 그래서 그들은 부자임에도 유산세의 폐지를 반대한다. 예를 들어 미국의 다섯 손가락 안에 꼽히는 거부이자 투자가로 유명한 워린 버펫(Warren Buffet)은 "유산세를 폐지하는 것은 '엄청난 실수'이며 2020년의 올림픽 팀을 2000년의 올림픽 금메달 후보들의 장남을 뽑아서 구성하는 것과 같다"고 비유하면서, "우리는 세계의 그 어떤 곳보다도 진정한 능력체제에 근접해 있다. 유산세가 없다면, 사실상 부의 귀족주의인데, 이것은 능력이 아니라 세습으로 국가의 자원을 지휘하는 자격을 전수하는 것을 뜻한다"고도 지적했다. 이런 그이기에 유산세 폐지 반대 청원서가 유산세에 대해 좀더 적극적인 자세를 취하지 않았다고 서명하지 않았다.

이런 가치관의 차이 때문에, 많은 부자들이 유산세 폐지를 원하고 폐지하기 위해 로비를 펼칠 때, 일부 다른 부자들은 폐지를 막으려는 운동을 전개한다. 자신들의 사적인 이익에 반하는 유산세를 존속시켜야 한다고 주장하는 부자들은 미국의 평등주의 정신을 이어가고 있다. 운동을 주도하는 빌 게이츠 1세는 그런 미국적 철학을 이렇게 표현했다. "몇 명의 경주자는 이미 100야드 앞에 나가 있는 그런 경주가 아니라, 모든 경주자가 같은 지점에서 출발하는 사회를 추구해야 한다." 버펫이나 게이츠 2세는 이미 많은 자선사업을 하고 있는데 사후에는 재산을 거의 모두 사회에 기증할 것이라고 공언했다.

부자가 빈자의 복지에 무관심하지 않은 나라, 부자가 부익부 빈익빈 현상이 심화되는 것을 우려하고, 그런 현상을 심화시킬 수 있는 정책에 반대하는 나라, 부자가 귀족주의 국가로 전락하는 것을 방지하려는 나라, 부자가 부와 권력을 자녀들에게 세습하는 것이 부당하다고 생각하는 나라, 그래서 부자가 자신들에게 유리한 정부의 세금정책에 오히려 반대하는 미국은 희망이 있는 나라다.

물론 미국의 부자가 다 그런 것은 아니다. 유산세 폐지에는 대부분의 상류층에 속하는 사람들이 열렬히 찬성하고 있다. 책임 있는 부가 유산세 폐지를 반대하는 의견광고를 뉴욕타임즈에 게재하자,

실명으로 서명했던 부자들이 다른 동료 부자들에게서 사적으로 비난을 받기도 했다. 그러나 모든 부자가 한통속으로 자신들의 이익을 위해 똘똘 뭉치거나 자신들의 이익을 위해 로비하기보다는, 일부일망정 사회정의를 위해서 자신들의 이익에 반하는 주장을 공개적으로 하는 미국이라는 나라는 분명 축복 받은 나라라 할 수 있다.

우리의 경우는 어떤가. 그렇지 않아도 로비다 뭐다 해서 영향력이 막강한 재벌이 전경련이라는 단체까지 만들어서 집단으로 자신들을 위한 목소리만을 낸다. 불행히도 그들에게서 빈말일망정 빈자, 사회, 국가 등을 진정으로 염려하는 소리는 듣기 어렵다. 더구나 자신들의 이익에 반하는 양심과 양식의 소리는 더더욱 들어볼 수 없다. 어디 그 정도뿐인가. 모든 재벌기업들은 말할 것도 없고, 웬만한 기업은 거의 모두 회장직을 자식에게 세습시키고 자기들끼리 혼인관계를 맺어 한국을 부의 귀족주의 국가로 만들었다.

사실 한국에는 뿌리 깊은 세습문화가 있다. 그래서 일반인들은 일반인들대로 재산을 모두 자녀에게 물려준다. 심지어 유명교회 담임목사직까지도 세습되고 있다. 북한에서는 정권마저 세습했다. 우리의 세습문화를 나쁘다고만은 할 수 없을 것이다. 그 나름대로 긍정적인 면이 있다. 그러나 세습제는 무능력한 사람에게 중책을 맡긴다거나 사회의 불평등을 심화시킨다거나 하는 커다란 부작용을 낳기 때문에 극복해야 할 우리 사회의 후진적인 문화라 할 수 있다.

부가 크면 클수록 그 부는 개인의 부라기보다는 사회의 부라고 할 수 있다. 큰 부는 개인적인 능력이나 노력보다는 사회나 제도에

힘입어 축적되는 것이기 때문이다. 따라서 부가 클수록 그것을 가능하게 한 사회에 대해 책임 있는 자세가 있어야 한다. 즉, 재력가일수록 빈자를 위하고, 공공의 복리를 염려해야 한다. 부자일수록 재산을 자식에게 세습하는 관행에서 벗어나 큰 몫을 사회에 환원하는 모범을 보여야 한다. 우리 부자들도 이제는 미국의 책임 있는 부 정신을 본받아 자신의 이익보다는 다수의 이익을 더 염려하는 책임 있는 부로 거듭나기를 기대해본다.

미국의 노블레스 오블리주

얼마 전 한 컴덱스 쇼에서 기조연사로 나온 빌 게이츠(Bill Gates)가 "어린애들이 굶어죽는데 컴퓨터의 보급이 무슨 소용인가"라며 컴퓨터 보급보다는 기아구제가 더 급선무라고 말해서 청중들을 어리둥절하게 만든 적이 있다. 말이야 맞는 말이지만 상황에 맞지 않는 다소 엉뚱한 얘기였기 때문이다. 컴덱스 쇼는 컴퓨터 기기를 비롯한 정보통신 계통의 첨단 제품과 기술을 전시하는 상업적인 행사다. 그리고 이 쇼에는 마이크로소프트사를 설립하여 최단기간에 세계 최대의 갑부가 되어, 이 계통의 젊은 벤처 기업가들 사이에서 영웅 대접을 받는 빌 게이츠가 기조연사로 종종 초청되었다. 빌 게이츠는 그동안 쇼의 성격에 맞게 연설에서 한결같이 컴퓨터 기술 발전에 대한 찬양과 컴퓨터 보급이 새로운 세계를 건설할 것이라는 메시지를 전했다.

그런데 컴퓨터의 발전이나 보급과 같은 종래의 메시지와 전혀 다른, 기아로 죽어가는 어린애들 얘기를 꺼낸 것이다. 컴덱스 쇼에서 컴퓨터를 통한 장밋빛 미래를 그린 것이 아니라, 컴퓨터의 존재에도 암울한 현실을 일깨우면서 기아구제에 나설 것을 촉구한 것이다. 그러니 정보통신 계통의 젊은 기업가들이 주축인 청중들이 실망하고 어리둥절할 수밖에 없었다. 그러나 사실 최근 몇 년간에 일어난 게이츠의 변신을 감안한다면 그의 발언이 그렇게 뜻밖의 것만은 아니라 할 수 있다. 청중들은 게이츠가 이미 돈 버는 사업가가 아니라 돈 쓰는 사업가, 즉 자선사업가로 변신한 사실을 미처 깨닫지 못했던 것이다.

게이츠는 좋은 시민이 되기 위해서는 무엇인가를 해야 한다는 부모의 강력한 권고에 따라 1980년대 말부터 자선사업을 해오다가 아버지의 적극적인 관여로 1994년에 아예 '빌과 멜린다 게이츠 재단'(The Bill and Melinda Gates Foundation)이라는 자선재단을 설립해서 부인과 함께 본격적인 자선사업가로 나섰다. 게이츠의 아버지가 회장직을 맡은 이 재단은 최소한의 행정인력을 갖추고, 고유의 업무를 보는 전문가 중심으로 운영된다. 또한 직원들간에 아무런 격식을 차리지 않는 '벤처기업형 자선사업'(venture philanthropy)으로도 유명하다. 개발도상국의 건강증진 사업에 주력하는 이 재단은 현재 그 자산 규모가 자그마치 242억 달러로 세계 최대의 재단이 되었다. 물론 이 자산은 모두 빌 게이츠 부부가 출연한 것이다.

앞의 엉뚱한 발언은 이처럼 재단을 설립하여 본격적인 자선사업을 시작한 지 몇 년 후였다. 자선사업에 적극적으로 나선 후부터 세상을 보는 눈과 생각도 자선사업가답게 바뀌었다. 자선사업가로서 아프리카 등지를 돌면서 당장 급한 것은 컴퓨터 보급이 아니라 주린 배를 채워주는 것임을 깨달았던 것이다. 이런 관점의 전환은 매우 자연스럽고 당연한 일이다. 따라서 엉뚱한 듯 보이는 발언은 빌 게이츠가 완전히 자선사업가로 변신했음을 증명하는 것이며, 그런 맥락에서 보면 결코 의외의 발언이라고 할 수도 없다. 잘못은 엉뚱한 발언을 한 빌 게이츠에게 있는 것이 아니라, 쇼의 기조 연사로는 맞지 않게 변해버린 게이츠의 변신을 알아차리지 못하고 관례대로 그를 기조 연사로 초청한 컴덱스 쇼의 주최 측에 있었다.

세계 최초의 뉴스 전문 케이블 텔레비전 회사인 CNN의 창업자이며, 반전과 평화 운동의 기수라 할 수 있는 여배우 제인 폰다와 결혼한 테드 터너(Ted Turner)가 2000년 향후 10년에 걸쳐 국제연합에 10억 달러를 기여하겠다고 선언해서 세계를 깜짝 놀라게 했다. 그는 그러면서 미국의 다른 부호들에게도 유엔의 사업을 돕기 위해 돈을 기부할 것을 촉구하기도 했다.

게이츠나 터너의 이런 자선행위와 재산가의 사회기여 촉구는 미국 부호들의 면면한 전통을 잇는 것이다. 모피 거래와 부동산 투자로 임종 당시 미국 최대의 갑부였던 애스터(John Jacob Astor, 1763~1848)는 뉴욕에 애스터 도서관 건립을 위한 자금을 기부함으로써 뉴욕 공공도서관의 토대를 마련했다. 금융 사업, 특히 외환 거래 사업으로 19세기 중반에 2,000만 달러의 부를 축적한 조지 피바디(George Peabody, 1795~1869)는 1867년 피바디 교육 재단을 설립하는 등 거의 모든 재산을 교육과 예술 분야의 자선사업에 썼다.

미국의 대부호로서 재산가의 자선사업 정신을 수립한 사람은 앤드류 카네기(Andrew Carnegie, 1835~1919)였다. 카네기는 스코틀랜드 태생으로 12살에 부모를 따라 미국으로 건너온 이민 1세대로 철강사업을 통해 거대한 부를 축적했다. 그러나 1901년 65세에 철강회사를 처분하고 은퇴해서 자선사업에 전념했다. 그리고 뉴욕 카네기 재단(the Carnegie Corporation of New York) 등 여러 카네기 재단을 설립해서 주로 교육, 과학, 국제평화 등의 공익사업에 기부했다. 또한 뉴욕의 카네기 홀을 건설하기도 했다. 카네기가 기부한 돈은 당시 액수로 모두 3억 5,000만 달러에 달했다. 카네기는 1889년 한 잡지에 기고한 '富'(Wealth)라는 글에서 "거대한 부를 쌓은 사람은 자신의 잉여 부를 인류의 복지 증진을 위해 써야 한다"며 다음과 같은 명언을 남겼다. "부자로 죽는 사람은 불명예스럽게 죽는 것이다(A man who dies rich dies disgraced)." 그후 이런 주장은 부의 복음(the Gospel of Wealth)으로 간주되어, 미국의 많은 재산가들이 인류의 복지를 증진하기 위해 공익사업에 재산을 기부하는 전통을 수립하게 했다.

미국에서 자선사업의 명문가는 역시 록펠러가를 꼽아야 할 것이다. 록펠러 1세(John Davison Rockefeller, 1839~1937)는 석유사업으로 부를 축적했다. 록펠러의 석유사업은 독점적이고 지나치게 공격적이어서 미국의 반독점 금지법을 제정하는 계기가 되기도 했다. 그러나 독실한 침례교도였던 그는 1890년대부터 자선사업에 점점 더 많은 관심을 보이다가 1897년부터는 아예 자선사업에 전념했다. 그래서 시카고 대학의 설립을 가능하게 했고, 자기 아들인 록펠러

2세(John D. Rockefeller, Jr., 1874~1960)와 함께 록펠러 재단을 비롯해서 각종 자선사업체를 설립해서 교육과 의학 발전을 위해 거금을 기부했다. 자신의 생전에 자선사업에 기증한 돈만 5억 달러이고, 1955년까지 록펠러 부자(父子)가 기부한 돈의 합계는 25억 달러에 달했다. 록펠러 2세는 뉴욕 시의 링컨센터를 건립했고, 유엔본부에 부지를 기증함으로써 유엔본부를 뉴욕에 유치하는 결정적인 역할을 하기도 했다. 제2차세계대전에 해군복무를 마친 록펠러 3세(John D. Rockefeller, III, 1906~1978)도 할아버지와 아버지의 전통을 이어 자선사업에 전념하면서 예술 분야와 국제기구에 많은 돈을 기부했다.

그밖에도 미국에는 자선사업에 많은 자산을 기부한 재력가들은 부지기수다. 그 가운데 빼놓은 수 없는 사람은 일관작업 체제를 창안하여 값싸고 경제적인 자동차 모델 T를 생산하고, 8시간 근로제를 도입하고 비교적 높은 기본급을 지불한 것으로 유명한 자동차 왕 헨리 포드(Henry Ford, 1863~1947)다. 포드는 그의 아들 에젤(Edsel Ford)과 함께 1936년 포드 재단을 창설했다. 국제적인 인구와 식량 문제, 공영 방송, 인문과 예술, 환경과 자원 등에 주로 지원하는 이 재단은 한때 세계 최대의 재단이었으며, 현재도 그 자산이 108억 달러로 게이츠 재단, 릴리 재단(Lilly Endowment, Inc., 125억 달러)에 이어 세계 3위의 재단이다.

미국에서는 '필랜스러피스트'(philanthropist)라는 말을 많이 듣게 된다. 이것은 일반적으로 인류의 복지를 증진시키기 위해 적극적으로 노력한 사람을 일컫는데, 어원적으로는 인간을 사랑하는 사람이라는 뜻이다. 아주 좋은 뜻의 말이다. 우리말로는 흔히 박애주의자나 자선사업가로 번역되는데, 영어가 뜻하는 인간을 사랑한다는 본래의 의미나 어감은 제대로 전달되지 않는다.

필랜스러피스트는 크게 두 유형으로 나눌 수 있다. 하나는 나이팅게일이나 슈바이처와 같이 자신의 몸을 바쳐서 인류복지에 기여한 사람이고, 다른 하나는 카네기나 록펠러와 같이 자기 재산을 바쳐서 인류복지에 기여한 사람이다. 그런데 미국에서 필랜스러피스트는 흔히 두 번째의 의미, 즉 자기 재산을 인류복지를 위해 쓰는 사람이라는 뜻으로 쓴다. 그만큼 미국에는 자선사업을 하는 재산가들이 많다. 미국의 많은 대부호들이 동시에 이 명칭으로 불린다. 그들은 자기 재산을 공익사업 등으로 남을 위해 썼기 때문이다. 그들은 대개 은퇴한 후 자선사업에 전념하면서 필랜스러피스트로 불리는 것을 영광으로 여긴다. 그들은 돈을 버는 과정에서는 다소 무리도 하고 때로는 원성도 듣지만, 일단 돈을 벌고 난 후에는 그 돈을 다시 인류복지를 위해 사회에 환원하면서 보람을 느끼고 존경을 받는 그런 전통을 수립한 것이다.

이 때문에 미국에서는 재산가들에 대한 거부감이 없다. 오히려 그들에 대한 존경과 친근감이 더 크다고 할 것이다. 미국 추리 작가 시드니 셸던의 최근작 『하늘이 무너지다』(The Sky is Falling)는 정치가이자 자선사업가인 윈스럽(Winthrop) 일가의 갑작스런 죽음의 미스터리를 푸는 이야기를 다루고 있다(록펠러 2세의 넷째 아들 이름이 Winthrop Rockefeller였다. 그는 아칸소 주지사를 역임한 정치가였지만, 할아버지, 아버지, 형제와 마찬가지로 자선사업가이기도 했다. 이 점을 감안하면 이 소설은 록펠러가를 모델로 하는 것으로 보인다). 그런데 이 소설은 윈스럽 일가의 인품이 너무도 훌륭하고 게다가 많은 자선사업으로 남의 미움을 살 만한 구석이라곤 없는데도, 일가가 뜻하지 않은 불행을 당한 데에는 어떤 거대한 음모가 있기 때문임을 밝히는 식으로 전개된다. 물론 이야기를 전개시키기 위해 편의상 자선사업가 윈스럽 일가를 아주 훌륭한 인품의 소유자들로 묘사했겠지만, 미국에서 필랜스러피스트인 재산가가 어떤 식으로 인식되고 있는지를 시사해주는 좋은 예이기도 하다.

미국의 많은 박물관, 미술관, 공연장, 도서관 등 공익기관들은 재산가들의 기부로 설립·유지된다. 본래 공공사업이어서 연방정부, 주정부, 시 등에서 그 운영을 주관하고 재정을 책임지는 경우에도 자산가나 개인들의 보조를 받아서 사업을 키우고 유지하는 것이 일반적이다. 2,000만 권 이상의 장서와 6,000만 점 이상의 자료로 세계 최대를 자랑하는 미 의회 도서관은 국가 예산만이 아니라, 자선사업가의 기부에도 상당한 부분을 의지하고 있다. 미국의 수도 워싱턴에 소재한 저 유명한 스미스소니언 박물관(Smithsonian Institution)은 1846년 의회가 제정한 법으로 설립된 국립 박물관이지만, 영국의 과학자 존 스미스손(James Smithson)이 기증한 재산이 모태가 되었고 국가 예산과 함께 많은 개인 헌금으로 사업을 확대해오고 있다.

특히 뉴욕을 세계적인 관광도시로 만들어준, 뉴욕이 자랑하는 뉴욕의 유명한 공연장, 박물관, 미술관, 도서관은 거의 전부가 재산가들의 헌금으로 짓고, 기부한 수집품으로 소장품을 구성하는 등 그들의 기부로 축조되고 유지되고 있다고 해도 과언이 아니다. 예를 들어 장서 수와 분관 수에서 공공도서관 가운데 세계 최대를 자랑하는 뉴욕의 공공도서관은 재산가나 자선재단의 헌금으로 짓고 유지된다. 메트로폴리탄 예술 박물관(Metropolitan Museum of Art)의 축조에도 많은 재산가와 시민들의 헌금이 있었지만, 그 300만 점이 넘는 소장품 가운데 중요한 많은 것들도 개인들이 수집·소장하던 것을 기증한 것이다. 대표적인 소장품 기증자는 은행가였던 존 피어폰트 모건(John Pierpont Morgan)이다. 그는 생전에 당대의 최대 예술과 서적의 수집가였는데 예술품은 메트로폴리탄 예술 박물관에 기증하고, 서적은 피어폰트 모건 도서관을 건립하여 기증했다.

뉴욕의 현대예술박물관(Museum of Modern Art)은 릴리 블리스(Lille P. Bliss)가 남긴 유산 235점으로 시작하였다. 뉴욕의 구겐하임 박물관(Gugenheim Museum)은 금속광업으로 부를 축적한 구겐하임 부자(Meyer and Daniel Gugenheim)가 의뢰해서 지은 특이한 현대식 건물에 그들이 수집한 작품을 전시하는 미술관이다. 뉴욕의 프리크 컬렉션은 카네기 철강회사 회장이던 헨리 클레이 프리크(Henry Clay Frick)가 대규모의 예술적인 저택에 직접 수집했던 작품들을 전시한 미술관이다. 쿠퍼-휴이트 디자인 박물관(Cooper-Hewitt Museum of Design)은 카네기 재단이 기증한 뉴욕의 카네기 저택을 사용하고 있다. 카네기 홀은 카네기가, 링컨센터는 록펠러 2세가 헌금한 돈이 각각 그 축조의 기초가 되었다.

물론 한국의 부호들도 적지 않은 돈을 사회에 기부하는 것은 사실이지만, 미국의 부호들과 같이 적당한 나이에 은퇴해 자선사업가로 나서서 재산의 대부분을 사회에 환원하는 일을 하면서 일생을 마치는 일은 거의 없다. 그들은 지나치게 많은 나이까지 자기 사업체의 회장으로 군림하다가 건강이 허락하지 않는 경우에나 은퇴한다. 그리고 대부분의 재산을 2세에게 상속한다. 동시에 회장 자리까지 물려준다. 그래서 한국에서는 부호들에 대한 일반인의 인식이 좋지 않다.

사실 거부는 개인의 능력으로만 일군 것이라고 말하기는 어렵다. 근면과 판단력, 사업수완과 재테크 등 개인의 노력과 능력이 작용하는 부분을 무시할 수 없지만, 어느 정도 이상의 큰 부는 자기의 피고용자들, 소비자, 사회·경제 제도, 국가 등의 덕택이라고 해야 할 것이다. 그러니 거부를 축적한 사람일수록 그 부의 많은 부분을 사회에 환원해야 한다. 그것은 마땅하고 옳을 뿐만 아니라 존경받고 보람을 느낄 수 있는 최상의 일이기도 하다.

거부를 쌓은 다음에 은퇴해서, 그 부를 남을 돕는 일에 쓰면서 존경받고 보람을 느끼면서 사는 일이야말로 행복한 삶이라고 할 수 있을 것이다. 이제는 우리의 재산가들도, 자기 재산을 변칙적인 방법으로 자식에게 상속해서 두고두고 사회적 지탄의 대상이 되기보다는, 미국의 재산가들과 같이 적당한 나이에 은퇴해서 자선사업가로 나서 타인과 사회를 위해서 돈을 쓰고 존경과 보람 속에서 생을 마감하는 전통을 수립해야 하지 않을까.

대학을 빛내는 기부문화

인디애나 주 중부 평야지대의 소도시 그린캐슬에 디포 대학교(DePauw University)라는 조그만 사립대학이 있다. 이 대학은 1990년대 중반까지만 해도 시골의 무명 대학에 불과했다. 그런데 월 스트리트 저널(2001.3.8)에 따르면, 1995년 이 학교 출신의 거부였던 필립 홀턴 씨와 그의 부인이 사망하면서 1억 2,800만 달러라는 거금의 유산을 학교에 기증하면서 사정이 달라지기 시작했다. 이 돈은 한 사람이 대학에 기증한 기부금 가운데 가장 큰 액수의 것이었다. 홀턴 씨의 기부금은 디포 대학이 이전에 받은 가장 큰 액수의 기부금 600만 달러를 사소하게 만들어버렸다. 홀턴 씨의 이 기부금은 학교의 기금을 단번에 3배로 늘렸다.

홀턴 씨는 이렇게 거금을 디포 대학에 기부할 것을 유서로 작성해 놓았으면서도 이에 대한 치사를 원치 않아 이를 생전에 공개하지 않았고, 사후라도 학교 측에서 자신을 위한 기념관이나 기념비를 짓지 못하도록 했다. 그래서 대학 측에서 이 대학의 장래를 바꾼 이 부부를 기념하기 위해 도서관 밖의 조그만 사각 지역을 이 부부의 이름으로 바꾸는 데도 유언집행자의 허가를 얻어야 했다.

이 새로운 부를 갖게 된 디포 대학은 과감한 발전 계획을 수립하고 실행에 옮겼다. 대학은 이 새로운 부를 장학금, 기숙사 건축, 새로운 강좌 개설, 교수진 보강, 교수 봉급 인상과 인센티브 등에 사용했다. 그러자 우수한 학생들과 교수진이 모여들었고, 즉각 학교 명성도 높아졌다. 디포 대학은 《유에스 뉴스 앤드 월드 리포트》의 2001년판 『대학 가이드』에서 미국의 상위 40개 인문대학 가운데 39위에 올랐다. 몇 년 사이에 유명 대학의 대열에 낀 것이다. 신입생 합격률은 1997년 88%에서 2001년에는 74%로 떨어졌다. 학교 명성이 높아지자, 예술대 건축 헌금 1,100만 달러를 비롯해서 기부금도 더 많이 들어오기 시작했다.

이 에피소드는 미국의 대학, 특히 사립대학의 재정 상태, 돈과 학교발전의 상관관계에 대해서 많은 것을 시사해준다. 미국의 사립대학은 등록금이 아주 비싸다. 사립대의 1년 등록금이 2004년 평균 2만 달러(약 2,100만 원)를 상회했다. 그러나 학교재정에서 등록금이 차지하는 비율은 대개 50% 이하, 심지어는 30% 이하로 아주 낮다. 나머지는 학교 기금의 과실금이나 기부금, 잡수입으로 충당한다.

디포 대학의 경우 등록금이 2만 510달러이지만, 8,220만 달러에 달하는 학교의 1년 예산의 절반에 불과하다. 나머지 30%는 학교 기부금의 과실금으로, 그리고 20%는 동창회 헌금, 기숙사비, 기타 증여나 연구 보조금 등으로 메우고 있다고 한다. 2001년 예산 가운데 27%인 2,200만 달러가 장학금으로 나갔다. 장학금 수혜 학생이 96%였는데, 이 가운데 50%는 SAT(한국 수능시험에 해당)의 성적이 좋아서, 46%는 재정지원이 필요해서 장학금 수혜를 받았다.

그래서 미국 사립대는 기금과 기부금이 없이는 유지되기 어렵다. 좋은 대학이 되려면 기금과 기부금이 많아야 한다. 실제로 좋은 대학일수록 기금과 기부금이 많기 마련이다. 미국의 '전국 대학 및 대학교 연합'이라는 단체에 가입된 509개 대학이 보유한 기금은 2000년에 총 1,950억 달러라고 한다. 이 가운데 반 이상의 대학이 1억 달러 이상의 기금을 가지고 있다. 기금이 가장 많은 대학은 하버드대학으로 무려 192억 달러나 된다. 그런데 기금도 기본적으로는 기부금에서 비롯되기 때문에 무엇보다 기부금을 많이 유치해야 한다. 미국 사립대학의 발전은 말할 것도 없고 생존조차도 기부금 유치활동, 즉 모금활동에 달려 있다고 해도 과언이 아니다. 그러니 사립대는 모금에 총력을 기울이게 되고 대학의 책임자인 총장의 1차적인 업무도 자연히 모금활동을 조직·지휘하는 일이 된다.

그런데 다행스럽게도 미국에는 기부문화가 정착되어 있다. 미국인들은 공익사업을 시작할 때는 모금부터 한다. 민간주도의 사업일 경우는 말할 것도 없고, 관주도의 사업인 경우에도 마찬가지다. 그만큼 기부문화가 생활화되었다. 미국인들은 재산가뿐만 아니라 일반인들도 기부를 많이 한다. 그리고 한국인들과는 달리 대개의 미국인들은 사망 시에 자식에게 재산을 물려주기보다는 교육기관이나 자선단체를 비롯한 공익기관에 기부한다. 특히 재산가들은 적당한 나이에 은퇴해서 자선사업가로 명분 있는 일에 자신의 돈을 기부하면서 여생을 마감하는 경우가 많다.

교육, 도서관 건립과 도서구입, 박물관 건립, 예술진흥, 사적지 보존, 환경보존 등 돈을 기부할 수 있는 명분 있는 공익사업은 많다. 이 가운데에서도 가장 공익적으로 간주되는 것이 교육이기 때문에, 미국의 자산가나 그밖의 많은 사람들이 교육사업에 돈을 주로 기부한다. 자식의 입학 등 반대급부를 조건으로 한 기부가 아니라 아무런 반대급부가 없는 순수한 기부다. 2001년 3월 초에만도 콜로라도 대학이 향후 5년 동안 2억 5,000만 달러의 주식을 기증받기로 약속받았다고 발표했고, 사우스 캐롤라이나 그린빌에 있는 퍼먼 대학(Furman University)은 1억 5,000만 달러 상당의 부동산을 유산으로 기증받았다고 발표했다.

사실, 어떤 면에서 보면 미국의 사립대학은 이런 미국적 기부문화 속에서 생겨나고 발전한 것이라고 할 수 있다. 이런 기부로 풍부한 재정을 확보한 미국의 사립대는 다른 나라에서와는 달리 공립대학을 제치고 미국 최고, 아니 세계 최고의 대학으로 발전할 수 있었다. 미국에 기부문화가 없었다면 미국의 사립대도 학교 재정을 전적으로 학생들의 등록금에 의존해야 했을 것이다. 그랬다면 재정이 풍부하지 못해 교육과 연구 시설도 제대로 갖추지 못했을 것이고, 장학금도 충분히 줄 수 없기 때문에 우수한 학생을 유치하기 어려웠을 것이다. 또한 교수 봉급도 제대로 줄 수 없기 때문에 훌

류한 교수도 채용할 수 없었을 것이다. 결국 미국에 기부문화가 없었다면 미국의 사립대학이 오늘날과 같이 좋은 대학으로 성장할 수 없었으며 사립대의 수도 적었을 것이다.

미국에는 자산가의 기부로 대학 자체를 설립한 경우가 많다. 예를 들어 피바디 대학은 죠지 피바디(George Peabody)의 기여금으로 지었다. 밴더빌트 대학은 철도업으로 거부를 쌓은 뉴욕의 자산가 코넬리우스 밴터빌트(Cornelius Vanderbilt)의 기부금으로 지은 대학이다. 카네기-멜론 대학은 카네기의 헌금으로 설립된 카네기 기술대가 멜론 대학과 통합한 종합대학이다. 시카고 대학은 록펠러 1세의 기부금으로 시작되었다. 또는 단과대학이 기부금으로 설립되는 경우도 많다. 예컨대 펜실베니아 대학과 남가주 대학의 커뮤니케이션 대학은 출판사업, 특히 ≪TV 가이드≫로 돈을 번 월터 휴버트 안넨버그(Walter Hubert Annenberg)의 기부금으로 설립되었다.

이렇게 대학 전체나 단과대학은 아니더라도 대학의 각종 건물이나 시설, 기자재 등은 대부분 헌금으로 설립했다. 그래서 미국 대학의 건물명은 십중팔구 헌금자의 이름을 따서 지었고, 건물에는 헌금자의 이름을 새긴 명패가 붙어 있기 마련이다. 컬럼비아 대학교 저널리즘 스쿨의 건물 현관 벽에도 이 스쿨에 헌금한 방송사, 신문사, 재단, 개인 등의 명단이 들어 있는 감사패가 붙어 있다. 맨해튼에 있는 뉴욕 시립대의 하나인 헌터 컬리지의 강당에는 의자마다 기증자의 이름이 써 있는 것을 본 적이 있다.

이런 점에서 보면, 미국의 사립대학은 한국의 사립대학과 그 성격이 전혀 다르다. 몇몇 예외가 있지만, 한국의 사립대는 대부분 개인이 자기 돈으로 설립해서 재정을 거의 등록금으로만 충당하고 철저하게 사적으로 운영한다. 형식이야 어떻든 한국의 사립대는 대부분 설립자의 사유물로 되어 있다. 그러나 학교 설립에서부터 운영에 이르기까지, 학교 재정의 대부분을 기부금으로 충당하는 미국의 사립대학은 어느 특정인의 소유물이 될 수 없다. 특정인의 기금으로 설립된 대학이라 하더라도, 그 기금자가 학교 소유주가 되거나 학교 운영에 간섭하는 일은 없다.

따라서 미국의 사립대학은 말만 사립대학이지 그 재정이나 운영에서는 어느 특정인이 독단적으로 운영하는 그런 사유물이 아니다. 한 특정인이 독단적으로 운영하려면 계속 그 대학의 재정을 책임져야 하는데, 아무리 재산이 많은 사람이라 하더라도 혼자서 계속해서 사립대학의 재정을 감당할 수는 없을 것이다. 따라서 미국의 사립대학은 사립대학보다는 공립대학이나 공영대학으로 불러야 더 마땅하다고 할 수 있다. 미국의 사립대학이 공립대학을 제치고 명문대학으로 성장할 수 있었던 데에는 이런 이유가 작용한다.

미국의 사립대는 학생 등록금에 거의 전적으로 의존하고 소유주가 학교운영을 좌지우지하는 한국의 사립대학과 운영방식도 다르다. 미국의 사립대학에서 소유주는 아예 없고, 재정은 기부금에 더 의존하며, 학교는 철저하게 이사회나 총장선출위원회가 선출한 총장이 운영하고 이사회의 감독을 받는다. 그래서 대학의 운영이 투명하고, 교육과 연구라는 대학 본래의 목적에 더 충실하다. 미국에서는 육영사업을 빙자해 치부하는 일은 생각할 수도 가능하지도 않다.

미국인의 독특한 생활문화

미국인의 행동양식은 일반화하기 어렵다. 미국에는 수많은 민족과 종족, 종교가 있어서 그들 사이에 행동양식이 다르기 때문이다. 또 같은 민족이나 종족, 종교라 하더라도 개인차가 있기 마련이다. 그러므로 모든 미국인에게 통용되는 일반적인 행동양식을 함부로 말하기는 어렵다. 한국과 같이 단일 역사와 민족으로 구성된 사람들의 행동양식을 일반화하는 것도 쉽지 않은데, 하물며 미국과 같이 다양한 민족이나 종족, 종교가 있고 개성을 존중하는 사람들의 행동양식을 일반화하는 것은 더욱 어렵다.

그러나 그런 여러 가지 차이를 인정한다 하더라도 무엇인가 미국 사람 특유의 행동양식이나 그런 행동양식을 뒷받침하는 가치관이 전혀 없다고 할 수는 없다. 국가로서 미국의 역사도 230년에 가깝다. 물론 식민지 기간을 제외하고서 그렇다. 이 정도의 역사 동안 하나의 동일한 운명체로 존재했다면 그 공동체의 구성원들은 어떤 공통적인 가치관이나 행동양식을 발전시켰을 것이다. 따라서 미국 문화를 이해하는 한 방법으로 미국인 특유의 공통적인 행동양식을 찾아보는 것도 그렇게 빗나간 일만은 아닐 것이다.

미국인들은 청결을 소중히 여긴다. 특히 신체의 각 부분과 옷을 청결하게 유지하기 위해서 신경을 많이 쓴다는 것을 느낄 수 있다. 미국인들이 청결을 강조하는 것은 청교도 정신의 일부다. 청교도는 몸에서 사악한 욕망과 함께 때를 비롯한 모든 더러움을 없애는 것을 강조했다. 청교도라는 이름도 그래서 생겼다. 한국의 드라마나 영화에서는 밥상을 차려 놓고 음식을 먹는 장면이 많이 나오지만, 미국 영화나 드라마에서는 목욕을 하거나 이빨을 닦거나 마우스 워시로 가글을 하는 장면을 곧잘 볼 수 있다. 텔레비전 광고에서는 가장 흔히 선전되는 상품이 비누, 샴푸, 세제, 탈취제, 치약, 마우스 워시 등 청결과 관련한 제품이다. 미국에는 세탁소가 사방에 있다. 치아를 청결하고 하얗게 하기 위해 스케일링도 자주하고, 표백치약으로 이빨을 닦는다. 구취가 나지 않도록 마우스 워시도 자주 사용한다. 그리고 남녀 할 것 없이 향수를 많이 뿌리고 다닌다.

미국인들은 관공서 등에서 업무를 보거나 상점의 카운터에서 물건값을 치를 때, 버스 정류소에서 버스를 기다릴 경우 등과 같이 여러 사람들이 대기할 때는 반드시 줄을 서서 기다린다. 그리고 철저하게 먼저 온 사람이 앞에 서고 늦게 온 사람은 뒤에 서서 순서대로 자기 차례를 기다린다. 대륙적 기질이 있어서 그런지 기다릴 때 시간이 걸린다고 불평하는 일도 거의 없다. 물론 절대로 새치기를 하지 않을 뿐만 아니라, 새치기를 묵인하지도 않는다. 한국에서는 줄서서 기다릴 때 누군가가 슬쩍 새치기하면 그냥 봐주는 경향이 있지만, 미국에서는 새치기하는 사람은 반드시 항의를 받고 물러나게 된다.

미국인들은 다른 사람과 어울리는 경우나 여러 사람들 사이에 있는 경우에도 물리적으로 일정한 개인적 공간(personal space)을 확보하려고 한다. 그 공간이 대화할 때 상대방과 일정한 거리를 유지하는 것으로 나타나는데 약 2피트 반, 즉 75센티미터 정도라고 한다. 그래서 미국인과 대화할 때는 너무 가까이 다가서지 않도록 조심해야 한다. 그들은 길거리를 걸을 때도 남과 일정한 간격을 유지한 채로 걷는다. 그래서 길거리에서는 다른 사람과 너무 근접해서 걷지 않도록 조심해야 한다. 미국인들은 어쩔 수 없이 남과 가까이 할 수밖에 없는 경우라도 그들의 몸 주위에 약 1인치의 이른바 공간 포말(a bubble of space)을 유지하려 한다. 따라서 만원 버스나 전철과 같이 부득이한 경우가 아니면 다른 사람에게 바짝 다가서는 일도 피해야 한다. 만일 낯선 사람끼리 이 공간 포말을 침해해서 서로 몸이 닿는 경우에는 반드시 미안하다고 말해야 한다. 그렇지 않으면 굉장히 언짢아한다. 미국인들은 전철 같은 데서 빈자리가 있어도 잘 앉지 않는다. 이는 공간 포말을 침해하지 않고 침해받지 않으려는 무의식적인 동기가 작용한 탓인지도 모른다.

미국에는 팁 문화가 발달했다. 그래서 서비스를 받으면 반드시 팁을 준다. 패스트푸드점과 같이 카페테리아 형식의 음식점에서는 팁을 지불하지 않지만, 웨이터나 웨이트리스가 서비스하는 음식점에서는 반드시 팁을 준다. 레스토랑이나 호텔 등에서 주차를 해주는 주차요원에게도 팁을 준다. 호텔에서 짐을 운반해주는 포터 그리고 호텔 방을 청소하는 청소부에게도 반드시 팁을 준다. 세탁물이나 주문한 음식을 배달하는 사람들에게도 팁을 준다. 포도주 양조장에서 시음하기 위해 포도주를 따라주는 서비스에 대해서도 팁을 주는 사람들이 많다. 심지어는 택시를 타고 택시 요금을 정확하게 내고도 팁을 주는 것이 관행이다. 팁도 상당히 후한 편이다. 보통 음식점 같은 곳에서는 음식값의 15%~20%를 준다. 그밖의 서비스에 대해서는 수고의 정도에 따라 1달러에서 수 달러씩 준다.

이들 서비스업에 종사하는 사람들은 팁으로 살아간다고 해도 과언이 아니다. 팁이 그들의 공식적인 수입으로 간주되기 때문에, 이들은 대개 최저 임금을 받는다고 한다. 그래서 미국인들은 서비스 종사자들에게 팁이 중요 수입원이라는 것을 잘 안다. 그리고 미국인들은 자신의 서비스에 대해서도 철저하게 보상을 요구한다. 따라서 남의 수고에 대해서 대가를 지불하고 공짜로 무엇을 얻으려 하지 않는다. 자신의 서비스가 공짜가 아니라면 남의 서비스도 공짜가 아니어야 하기 때문이다. 그래서 미국에서 각종 서비스업이 발달할 수 있었을 것이다. 또 미국인들은 비교적 경제적으로 여유가 있고, 기독교적 자선 문화에도 익숙하기 때문에 허드렛일을 하는 어려운 사람들에게 자연스럽게 팁을 준다. 그것이 오늘날은 하나의 관습, 아니 거의 제도로 굳어졌다. 팁 문화에 익숙하지 않은 한국인들은 실수하지 않도록 상당히 신경을 써야 한다.

우리 한국인들은 길을 걸을 때 친한 친구 사이에는 동성끼리도 손을 잡는 게 자연스럽다. 그러나 미국인들은 손을 잡고 걷는 일은 애인끼리나 하는 일이다. 만일 동성끼리 손을 잡고 걸으면 동성애자로 간주된다. 특히 남성의 경우는 더 그러하다. 그래서 미국에서는 악수하는 경우 외에는 친구의 손이라고 함부로 잡는 것은 삼가야 한다. 특히 길거리에서 동성 친구의 손을 잡고 걷는 일은 피해야 한다. 혹시 동성의 미국인 친구가 은근히 손을 잡는다면 그것은 동성연애의 유혹으로 간주해도 될 것이다. 물론 미국에서는 동성애자가 동성애자임을 굳이 숨길 필요도 없다. 요즈음 미국에서는 동성애가 사회적으로 용인되고 동성애자에 대한 차별이 법으로 금지되어 있기 때문이다. 그래서인지 동성애자들이 공개된 장소에서도 공공연히 서로 애정행위를 한다. 또 동성애자라고 특별히 백안시하지 않는다.

우리가 어렸을 적에 어른들은 어린애들이 귀엽다는 표시로 엉덩이나 몸의 깊숙한 곳을 쓰다듬는다. 사내아이의 경우에는 심지어 고추를 만지기도 한다. 특히 할아버지, 할머니들은 더욱더 그랬다. 지금은 한국에서도 그런 일이 거의 사라지고는 있지만, 나이 많은 어른이 어린아이의 몸 깊숙한 곳을 쓰다듬거나 사내아이의 성기를 만지는 일은 허용된다. 그러나 미국에서는 사내아이라고 해서 고추를 만지는 일은 말할 것도 없고, 신체 깊숙한 부분에 함부로 손을 대서도 안 된다. 성희롱으로 간주되기 때문이다. 어린애가 정말 귀

여워서 손을 대고 싶으면 머리나 볼을 쓰다듬는 선에서 끝내야 한
다. 아니면 "How cute!" 정도의 말을 하는 것이 상책이다.

한국인들은 이웃의 일에 개입하는 경향이 크다. 그러나 그런 한
국인들도 이웃의 일에 절대 개입하지 않는 경우가 있다. 바로 부
부 싸움이다. 한국인들은 부부싸움에 철저하게 강 건너 불구경하
듯 한다. 부부싸움이 가재도구를 부수면서 난폭하게 진행되는 경
우에도 마찬가지다. 심지어는 배우자, 특히 남편이 부인에게 폭력
을 행사하거나 죽여버리겠다고, 식칼 같은 것으로 위협하는 경우
에도 그렇다. 한국에서는 이웃의 이런 격렬한 부부싸움에 대해서
도 '부부싸움은 칼로 물배기'라는 속담에 따라 방관하고 개입하는
일이 별로 없다.

개인주의가 발달한 미국에서는 남의 일에 여간해서 개입하지
않는다. 그러나 그런 미국에서도 부부싸움이 격렬해지면 제3자의
개입을 초래하게 된다. 우선 부부싸움이라도 어느 한쪽이 심한 폭
력을 사용하면 폭력을 당한 쪽이 경찰에 고발한다. 그러면 경찰이
조사하게 된다. 대개는 남편이 부인에게 폭력을 행사하기 때문에
부인이 남편을 경찰에 고발하는 경우가 많다. 그러나 부인이 경찰
에 고발하지 않더라고 부부싸움이 격렬해져 소란스러우면 이웃이
고발해서 부부싸움의 현장에 경찰이 출동하는 경우도 적지 않다.

미국인들은 남의 일에 잘 개입하지 않지만 그렇다고 이웃 사람
들이 무엇을 하는지에 대해 관심조차 없는 것은 아니다. 오히려 속
으로는 이웃의 일거수일투족을 관찰하고 있다고 해야 할 것이다.
그래서 이상행위가 포착되면 바로 경찰에 고발한다. 물론 미국인들

도 가정 문제(domestic problems)에는 개입을 꺼려하는 것이 사실이지만, 부부싸움이 격렬해져 편히 잠자는 것을 방해할 정도가 되면 마냥 참지는 않는다. 특히 제스처일망정 몽둥이나 칼과 같은 흉기로 배우자를 위협하는 모습을 이웃사람이 포착하면, 당장 경찰에 보고해서 조만간 싸움 현장에 경찰이 나타나기 마련이다. 이때 경찰의 제지에 즉각 응하지 않으면, 경찰은 흉기를 든 사람에게 총격을 가할 가능성이 크다. 실제로 이렇게 해서 죽은 한국 교포도 있다는 얘기를 들은 적이 있다.

한국에서는 좋아하는 사람에게 실연을 당한 사람이 좋아하는 사람을 쫓아다니며 애정을 구걸하는 등으로 성가시게 구는 경우가 많다. 상대에 대한 자신의 애정을 표시하고 자신의 애정을 받아줄 것을 사정하는 것이 일반적이겠지만, 경우에 따라서는 애정을 강요한다. 심지어는 자신의 애정을 받아들이지 않으면 자살하겠다는 식으로 극단적으로 나오는 경우도 있다. 그렇게 행동하는 것이 사회적으로 용납될 뿐만 아니라 그렇게 해서 상대의 애정을 얻었다는 일화도 많이 전해진다. 경우에 따라서는 구애의 대상이 구애자의 진정성을 시험하기 위해 일부러 쌀쌀맞게 굴 수도 있다.

그러나 미국에서는 좋아하는 사람에게 실연을 당했을 때, 그 좋아하는 사람을 쫓아다니거나 귀찮게 하는 일은 삼가야 한다. 개인에 따라 받아주는 정도에 차이가 있겠지만, 싫다는 사람에게 치근대는 것은 미국적인 행동양식이 아니다. 더구나 자신의 애정을 받아주지 않으면 자살하겠다는 등의 말을 하는 것은 더더욱 금물이다. 미국에서는 그런 사람은 정신 이상자로 간주하기 때문이다. 미국에서는 애정을 표시했다가 거절당하면 절대로 치근거리지 말고 단념하든가 신사적인 방법으로 접근해야 한다. 그렇지 않고 쫓아다니며 치근거리면 스토킹(stalking)에 해당해서 경찰에 체포되어 구금되거나 정신요양원에 가기 십상이다.

한국에서는 주사(酒邪)나 주정(酒酊)에 대해서 눈살을 찌푸리지만, 그것을 문제 삼지는 않는다. 술 취한 사람이 고성방가 심지어 전봇대에 실례해도 술 취했으니 그러려니 한다. 필자는 약 20년 이상을 거의 매일 같이 술에 취해서 주정하며 살아가는 사람을 알고 있다. 그냥 잔소리나 하는 정도가 아니고 밤새도록 주위가 떠나가도록 고래고래 소리를 지르는 주정이다. 그런데도 이웃 사람 어느 누구도 그것을 문제 삼아서 항의한다든가 동네에서 공식적인 의제로 제기하지도 않았다.

미국에서도 술 마시고 취하는 것은 허용되지만, 취했다고 다른 사람들에게 주사를 부리거나 고성방가를 하는 행위는 허용되지 않는다. 미국에서는 알코올 중독을 엄연한 정신병으로 간주한다. 더구나 그렇게 동네가 떠나가도록 밤새 소리를 지른다면, 당장 경찰에 연락해서 알코올 중독자 요양소 같은 곳으로 보냈을 것이다. 이웃이 그렇게 하기 전에 아마 가족이 먼저 했을 것이다. 그러니 술 버릇이 고약한 사람은 미국에서 술 마실 때 아주 주의해야 한다.

한국에서는 경찰의 제지를 받은 사람이 경찰과 언쟁하는 일이 흔하고 심하면 몸싸움을 하는 경우도 심심찮게 볼 수 있다. 특히 교통법규 위반으로 교통경찰의 제지를 받은 운전자들이 차 밖으로 나와 교통경찰에 통사정을 한다든가 심하게 항의하기도 한다. 이런 행동을 미국 경찰에 했다가는 정말 큰일 난다. 통사정이나 뇌물은 대개 통하지 않고, 대들기라도 하면 미국 경찰은 아주 거칠게 행동할 뿐만 아니라, 폭력적으로 대하고 가중처벌해 버리기 때문이다.

미국에는 많은 사람들이 총기를 소지하고 있다. 게다가 경찰의 제지나 명령을 무시하고 경찰에 총을 쏘는 범법자들도 많다. 이 때문에 미국 경찰들은 곤봉뿐만 아니라 대개 실탄이 든 권총으로 무장하고 있다. 그래서 미국 경찰이 자신에게 거칠게 나오는 사람들을 젊잖게 다룰 수도 없고 다루지도 않는다. 미국 경찰은 거친 사람은 즉각 폭력으로 제압한다. 그러므로 폭력적이라는 비판을 많이 받는다. 그러나 총기소지가 허용되는 미국의 경찰로서는 어쩔 수 없는 노릇인지도 모른다.

그래서인지 미국에서는 일반인들이 결코 경찰과 다투거나 경찰에 대드는 모습을 볼 수 없다. 그랬다가는 공무집행방해죄로 곤욕을 치르게 된다. 특히 주의해야 하는 것은 운전 중에 교통법규 위반 등으로 정지 명령을 받고 길가에 차를 세웠을 경우다. 이때 운전자든 누구든 차에 타고 있던 사람은 차 안에 얌전히 앉아 있어야 한다. 그러면 경찰이 차 안의 동정을 살핀 다음 다가와서 무엇을 위반했는지 말하고 운전면허증을 요구한다. 만일 차안에 가만히 있지 않고 이상하게 움직인다든지 또는 차문을 열고 나오기라도 하면 경찰에 저항하려는 것으로 오인하여 총격을 가할 수도 있다. 경찰의 조사에 응하지 않고 도주하면 그야말로 총격의 대상이 된다.

2001년 4월 신시내티에서 19세의 흑인 청년이 운전시 안전벨트 미착용 등 몇 건의 교통법규 위반으로 경찰에 붙들렸으나 조사에 응하지 않고 도주하다가 백인 경찰의 총격으로 사망했다. 그 바람에 신시내티에서는 흑인 폭동이 일어나기도 했다.

어느 사회에나 함부로 물을 수 없고 금기시하는 질문이 있다. 가령 한국에서는 과거 독재시절에 지지 정당이 무엇인지, 선거에서 어느 후보에게 투표했는지를 묻는 것은 금기였다. 지역감정이 악화된 후로는 출신지역을 묻는 것도 하나의 금기다.

미국은 언론자유가 보장된 나라라서 금기적인 질문이 별로 없을 것 같지만, 사실은 그렇지 않다. 오히려 미국이야말로 물어서는 안 되는 금기적인 질문이 많다. 이런 금기 질문을 하게 되면, 아량 있는 사람들은 적당히 얼버무리거나 점잖게 그런 것은 묻는 것이 아니라고 가르쳐주겠지만, 교양 없고 주제넘은 사람이라는 평가를 받기 쉽다. 또한 아량이 부족한 사람들에게 그런 질문을 하면, "너 그거 왜 묻느냐"고 툭 쏘아붙이거나 아니면 노골적으로 화를 내고 시비를 거는 경우도 있다. 그러니 금기 질문을 하지 않도록 아주 주의해야 한다.

미국에서는 고용주가 고용을 위한 면담에서 피고용 지망자에게 묻는 것이 금지된 질문이 있다. 결혼 상태, 어린애 유무, 나이·키·몸무게, 종교, 집 소유 여부, 사회 또는 정치 단체 소속 여부, 구속 여부, 보험 가입 여부, 과거 병력, 정신병력, 처방 약 섭취 여부, 마약이나 알코올 중독의 치료 경력 여부, 업무 수행을 어렵게 하는 건강 문제, 업무 수행능력과 관련한 불구 여부, 근로자 보상 보험 신청 경험 여부 등이다. 이들 질문은 법으로도 금지되어 있다. 물으면 처벌을 받는다.

　고용주가 피고용 지망자에게 이런 질문을 하지 말도록 법적으로 금지한 것은 고용과 고용기간에서 차별을 방지하기 위한 것이다. 이렇게 고용에서 물을 수 없게 한 이런 질문들은 대체로 사회적으로도 묻는 것을 금기시한다. 그래서 이런 질문은 아주 친한 사이이거나 특별한 경우가 아니면 함부로 물어서는 안 된다.

제4부 미국의 사회

미국의 노동절은 노동자 '쇼핑데이'

한 나라의 공휴일이나 축제일은 그 나라의 역사, 정치, 문화 특히 풍속과 밀접히 연관되어 있다. 따라서 이들에 대해서 아는 것은 곧 그 나라의 역사, 정치, 풍속 등을 이해하는 길이기도 하다. 특히 미국의 공휴일이나 축제일은 더 그렇다. 그러니 미국의 역사, 정치, 풍속 등을 탐구하는 한 방법으로 미국의 공휴일과 축제일에 대해서 알아볼 필요가 있다.

미국의 공휴일은 주마다 약간씩 차이가 있다. 그러나 연방 전체에 통용되는 법적 공휴일도 있다. 이것은 모두 11일이다. 이 가운데 4일은 날짜로 지정되어 있고, 7일은 요일로 지정되어 있다. 날짜로 지정된 4일은 ① '새해의 날'(New Year's Day, 1월 1일), ② '독립기념일'(Independence Day, 7월 4일), ③ '재향군인의 날'(Veterans' Day, 11월 11일), ④ '성탄절'(Christmas Day, 12월 25일)이다.

요일로 지정된 7개의 공휴일은 다음과 같다. ① '마틴 루터 킹의 날'(Martin Luther King Jr Day, 1월 둘째 월요일), ② 워싱턴과 링컨 대통령을 기념하는 '대통령의 날'(President's Day, 2월 셋째 월요일), ③ '현충일'(Memorial Day, 5월 마지막 월요일), ④ '노동절'(Labor Day, 9월 첫째 월요일), ⑤ '콜럼버스의 날'(Columbus Day, 10월 둘째 월요일), ⑥ '추수감사절'(Thanksgiving, 11월 마지막 목요일), 그리고 4년마다 대통령 선거가 있는 해의 ⑦ '선거의 날'(Election Day, 11월 첫째 화요일)이다.

이 가운데 요일을 지정한 휴일 7개 가운데 5개를 월요일로 지정하고 있다. 이는 3일의 연휴가 되도록 배려해서 일부러 그렇게 지정한 것이다. 미국에서는 대개 토요일에도 학교와 직장이 쉬는 점을 감안할 때, 월요일이 공휴일이면 토요일, 일요일, 월요일 3일 동안의 연휴를 맞는 셈이다. 미국뿐만 아니라 구미의 선진국들은 대개 휴일을 월요일로 해서 근로자들이 연휴를 즐기도록 배려하고 있다. 우리도 특별한 경우가 아니면 휴일을 날짜로 정하지 말고 요일로 하되 가급적 월요일로 결정해서 근로자들에게 연휴가 많이 생길 수 있도록 배려하는 것이 좋을 듯하다.

새해의 날

양력 1월 1일은 미국뿐만 아니라 세계 여러 나라에서 휴일이다. 따라서 미국이 정월 초하루를 기념하고 휴일로 삼은 것에 별로 특별한 의미는 없다. 한 해가 바뀌는 것을 기점으로 해서 더 행복하고 더 보람된 삶을 살려는 인간의 공통적·미래지향적 욕구가 미국인들에게도 있을 것이다. 그래서 미국인들도 1월1일에는 새해의 다짐(new year's resolution)을 많이 한다. 나쁜 습관을 고치겠다거나, 돈을 적게 쓰겠다거나, 음식을 적게 먹겠다거나 하는 것들이다. 그러나 그저 한번 해보는 것일 뿐 대개 실천으로는 이어지지 않는 듯하다. 경우에 따라서는 그런 다짐을 했다는 사실조차 잊어버린다. 이 점에 있어서도 미국인들은 우리와 별로 다르지 않다.

미국에서 새해와 관련해서 특별한 것은 제야의 파티라 할 수 있다. 미국인들은 이 새해 전날 밤의 파티에 대단히 열광적이다. 우리는 대개 친구끼리 또는 직장 동료끼리 섣달의 어느 한 날을 잡아 지나간 한 해를 보내버리는 송년회를 하고, 설날 아침에는 가족이나 친척끼리 모여 새해의 건강과 행복을 비는 덕담을 나눈다. 물론 최근에는 한국에서도 젊은이들 중심으로 미국식의 제야파티로 송년행사를 치르는 새로운 풍속도가 생기고 있다.

미국인들은 12월 31일 밤 가족이나 친구들과 함께 새해를 맞는 파티를 하면서, 자정을 기해 축배를 들고 새로 맞는 해의 건강, 행복, 평안, 번영을 기원하는 인사를 나누는 것이 전통으로 되어 있다. 새해 전야 파티(New Year's Eve Party)로 불리는 이 파티에서는 라디오나 텔레비전을 틀어 놓고, 밤 12시가 되기 10초나 20초 전에 카운트다운을 하고서 12시 시보나 제야의 종소리와 함께 주위 사람과 샴페인 잔을 부딪치면서 "Happy new year!"라는 인사말을 주고받는다. 악령을 쫓기 위해 시끄럽게 하던 고대의 미신적 전통이 남아서 호각이나 나팔 등을 불며 요란한 소리를 내기도 한다. 그리고 주위 사람과 악수를 하거나 껴안거나 키스하기도 한다. 또한 색종이 조각이나 테이프를 던지기도 한다. 그리고 함께 올드 랭 사인을 부른다. 그리고 새벽 두세 시까지 계속 파티를 여는 것이 보통이다.

뉴욕 시는 타임스 광장에서 해마다 새해 전야 행사를 크게 벌인다. 이 행사는 메이저 네트워크 방송사가 미 전역에 중계하는, 뉴욕의 중요한 볼거리 가운데 하나다. 그래서 추운 날씨에도 뉴요커뿐만 아니라 미국과 세계 각지에서 온 많은 관광객들이 이 행사를 구경하기 위해 타임스 광장과 인근 음식점과 술집을 메운다. 이들도 새해를 알리는 밤 12시의 신호에 맞추어 환호성을 지르면서 주변 사람들과 새해 축하 인사를 나눈다.

마틴 루터 킹의 날

1월 세 번째 월요일은 마틴 루터 킹의 날이다. 이 날은 흑인 목사이자 인권 운동가였던 마틴 루터 킹 2세(Martin Luther King, Jr., 1929~1968)의 생일을 기념하는 날이다. 킹 목사는 1950년대 중반부터 60년대 말까지 흑인의 비폭력 인권운동을 주도하다 39세의 나이로 백인에게 암살되었다. 그런 공로가 세계적으로 인정되어 1964년 35세라는 최연소의 나이로 노벨 평화상을 수상하기도 했다. 킹 목사는 1963년 워싱턴 디시에서 약 25만 명이 참여한 평화행진을 주도하고, 유색인종과 백인이 평등하고 평화롭게 사는 날을 바라는 "나에게는 꿈이 있다"(I have a dream)는 유명한 연설을 남겼다.

미국은 물론 백인들이 지배하는 나라다. 백인이 전체 인구의 83%이고, 흑인을 비롯한 유색인종은 나머지 17%에 불과하다. 유색인종은 그 숫자도 적고 암암리에 차별당하는 것도 사실이다. 그러나 미국은 지상의 그 어떤 나라보다도 상대적일망정 소수자를 보호하고 차별이 적은 나라이기도 하다. 소수와 약자에 대한 고용에서 차별을 금지할 뿐만 아니라, 그들에게 특정한 몫을 할당하도록 한다. 그렇기 때문에 이렇듯 인권운동가였던 흑인을 기념하여 그 이름으로 법정 공휴일을 지정할 수 있었을 것이다. 미국에서도 개인의 이름을 지명해서 공휴일을 정한 경우는 콜럼버스 외에는 킹 목사가 유일하다.

미국에서 소수자의 인권이 많이 신장될 수 있었던 것은 사실 흑인들의 인권운동 덕택이다. 한국인을 비롯한 소수 집단은 그들의 덕을 보는 셈이다. 그런데도 한국 교포들 가운데 흑인들에 대해서 편견을 갖고 멸시하는 사람들을 많이 보았다. 또 많은 한국 교포들이 흑인 거주지에서 장사를 하면서 돈을 벌지만, 흑인 지역사회 활동에 참여하거나 지역사회에 기여하는 일은 적다. 그런 한국인들에 대해 흑인들이 좋게 생각할 리 없다. 1992년 로스앤젤레스폭동에서 약 2000개의 한인 점포가 약탈당하거나 불에 탄 데에는 그러한 이유도 있었음을 우리 교포들은 인식해야 할 것이다.

대통령의 날

2월의 셋째 월요일은 '대통령의 날'로 초대 대통령 조지 워싱턴의 생일(1732. 2. 22)과 제16대 대통령 에이브러햄 링컨의 생일(1809. 2. 12)을 기념하는 휴일이다. 미국의 가장 위대한 두 명의 대통령이 우연히 2월이라는 같은 달에 생일이 있는 점에 착안하여, 이 두 대

통령의 생일 중간에 있는 월요일을 대통령의 날로 지정하여 공휴
일로 기념하는 것이다.

미국인들이 '국부'(國父)로 부르는 조지 워싱턴은 미국의 독립전
쟁을 승리로 이끈 혁명군의 총사령관이었고, 미국 헌법을 기초한
대륙 의회의 의장이었으며, 만장일치로 선출된 미국의 초대 대통령
이었다. 정직하고 권력이나 명예, 돈에 관심이 없었기에 미국인들
의 존경을 받고 있다. 그리고 독립군 사령관으로 있을 때 봉급을
받지 않고 비용을 정확히 기록한 것으로 유명하다. 워싱턴의 주요
직책은 스스로 구한 것이 아니고, 인품과 애국심을 잘 아는 독립운
동의 지도자들이 그에게 부탁한 것이다. 그런 사람이기에 두 번째
의 대통령직 임기를 마친 후에는 주위의 권고에도 세 번째 임기를
거부하고 낙향했다.

그렇게 해서 미국의 초대 대통령 워싱턴은 헌법에 연임 제한이
없음에도 한 사람이 3선 이상의 대통령직을 구하지 않는, 그래서
일인 독재를 막고, 대통령직 후에는 낙향하여 후임자에게 부담을
주지 않는, 미국 대통령들의 훌륭한 전통을 수립했다. 우리의 초대
대통령 이승만은 아쉽게도 이런 전통을 수립하지 못했다. 그런데 2
번 이상의 연임을 구하지 않는 전통을 4번 연임한 프랭클린 루스
벨트가 깼다. 미국이 제2차세계대전을 치르는 중이었고, 루스벨트
가 대공황을 극복한 뉴딜 정책으로 워낙 인기가 높았기 때문에 가
능한 예외였다. 그후 미국 의회는 헌법을 고쳐 대통령의 임기를 2
번 연임으로 제한했다.

링컨 대통령은 잘 알려진 대로 흑인 노예를 해방시키고 남북전

쟁(1861~1865)을 승리로 이끌어 미합중국의 분열을 막았다. 링컨 대통령은 남북전쟁으로 인한 국가의 상처를 치유해야 할 필요성을 누구보다도 잘 알았다. 그래서 남부 분리주의자들에 대해 관대한 처분을 내렸다. 남부의 분열을 노린 전략이기도 하지만, 1863년 고위직의 분리주의자를 제외하고는 연방에 충성을 서약하고 노예제도의 폐지를 받아들이는 모든 남부 사람들에게 사면을 베풀었다. 그리고 연방에서 분리해나갔던 주 가운데 그런 서약자가 10%만 넘으면 새 정부를 구성해서 연방에 다시 복귀할 수 있도록 했다. 그러나 분열과 전쟁의 상처를 신속히 치유하고 재건을 가속화하려던 그의 이런 정책은, 불행히도 남부에 동조하는 연극배우에게 암살되어 제대로 실현되지 못했다.

부통령이었다가 링컨의 비명으로 대통령직을 승계한 앤드류 존슨은 링컨의 관용정책을 계속하려 했으나, 링컨에게 있었던 도덕의식이나 정치적 판단력이 그에게는 부족했다. 결국 남부의 분리주의자들을 제대로 다스리지 못하고 의회와 불협화음을 초래한 끝에 의회에 제압되었다. 권력의 주도권을 장악한 의회는 남부의 비협조적인 자세 등에 자극을 받아 남부를 5개 군사지역으로 나누어 군정을 실시하는 한편, 연방에 복귀하는 조건으로 해방 노예들에게 투표권을 줄 것과 전쟁 전의 지도자급 인사들에게는 참정권을 박탈할 것 등을 요구했다.

이 때문에 북부에 대한 남부의 원한의 골이 더 커지고 깊어지게 되었다는 평가도 있다. 어쨌든 남북전쟁으로 빚어진 남부의 북부에 대한 원한은 150년이 가까운 지금까지도 완전히 가시지 않았다고 한다. 이들 남부 주들은 지금도 당시의 남부 군기를 게양하고 있는데, 미시시피 주에서 2001년 투표를 통해 남부 군기를 앞으로도 계속 게양하기로 했다는 사실은 시사하는 바가 크다. 그래서 미국 역사에서 가장 아쉬운 '만약'은 "링컨이 암살되지 않고 대통령직을 끝까지 마쳤더라면 미국의 남북전쟁 후의 사회재건(Reconstruction)이 어떻게 달라졌을까"라고 한다.

노동절

미국의 노동절은 9월의 첫 번째 월요일이다. 여름이 끝나고 가을이 시작되는 날이기도 하다. 개학은 보통 노동절 다음 날이다. 서양에서는 오래 전부터 봄기운이 가장 넘쳐나는 메이데이(May Day)인 5월 1일을 노동절로 정하고 있다. 근로자의 날을 권위주의 정권시절에는 3월로 했던 한국도 국민정부가 들어선 다음부터 메이데이로 바꾸었다. 그런 점에서 보면, 미국이 메이데이를 노동절로 하지 않은 것은 좀 어색하다. 그 대신 9월의 첫째 월요일을 노동절로 한 탓에 미국 노동자들은 세계 노동자들과 국제적 연대감을 느끼지 못하지만, 대신 노동절까지 3일 연휴를 즐길 수 있는 실리가 있다.

노동절에 기념식과 같이 노동의 중요성을 일깨우는 행사가 있지만, 참여하는 사람도 별로 없고 활기차지도 않다. 과거에는 메이데이에 뉴욕의 유니언 광장에서 많은 집회와 퍼레이드가 열렸다. 1882년부터는 그곳에서 노동절 퍼레이드가 개최되어왔다. 이 노동절 퍼레이드는 1986년까지 계속되었으나 조합원들 사이에 그 인기가 시들해지자, 그후 중단되고 말았다. 이 정도로 미국에서 노동절에 노동자의 참여 속에 노동절 본래의 의미를 되새기는 행사는 사라져가고 있다.

그러나 노동절에 많은 노동자들이 참여하는 활기찬 행사가 있다. 바로 노동절 할인판매 행사다. 노동절을 맞아 노동자들은 대개 특별 상여금을 받아 적어도 그때만은 주머니가 두둑해진다. 이것을 노려 상점마다 거의 예외 없이 노동절 연휴 동안 특별 세일을 한다. 그래서 노동절 세일은 미국 최대의 세일이고, 노동절의 현실적인 의의도 이 세일에 있다. 이 세일을 이용하여 사람들은 평소에 사고 싶었던 물건을 좀더 싸게 살 수 있기 때문이다. 그래서 상점마다 쇼핑하는 노동자들로 넘쳐난다. 미국의 노동절은 자본주의 국가인 미국답게 노동자들이 모두 쇼핑에 나서는 날이 된 것이다. 자본주의의 천국 미국에서는 노동절도 자본주의를 살찌우는 계기로 만들어 놓은 셈이다. 그래서 노동자의 부르주아지화라는 말이 가능한지도 모르겠다.

노동절에 노동자들이 쇼핑하기 바쁜 미국에서는 노동조합이나 노동운동이 활발할 리 없다. 아니 거의 죽어가고 있다고 지적하는 사람도 있다. 이것은 후기 산업사회에서 어느 정도 전 세계적인 현상이지만, 미국에서는 그 정도가 훨씬 더 심한 것 같다. 미국에서 노동운동이나 노동의 의의는 노동자의 쇼핑 데이로 변질된 노동절이라는 공휴일로만 남은 느낌이다. 노동자가 노동운동에는 관심 없고 쇼핑을 구가하는 미국을 '멋있는 신세계'(the brave new world)라고 해야 할 것이다. 미국은 이래저래 '신세계'다.

콜럼버스의 날

10월의 두 번째 월요일은 콜럼버스의 날이다. 이탈리아 출신의 해양 탐험가 크리스토퍼 콜럼버스가 아메리카 대륙을 발견한 날을 기념하는 공휴일이다. 콜럼버스가 이탈리아인이었기 때문에 이 날은 주로 이탈리아 이민들의 미국에 대한 공헌과 미국과 이탈리아의 유대를 다지는 행사가 많다. 피자, 파스타, 오페라, 패션 등이 이탈리아 이민의 공헌이라 할 수 있다. <대부>라는 영화가 잘 보여주듯이, 마피아라는 범죄조직도 주로 이탈리아계 이민들이 만든 것이다. 많은 학교가 특별 프로그램을 마련하고 시와 단체는 기념식, 퍼레이드, 음식축제, 축하연, 바자회 등을 후원한다. 뉴욕에는 특히 이탈리아계 이민이 많다. 이들이 집단적으로 거주하는 맨해튼의 한 구역은 '리틀 이탈리아'(Little Italy)로 부르는데, 차이나타운과 만난다. 맨해튼의 번화가에는 이탈리아 식당이 많다.

콜럼버스의 날을 발견일(Discovery Day)이라고도 부른다. 스페인의 페르디난드 국왕과 이사벨라 왕비의 재정적 후원으로 산타 마리아호 등 3척의 목선을 건조하여 아시아에 이르는 지름길을 찾기 위해 위험한 항해에 나선 콜럼버스는 1492년 10월 12일 바하마 군도에 상륙함으로써 아메리카 대륙을 처음 발견한 사람으로 기록되었기 때문이다. 그러나 콜럼버스 자신은 동인도의 한 섬을 발견한 것으로 생각했다고 한다.

엄격히 말하면, 콜럼버스가 미 대륙을 최초로 발견한 사람은 아니다. 그 당시에는 잘 알려지지 않았지만, 사실 바이킹은 그보다 먼저 미 대륙을 발견하고 일시적으로 거주하기도 했다. 그리고 기원전 1만 2,000년 전부터 동아시아계 사람들이 베링 해를 거쳐 아메리카 대륙으로 건너와 정착하여 살고 있었다. 이른바 아메리카 대륙의 원주민인 아메리카 인디언들이다. 아메리카 인디언들의 갓난아이에게는 한국인이나 몽고인과 같은 동아시아인의 갓난아이에게서 보이는 몽고반점이 있다고 한다. 엄연히 살고 있는 사람까지 있는 땅을 발견했다고 말하는 것은 어불성설이다. 콜럼버스가 미 대륙을 발견했다는 것은 유럽인의 잘못된 인식일 뿐이다.

백인들에게는 콜럼버스의 미 대륙 발견일이 축제일일 수 있을 것이다. 그렇지만 자신들의 땅을 빼앗기고 학살을 당한 아메리카 대륙의 원주민들과 아메리카 대륙에 노예로 끌려와 강제노역을 해야 했던 흑인들에게는 콜럼버스 날은 오히려 저주의 날로 간주될 수도 있다. 그래서 콜럼버스 날 맨해튼 중심가에서 이탈리아계 주민이 중심이 되어 축제와 퍼레이드를 벌이는 현장에는 아메리카 인디언들과 흑인들이 중심이 되어 그 축제에 반대하는 시위를 하기도 한다. 불행히도, 콜럼버스가 미 대륙을 발견한 사실과 그것을 기념하는 콜럼버스의 날은 모두가 반기고 즐길 수는 없다.

추수감사절

11월은 미국에서 공휴일이 가장 많은 달이다. 재향군인의 날과 추수감사절이 있고, 4년에 한 번씩 대통령 선거가 있는 해에는 선거일 휴일이 있기 때문이다. 이 가운데 가장 중요한 날은 가족의 휴일이라 할 수 있는 추수감사절이다. 우리 추석에 해당하는 날인 추수감사절은 마지막 목요일로 정해져 있다. 축복과 풍요에 대해

감사하는 날이다.

그 기원은 이렇다. 미국이라는 나라의 건설과 그 국민정신에 가장 큰 영양을 미친 사람들은 경작지도 구하고 종교적 순수성도 지키려는 초기의 영국 청교도 이주민들(Pilgrims)이었다. 그 최초 이주 집단은 1620년 메이플라워(Mayflower) 호를 타고 영국의 플리머스 항을 떠나온 104명이었다. 그들은 오늘날 매세추세츠 주 보스턴 근처의 플리머스(Plymouth)로 불리는 곳에 도착했다. 그들이 상륙하면서 처음으로 밟았다는, 플리머스 록(Plymouth Rock)이라는 작은 바위와 그 주변을 오늘날은 성역화하였다. 그런데 12월 한겨울에 도착한 그들은 낯선 땅에서 추위와 질병, 기아 등으로 이듬해 봄까지 반절 가까이 죽는 등 혹독한 시련을 겪어야 했다. 다행히 인디언들이 그들에게 먹을 것도 주고, 옥수수를 심고, 사냥하고, 고기잡고, 생존하는 법을 가르쳐주었다. 그 덕택으로 이듬에 농작물이 잘 되어 수확이 컸다. 추수감사절은 그렇게 해서 1621년 이들이 거둔 첫 번째 추수와 생존에 감사하면서 인디언 친구들을 초청해서 3일 동안 기도와 잔치를 했던 데서 유래한 휴일이다.

추수의 시기로 보면, 우리의 추석은 너무 이른 편이고, 미국의 추수감사절은 너무 늦은 편이다. 10월의 두 번째 월요일인 캐나다의 추수감사절이 시기로는 가장 적절한 편이다. 추수감사절에는 미국인들도 추석 때 한국인들과 같이 고향의 부모나 친지와 함께 보내는 관습이 있다. 그래서 이때 도시의 거리가 한산해지는 대신 공항과 터미널, 고속도로는 붐빈다. 그리고 멀리 떨어진 부모나 친지를 방문하여 추수감사절을 함께 보내려면 그보다 하루 이틀 먼저 출발해야 하고 돌아오는 데도 시간이 걸리기 때문에, 추수감사절은 대개 거의 일주일이 걸리는, 미국에서 가장 긴 연휴가 된다.

전통적으로 미국인들은 추수감사절에 빵 부스러기, 양념, 양파를 뒤섞어 만든 스타핑(stuffing)이라 부르는 소로 채운 칠면조를 오븐에 구워서 크랜베리 소스, 고구마 등과 함께 먹고 사과 주스를 마신다. 디저트로는 호박 파이를 먹는다. 아메리카 인디언이 미국 문화에 끼친 가장 큰 영향은 이러한 추수감사절과 그 음식일 것이다. 역사가들은 청교도들이 최초의 추수감사절에 칠면조가 아니라 사슴을 먹었다고 생각하지만, 오늘날은 칠면조가 추수감사절의 대표적인 음식이 되었다. 그런데 추수감사절에 웬만한 가정에서는 대개 칠면조를 먹기 때문에, 미국 가구 수가 1억 250만인 점을 감안하면 한국에서 복날에 수난당하는 개의 수와는 비교도 할 수 없이 많은 수의 칠면조가 추수감사절에 도살당한다. 인간의 축복이 칠면조에게는 저주가 되었다. 복날의 개 팔자보다 추수감사절의 칠면조 팔자가 더 세다고나 할까. 동물을 애호하는 미국인들도 이런 칠면조의 대량도살을 문제 삼지는 않는다.

성 밸런타인 축일

미국에는 공휴일은 아니지만 축제일이 많다. 그 가운데 하나가 2월 14일의 성 밸런타인 축일(St. Valentine's Day)이다. 밸런타인 축일은 본래 로마 제국의 기독교도 박해 때 순교한 밸런타인 성인을 기념하기 위한 날이다. 그러나 14세기부터는 사랑하는 사람들의 축일이 되었다. 언제인가부터 이날은 연인 사이에 애정을 표시하는 카드를 교환하는 날로 바뀌었는데, 이는 밸런타인 성인이나 그의 행적과는 아무런 관계가 없다고 한다. 밸런타인 축일 때 연인 사이에 교환하는 이 카드를 밸런타인이라고 부르는데, 이것이 인사 카드의 효시로 간주된다. 16세기부터는 종이 카드가 나타났다고 한다. 그리고 이 축일이 미국에서 인기 있게 된 것은 1800년대부터다.

자본주의가 가장 발달한 미국에서는 휴일이나 축일은 대부분 상업적인 목적으로 증진·활용된다. 휴일이나 축일에는 대개 할인 판매 행사를 하기 마련이다. 그리고 특정 휴일이나 특정 축일 용도의 특별 상품을 만들어서 사람들에게 구매하도록 충동한다. 이를 위해 여러 상점과 광고는 사람들에게 휴일이나 축일을 요란하게 상기시키고, 특별한 의미를 부여한다. 말할 것도 없이 그것은 특별한 물품을 구입해서 선물하거나 장식하도록 함으로써 상품의 구매와 소비를 조장하는 것이다.

밸런타인 축일도 크리스마스에 이어 상업적으로 이용되는 가장 전형적인 축일이라고 할 수 있다. 우선 밸런타인 카드가 상업적으로 제작되어 판매되고, 연인들은 그 카드를 사서 보낸다. 카드에는 내용까지 다 인쇄되어 있기 때문에 적절한 어구가 적힌 카드를 고르기만 하면 된다. 상업주의는 밸런타인 축일에 연인, 배우자, 가족 사이에 보석, 장미를 비롯한 꽃, 심장 모양의 초콜릿이 든 상자와 같은 선물을 교환하는 날로 변질시켰다. 미국의 상점들은 밸런타인 축일 한 달 전부터 선물용으로 특별히 제작한 심장 모양의 초콜릿, 사탕, 보석, 밸런타인 카드, 부대상품 등을 상점 전면에 진열하고 분위기를 돋운다. 이런 밸런타인 축일의 상업주의는 언제부터인가 밸런타인 축일의 전통도 없는 한국이나 일본과 같은 나라에서도 그 위력을 발휘하고 있다.

성 패트릭 축일

3월 17일의 성 패트릭 축일(St. Patrick's Day)은 5세기에 영국에서 태어난 선교사이자 주교로서 아일랜드의 후견자로 간주되는 패트릭 성인의 사망일을 기념하는 아일랜드계 주민의 축제일이다. 패트릭 성인의 선교노력으로 다신교의 아일랜드에 가톨릭이 정착되었다. 아일랜드인계 주민들은 녹색의 민족의상을 입고, 맥주를 마시고, 아일랜드의 음악과 댄스를 즐기는 것으로 이 축일을 기념한다. 라디오에서는 하루 종일 아일랜드 노래를 들려준다.

여러 가톨릭 성인 축일 가운데 유독 이 축일이 미국, 특히 뉴욕에서 크게 준수되는 것은 아일랜드계 주민의 정치적 힘 덕택이다. 특히 뉴욕에는 아일랜드계 주민이 많다. O'Neil이나 O'Connor와 같이 'O'로 시작하는 성이 아일랜드계의 대표적인 이름이다. 1840년 대 중반에 아일랜드인의 주식인 감자가 연이은 깜부기병으로 흉작이 되어 기근이 들었을 때, 많은 수의 아일랜드인들이 기아를 피해 미국으로 집단 이민을 왔다. 그후 그들은 미국에서 상당한 정치적 세력으로 성장했다. 존 케네디, 로널드 레이건 전 미국 대통령들을 비롯해서 토머스 오닐 전 하원의장, 다니엘 모이니헌 전 뉴욕 상원의원, 샌드라 오코너 현 연방대법원 판사 등이 아일랜드계다.

그런 정치적 힘 때문에 아일랜드계 주민이 특히 많은 뉴욕에서 성 패트릭 축일의 축제와 퍼레이드는 아주 성대하게 치러진다. 이

날 맨해튼에서 치러지는 성 패트릭 축제와 퍼레이드가 미국에서 치러지는 민족 축제와 퍼레이드 가운데 가장 오래되고 가장 성대한 것이라고 한다. 약 15만 명이 퍼레이드에 참여하고 100만 가까운 사람들이 구경하기 때문이다. 식민지 시절 영국군 내의 아일랜드 출신 병사들이 시작하였다는 이 유서 깊은 퍼레이드는 2001년에는 240주년이 되었다고 한다. 흔히 이 퍼레이드는 맨해튼의 남북로 가운데 가장 중심에 있고 가장 넓은 제5애비뉴에서 거행된다. 텔레비전이 퍼레이드가 진행되는 동안 내내 이를 생중계한다. 정치와 축제, 또는 정치와 문화 사이에 상관관계가 있다는 증거 가운데 하나다.

할로윈

미국에서는 10월 31일도 축제일이다. 할로윈(Halloween)이라고 불리는 이 날은 미신에서 비롯된 축제일이다. 할로윈은 성스런 저녁(hallowed evening)에서 나온 말로 본래는 모든 성인들의 축일 전날 밤을 지칭했다. 그러나 악령을 쫓고 사자(死者)의 본가 방문을 인도하기 위해 불을 켜놓는 켈트족(주로 아일랜드인, 스코틀랜드인, 웨일즈인)의 미신적인 신년행사와 결합되었다. 그 결과 오늘날의 할로윈은 악령을 쫓는 미신적 풍속이 지배적인 날이 되었다. 특히 그런 할로윈 행사와 관련한 여러 상품들을 생산하고 판매하는 사람들 때문에 더 그렇게 보인다.

할로윈이 가까워지면 대개의 가정은, 특히 어린애가 있는 가정은 문 앞이나 창가를 전통적으로 할로윈 색깔인 오렌지색과 검정 색을 주로 해서 마녀, 귀신, 해골, 검정 고양이 등으로 괴기하게 장식하고 불을 켜 놓는다. 검정 고양이는 본래 인간이었으나 나쁜 짓을 한 탓에 동물로 변해버렸다는 믿음에서 나온 것이다. 특히 인간의 두개골을 상징하는 호박에 마귀 모양으로 구멍을 뚫고 그 안에 촛불을 켜 놓는 관습이 있는데, 이 호롱불을 잭오랜턴(jack-o'-lantern)이라고 부른다. 이것은 모두 악령을 쫓기 위해서다. 필자가 사는 동네에도 많은 집이 이런 할로윈 장식을 해놓았다.

할로윈 날 밤에 젊은이들은 가장 무도회를 즐긴다. 맨해튼 그리니치 빌리지에서는 매년 할로윈 퍼레이드가 열리는데, 좋은 구경거리다. 어린아이들은 마녀, 귀신, 해골, 기타 이야기책의 주인공 등의 기이한 옷차림에 가면을 쓰고 무리지어 동네 이웃을 돌아다니면서 "Trick or treat!"이라고 외친다. 대접을 하지 않으면 골탕을 먹이겠다는 뜻이다. 그러면 집주인은, 악동들의 장난이 두려워서라기보다는 하나의 관행으로, 과자나 사탕 같은 것을 준비했다가 꼬마들에게 한 움큼씩 쥐어준다. 돈을 주는 경우도 있다. 필자가 어렸을 때, 정월 대보름날 동네 청년들이 집집마다 돌면서 풍물놀이로 한 해의 무사를 기원해주면, 집주인이 성의껏 음식을 차려 내놓던 일이 생각났다.

파티장에서도 외로운 사람들

미국의 2000년 대통령 선거 후보 텔레비전 토론에서 민주당의 고어 후보가 연장자에 대한 의료혜택을 늘려야 한다는 주장을 하면서 약값을 대기 위해 쓰레기를 줍는다는 한 할머니의 이야기를 소개했다. 그런데 나중에 언론이 밝혀낸 바에 따르면, 이 할머니에게는 상당히 부유한 아들이 있었다. 그러나 멀리 떨어져 사는 그 아들은 자기 어머니가 그렇게 어렵게 사는 줄도 모르고 있다가 기자를 통해서야 소식을 전해 듣고 어머니께서 원하신다면 도와드리겠다고 말했다고 한다.

이 이야기는 좀 극단적이지만, 미국인들의 삶의 양식을 적나라하게 보여주는 사례이기도 하다. 이와 같이 미국에서는 이산가족도 아니면서 부모와 자식이 서로 어떻게 살고 있는지도 모르는 채 사는 경우도 있다. 미국인들은 친척 심지어 부모와도 교류가 거의 없다. 그러니 그밖의 사람들과는 어떻겠는가. 그들은 그만큼 고립되고 외로운 삶을 사는 셈이다.

전통적인 사회에서 산업사회로 이행하면 사람들의 삶의 양식이 바뀌게 된다. 가장 두드러진 변화는 더불어 살던 삶에서 고립된 삶으로 바뀐다는 점이다. 산업화에는 많은 노동자가 필요하기 때문에 전국 각지 심지어는 외국에서 이런저런 사람들이 모여든다. 그러나 같은 도시에서 이웃으로 살지만 서로에게 낯설고 이질적인 존재다. 그래서 산업사회에서는 대도시를 중심으로 많은 사람들이 모여 살면서도 서로 고립된 채 외로운 삶을 살게 된다.

이와 더불어 산업사회로 이행하면서 개인주의가 발달하고, 개인주의가 발달하면서 점점 남의 일에 상관하지 않게 된다. 더구나 산업사회에서는 사람들의 생활이 바쁘기 때문에 남의 일에 신경을 쓸 만한 여유도 없다. 그래서 친척이나 친지와 교류도 거의 없어진다. 사람들의 생활은 직장과 핵가족으로 구성된 가정 중심으로 바뀐다. 가끔 파티라는 것을 마련하고 다른 사람들과 어울리기도 하지만, 파티장에서는 피상적인 얘기만 하는 것이 에티켓이다. 파티는 속 깊은 이야기를 나누는 기회가 아닌 것이다.

후기 산업사회 또는 정보사회에서도 이런 고립화 현상은 더욱 심화하는 것 같다. 물론 앨빈 토플러는 『제3의 물결』에서 미국과 같은 '제3의 물결의 사회' 또는 정보사회에서는 가족과 공동체가 다시 활성화하는 것 같이 낙관한다. 그러나 아직까지는 그 반대의 증거가 더 많은 것 같다.

　이런 삶의 양식은 산업 선진국인 미국에서 더 심한 것으로 보인다. 미국은 세계에서 산업화와 정보화에서 가장 앞서가고, 따라서 사람들이 너무도 바빠서 한가하게 정담을 나눌 만한 시간적·정신적 여유가 없다. 게다가 개인주의가 발달해서 남의 일에는 상관하지도 않는다. 그래서 미국인들은 물질적으로는 풍요를 누리지만 정신적으로는 여유가 없고, 인간관계가 아주 피상적인 삶을 살 수밖에 없다. 미국인들은 대개 주변에 정담을 나눌 가까운 사람이 거의 없는 채로 고립된 생활을 할 수밖에 없다.

　뉴욕에 사는 사람들은 특히 더 고립된 삶을 사는 것으로 보인다. 뉴욕에는 미국의 각지에서 모여든 사람들과 세계 도처에서 온 이민자들이 함께 살고 있기 때문이다. 그러니 그들은 서로 언어, 음식, 의상, 행동양식, 사고방식 등에서 현저히 다르다. 이런 사람들이 살고 있는 뉴욕에서 그래도 아직 공동체적 삶이 남아 있고, 사람들의 어울림이 있는 곳은 흑인이나 히스패닉들이 주로 사는 할렘가라 할 수 있다.

　사람들이 낮에는 직장 업무나 생계를 위한 일에 바쁘고, 밤에는 텔레비전이나 오락으로 바쁘다. 그리고 휴일에는 혼자 또는 가족과 함께 쇼핑이나 유원지에 놀러 가기에 바쁘다. 이웃은 말할 것도 없고 친척이나 친지와도 정서적인 교호나 상호작용이 거의 없다. 사람과의 교류는 거의 모두 이해관계에 기초한 형식적인 만남일 뿐이다. 독일의 사회학자 퇴니스가 일찍이 지적한 대로, 사회가 산업화되면서 공동체적 게마인샤프트(Gemeinschaft)에서 이익에 기초한 게젤샤프트(Gesellschaft)로 바뀌기 때문이다.

그런 사회에서 사람들의 삶은 대개 직장과 가정으로 한정된다. 그들이 기대고 의지할 수 있는 것은 가정과 가족뿐이다. 이 때문에 가족, 특히 배우자와 소원해지면 그의 삶은 절망적이 된다. 따라서 그 절망을 극복하기 위해서는 빨리 이혼하고 새로운 배우자를 찾아야 한다. 미국에서 이혼하고 다시 결혼하는 사람들이 특히 많은 것은 이와 관련이 깊을 것이다. 사이가 나쁜 부부가 매일 긴장한 채로 지옥 같은 삶을 사는 것보다는 빨리 헤어지고 좋아하는 사람과 화목하게 사는 것이 자신의 행복이나 자녀의 정서에도 더 좋다는 것이 이혼을 찬성하는 이유다.

미국은 이혼율이 결혼 100건 가운데 54.8건으로 세계에서 가장 높을 뿐만 아니라, 독신자 가구가 전 가구의 25%(한국도 최근에는 나홀로 가구가 급속히 증가해 15%를 초과함)에 달할 정도로 높다. 맨해튼 같은 곳은 독신자 가정이 60%가 넘는다고 한다. 독신자나 이혼하고 아직 새로운 짝을 찾지 못한 사람들은 그야말로 외로운 삶을 살 수밖에 없다. 그들은 애완동물을 통해서라도 외로움을 달래야 한다. 미국 가정의 57%에 애완동물이 있고, 전 세계 애완동물의 반절 이상이 미국에 있다는 사실은 우연이 아닐지도 모른다. 애완동물 가운데 가장 대표적인 것은 개로 42%의 가정이 가지고 있다고 한다. 그들에게 애완동물은 단순한 애완동물이 아니라, 외로움을 달래는 친구이거나 그 이상일 수 있다. 그러므로 그들에게 개를 식용하는 것은 야만으로 보일 것이다.

이들은 대개 혼자서 폭력이 난무하는 영상물, 잔인한 레슬링 시합을 비롯한 관람 스포츠, 비디오게임, 쇼핑 등을 즐긴다. 그러나 이런 시간이나 기회는 많아도 친지나 친구와 깊은 감정을 나눌 시간이나 기회는 거의 없다. 아니, 사실은 그런 기회가 없기 때문에 오락이나 쇼핑에 매달려 사람과 교류 욕구를 해소하는지도 모른다. 그들은 인간간의 이해 어린 진정한 교호를 천박한 매스컴과 대량상품의 소비로 대치해야 한다. 그래서 산업화한 현대 미국인들은 외로운 존재다. 리스만의 분석대로, 군중 속에서조차 고독한 존재다.

미국인들 가운데에는 정신과 의사의 신세를 지는 환자가 많다. 그러나 정신질환이 있는 진짜 환자라기보다는 대개 흉금을 털어놓을 수 있는 말상대가 필요한 정상인들이 아닐까. 어찌 보면, 그들은 모든 것을 다 얘기할 수 있는 친밀한 대상으로 고객의 비밀을 폭로하지 않는 것을 직업윤리로 내세우는 정신과 의사를 선택했을 수도 있다. 그만큼 그들에게는 속내를 털어놓을 수 있는 말벗이 필요하다. 그러나 그런 벗을 구하기는 쉽지 않다. 그래서 비싼 돈을 지불하며 자신들의 얘기를 잘 들어주고 또 비밀도 지켜주는 정신과 의사를 찾는다고 볼 수도 있다. 미국의 한국인 의사 가운데에는 정신과 의사가 상당히 많다. 언뜻 생각하면, 정신과 의사는 환자와 많은 말을 주고받아야 하기 때문에 영어가 능통한 사람들이나 해야 할 것 같지만, 사실은 대개 환자들이 말하는 것을 들어주면 되기 때문에 별로 말할 필요가 없다. 따라서 영어가 능통하지 않은 외국인도 정신과 의사 직을 별 무리 없이 수행할 수 있다고 한다.

미국에서는 인간관계를 비롯해서 모든 것이 상업적으로 조직된다. 정신치료라는 명목으로 얘기를 들어주고 돈을 받는 것은 그 한 예에 불과하다. 오락의 상업화는 또 다른 예라 할 수 있다. 과거에는 오락은 대개 가족, 친척, 친구들이 어울려 노는 것이었다. 그러나 오늘날 오락은 대중매체가 제공하는 오락상품의 소비이거나 아니면 디즈니랜드의 테마 파크와 같은 유료 오락장에서 돈을 주고 소비하는 행위로 바뀌었다.

어떤 사람들은 미국의 생활양식은 무엇이나 앞선 것으로 착각하고 그것을 기꺼이 따르려 든다. 그러나 말할 것도 없이, 미국의 것이라고 다 좋은 것은 아니다. 미국의 산업주의, 개인주의, 상업주의는 사람들의 생활양식에 많은 부정적인 변화도 가져왔다. 무엇보다 사람들이 고립되고 외로운 삶을 살도록 만들었다. 그래서 미국인들도 사람들을 그리워한다. 기회가 있으면 다른 사람들과 어울려서 정담을 나누고 싶어한다. 그러나 현대적 삶의 방식이 그럴 기회를 별로 허용하지 않는다. 그래서 많은 사람들, 특히 노인들이 외롭게 동네 벤치 등에 앉아 있는 것을 자주 볼 수 있다.

산업화와 함께 우리 사회에서도 그런 산업사회적 삶의 양식이 지배적이 되어가고 있다. 어떤 경우에는 미국보다 더 심하다. 예를 들어 우리 사회에서는 인간의 만남이나 교호도 상업화한다. 그래서 결혼 파트너를 상업적으로 소개하는 사업이 성행한다. 심지어는 정사를 위한 만남을 주선하는 사업도 성행한다고 한다. 비디오방, 전화방이 증명하듯이 오락과 교제조차도 상업화한 것이다.

다행히도 우리들은 아직 우리 전래의 가치관과 생활양식을 완전히 잃지는 않았다. 그런 우리 고유의 생활양식으로 미국식의 고립된 생활양식의 결함을 보충할 수 있다. 그것은 바로 인간간의 교호를 중시하는 생활양식이다. 부모를 가까이 모시고 부모와 자식 간에 돕는 일, 친척간에 자주 왕래하며 정을 나누는 일, 친구나 친지와 격의 없이 교류하며 우의를 다지는 일 등은 더없이 아름다운 생활습속이다. 이런 생활양식을 지키는 것이 외로운 삶을 조장하는 현대의 산업사회에서 인간적인 정을 느끼면서 외롭지 않게 살수 있는 길이 아닐까.

풍요의 부작용, 비만

거리나 지하철을 비롯해서 뉴욕의 곳곳에는 '30일 30파운드'(30 DAYS 30 LBS)라고만 쓰인 전단이 많이 눈에 띈다. 처음에는 무심코 지나쳤으나 나중에는 그게 무슨 뜻인지 궁금해졌다. 그래서 자세히 살펴보았다. 그랬더니 그런 문구 밑에는 대개 '보장'이라는 말과 함께 반드시 전화번호가 적혀 있었다. 그래서 그게 무슨 선전 문구라는 것을 알게 되었다. 그렇지만 그것이 무슨 선전인지는 알지 못했다. 계속 그런 문구를 주목하고 한참 고심한 후에야 결국 그 문구는 '30일 동안에 30파운드의 체중을 보장하고 줄여줄 테니 관심 있으면 연락하라'는 비만 해결 광고였다는 것을 알게 되었다.

그만큼 미국에는 비만인 사람이 많다. 한국에서처럼 그저 약간 남보다 살이 더 쪄서 통통한 정도의 비만이 아니다. 남자의 경우에는 불룩한 배를 중심으로, 여자의 경우에는 방만한 엉덩이를 중심으로 살이 출렁거릴 정도로 찐 비만이다. 몸 전체가 거의 원통형에 가까울 정도로 살이 찐 경우도 상당하다. 이런 사람들이 버스나 전철의 좌석에라도 앉게 되면 그 사람 좌우의 바로 옆 좌석에는 다른 사람이 앉을 수 있는 공간이 없다.

이런 사람들은, 일본의 스모 선수처럼, 거동을 민첩하게 하지 못하고 어기적거리면서 느릿느릿 걷는다. 아예 자신의 몸을 제대로 주체하지 못할 만큼 살이 많이 찐 사람도 적지 않다. 미국 전체 인구의 3~5%에 해당하는 약 800만 명이 당뇨, 심장병, 고혈압, 호흡 곤란, 요통 등 여러 질병을 불러오는 병적인 비만에 속한다고 한다. 이 정도는 아니라 하더라도 많은 미국인들이 거동이 불편할 정도의 비만에 속한다. 미국인 가운데 과체중인 사람이 50%를 넘는다니, 체중이 정상인 사람이 예외에 속한다고 할 수 있다. 어린이의 경우에도 4분의 1이 비만이나 과체중이라고 한다.

미국인의 비만에는 백인, 흑인, 라티노 등 인종이나 남녀나 나이에 따른 차이가 없다. 남녀노소 할 것 없이 대부분의 미국인들이 비만에 속한다. 국민의 다수가 비만한 체구라면 그것은 사회·문화적 현상이라 할 수 있다. 비만한 사람이 많다는 의미에서 사회·문화적 현상이라는 뜻이 아니라, 미국 사회에는 사람들을 뚱보로 만드는 어떤 사회·문화적 요소가 있다는 점에서 사회적이라는 뜻이다. 유럽의 백인, 아프리카의 흑인, 중남미의 라티노에게는 비만이 적다는 점을 감안하면 비만은 미국의 사회·문화적 현상임이 분명하다.

같은 미국인이라도 아시아계, 특히 동아시아계에게는 비만인 사람이 적다. 이것은 흔히 동아시아인의 체질 때문이라고 말하지만, 그보다는 그들의 사회·문화적 차이 때문으로 봐야 할 것이다. 동양계는 대개 미국에 온 지 얼마 되지 않기 때문에 사람을 비만하게 만드는 미국 문화에 아직 전적으로 동화되지 않았기 때문이다. 특히 유교적 전통에 따라 미국에서도 부모가 자식의 음식섭취에 대해 많이 통제하기 때문에 비만이 적은 것으로 볼 수 있다. 한국에서도 포식이 일반화하는 요즘에는 비만이 늘어간다는 점에서, 일본 스모 선수들이 한동안 운동하지 않고 먹기만 해서 비만한 체구를 만들어낸다는 점에서, 동아시아인이 체질 때문에 비만이 적은 것이 아님을 짐작할 수 있다.

많은 미국인을 비만으로 만드는 결정적인 이유는 무엇보다 미국의 풍요와 이에 따른 음식물의 과다섭취라 할 수 있다. 세계 도처의 많은 사람들은 먹을 것이 부족해서, 또는 먹을 것을 살 수 있는 돈이 없어서, 먹고 싶어도 제대로 먹을 수 없다. 그러나 미국에는 먹을 것이 넘쳐나고, 미국인의 평균 소득이 높아서 먹을 것을 구하는 데는 별 어려움이 없다. 자선이나 구호 체제도 발달해서 가난한 사람도 제대로 먹지 못하는 일은 거의 없다. 그래서 미국에서는 거지나 노숙자도 대개는 다 비만한 사람들이다.

인간만이 유일하게 과식하는 동물이라고 한다. 사람이 양생에서 자제력을 발휘하기 어렵다는 것을 뜻한다. 따라서 양생에는 가족, 특히 배우자나 부모의 통제가 중요하다. 그런데 개인주의적 생활양식이 발달한 미국에서는 배우자나 부모의 통제력도 별 소용이 없는 듯하다. 더구나 미국에는 홀로 사는 사람들이나 가족 아닌 타인과 같이 사는 사람들이 많기 때문에 가족적 통제가 전무하다. 그러니 많은 미국인들은 먹고 싶은 대로 먹고, 마시고 싶은 대로 마신다.

많은 미국인이 즐겨 먹는 음식은 햄버거, 핫도그, 소시지, 베이컨, 프렌치 프라이드와 같이 칼로리가 많은 패스트푸드다. 게다가 미국의 음식은 거의 산업적으로 생산된 것인 만큼 먹는 사람의 건강보다는 대량 판매를 겨냥한 것이다. 많이 팔려면 자극적인 맛을 내야 하기 때문에, 이들 식품들은 지나치게 짜거나 달다. 그리고 텔레비전을 비롯한 광고매체는 끊임없이 이런 음식을 사먹도록 촉구한다. 그래서 미국인은 짜고 단 음식을 과도하게 섭취하기 십상이다.

미국인들은 이렇게 짜고 달고 칼로리가 높은 음식을 지나치게 많이 소비하는 반면, 과다하게 섭취한 음식에서 나오는 많은 칼로리를 소모시킬 기회가 충분치 못하다. 미국인들의 1인당 승용차 보유대수나 텔레비전 시청시간은 세계 최고인 데서 짐작할 수 있듯이, 미국인들은 주로 차로 움직이고 가만히 앉아서 텔레비전을 보는 시간이 많다. 따라서 칼로리는 과도하게 섭취하는데 반해, 운동량은 너무나 적은 것이다. 그러니 소모되지 않은 칼로리가 체내에 지방으로 축적되어 몸이 점점 불어나게 되고, 결국은 비만이 된다.

미국인의 비만은 미국이 풍요롭고, 식품 산업이 발달하고, 식품과 외식에 대한 광고가 난무하고, 별로 움직이지 않고, 개인주의를 근간으로 하는 사회체제의 부산물이라 할 수 있다. 이렇게 비만의 원인이 사회체제에 있는 만큼 그에 대한 대책도 사회적으로 모색해야 할 것이다. 예를 들어 식품의 염도와 당도를 낮추도록 규정하고, 음식에 대한 광고도 제한하며, 텔레비전이 아니라 다른 사람과 벗할 수 있는 문화를 만들 뿐만 아니라, 무엇보다 부모의 통제가 강하게 미칠 수 있는 가족 구조와 문화를 복원하는 일 등이다. 이 것은 비만에 대한 근본적인 해결책이기도 하다.

불행히도, 오늘날 자본주의 사회, 특히 미국에서 비만의 해결책을 이런 식으로 모색할 수 없다. 그것은 자본주의의 기초를 흔드는 일 또는 개인의 기본권을 침해하는 일로 받아들여질 것이기 때문이다. 미국에서 유일하게 모색할 수 있는 비만의 원인은 개인적인 탓이고, 비만의 처방은 산업적인 사후약방문이다. 비만의 책임을 개인에게 돌리고 결국 개인이 알아서 해결하라는 것이며, 그런 개인을 돕기 위해 여러 가지 처방을 유료로 제공한다.

비만한 미국인에게는 이런 산업적 처방이나마 비만이라는 저주로부터 탈출할 수 있는 한 가닥 희망이다. 그들에게 살을 뺀다는 것은 좀더 날씬한 몸매를 갖기 위한 몸매 관리 차원의 한가한 사람들의 일이 아니다. 비만에서 오는 온갖 불편과 질병, 그로 인한 생명단축을 막아야 하는 절박한 문제다. 그런 그들에게 비만산업의 처방은 구원과도 같다.

미국인들이 살을 빼기 위해 들이는 비용만도 연간 300~500억 달러나 된다고 한다. 그만큼 비만산업이 번창하고 살 빼기와 관련한 일로 먹고사는 사람도 많다는 뜻이다. 식품마다 저지방, 저염분, 무설탕의 제품이 따로 있다. 식이요법이다, 새로운 운동기구다, 지방추출법이다, 배리애트릭 수술법이다고 해서 많은 비만해결책들이 연구되고 개발된다. 비만 문제를 다루는 서적이나 잡지도 부지기수로 많다. 대중매체, 특히 텔레비전은 식품 광고를 하면서도 쉬지 않고 비만과 살 빼기를 화제로 다룬다.

이처럼 미국 사회는 비만 인구가 많고, 비만에 관한 사회적 담론이 넘쳐난다. 그럼에도 비만에 대한 사회적 차원의 근본적 예방책을 강구하지 않고, 산업적 차원의 대증적 치료책을 주로 제시한다. 심하게 말하면, 미국의 산업주의는 돈벌기 위해 사람들에게 비만을 조장하고, 그들의 비만을 해결해준다는 구실로 다시 돈을 버는 셈이다. 병주고 약주는 전형적인 경우다.

미국에서 비만은 사회적 현상임에도 산업적으로 해결해야 할 개인적 문제로 남는다. 그러면 그럴수록 비만은 해결할 수 없는, 아니 점점 더 심해지는, 풍요로운 사회의 저주로 남을지도 모른다.

패스트푸드에 길들여진 혀

미국은 일찍부터 음식을 상품화했다. 미국의 주부들은 집에서 요리할 필요가 거의 없다. 예를 들어 아침 식사의 경우, 우유에 시리얼을 말아먹거나, 빵을 토스터에 넣어서 구워먹거나, 팬케이크를 마이크로 오븐에 데워먹으면 된다. 이들은 모두 상품으로 되어 있기 때문에 식품점에서 살 수 있다. 샐러드도 다 만들어서 판다. 그밖의 거의 모든 음식들이 상품화되어 있다.

이와 같이 미국의 자본주의는 먹는 것도 철저하게 상품화했기 때문에 집에서 음식을 먹는 경우에도 굳이 많은 시간을 소비해가며 요리할 필요가 없는 것이다. 원한다면 상품화된 음식을 사서 요리하지 않고 바로 먹거나, 아니면 냄비로 삶거나 마이크로 오븐으로 데우거나 하는 간단한 과정만을 거쳐 바로 먹을 수 있다.

그리고 맥도날드, 버거킹, 웬디스, 케이에프시, 피자헛, 타코벨,

서브웨이 등과 같이 맛과 가격을 표준화한 패스트푸드점이 발달해서 어디서나 큰 부담 없이 외식할 수 있다. 이런 대중음식점은 아침 식사부터 파는 경우가 많고 대개 손님들이 끊이지 않는다.

요리를 싫어하거나 바빠서 요리할 수 없는 사람들에게 이런 음식의 상품화는 필요하고 따라서 반겨야 할 일이다. 요리를 하지 않는 것은 사람들, 특히 주부들을 많은 노동과 시간소모에서 해방시키는 일이다. 결혼해서 자식까지 있는 주부의 취업률이 68%나 되는 미국에서는 주부가 집에서 한가하게 요리할 시간이 없다. 식품점에서 산 음식을 바로 먹거나 간단한 요리 과정으로 먹을 수 있어야만 직장생활에 지장이 없기 때문이다.

그런데 문제는 미국의 이런 상업적인 식품들이 대체로 지나치게 짜거나 달다는 점이다. 쏘시지 가운데는 염도 36%의 것도 있다. 우리의 젓갈류 이상으로 짠 상업 식품들이 많다. 패스트푸드점의 음식도 대개는 아주 짜다. 상업적으로 생산되는 식품들이 지나치게 짠 것과 관련한 몇 가지 이유나 문제를 생각해볼 수 있다.

첫째, 음식의 부패를 방지해야 한다. 산업화된 음식을 생산하여 소비하기까지 상당히 긴 시간이 필요하기 때문에 그동안 부패하지 않도록 보관해야 한다. 그런데 염도나 당도가 높을수록 음식의 부패가 오래 방지되기 때문에, 음식 생산자들은 염도나 당도를 높인다.

둘째, 음식을 가능하면 많이 팔아야 한다. 상업적인 음식은 이윤이 목적이기 때문에, 많이 팔아야 하고 많이 팔려면 맛이 있어야 한다. 음식의 맛은 대체로 짠맛과 단맛이 주가 된다. 쓴맛과 신맛도 맛이지만 일상적인 음식에서 사람들이 주로 즐기는 맛은 짠맛과 단맛이다. 그렇기 때문에 많이 팔리려면 짜고 달게 만들어야 한다.

셋째, 맛은 자극이기 때문에 자꾸 그 역치가 높아져야 한다. 짜거나 단 음식에 익숙해지면 어지간히 짜거나 단 음식이 아니면 짜거나 달게 느끼지 못한다. 오히려 갈수록 더 짜고 더 단 음식을 찾게 된다. 그래서 많은 미국인들의 혀는 이미 지나치게 짜고 단맛에 길들여져 있다. 그러므로 이런 미국인들의 혀에 맞추기 위해서 상업적인 식품은 더 짜고 달아야 한다. 악순환하는 셈이다.

남북정상회담 때 한국 대표단을 수행했던 청와대 요리사가 북한 음식의 특징으로 싱겁고 담백한 맛을 꼽은 적이 있다. 북한 음식이 남한 음식보다 싱겁고 담백한 데에는 여러 이유가 있을 것이다. 중요한 이유의 하나는 기후 차이 때문이다. 북한은 남한보다 춥기 때문에 음식의 갈무리를 위해 남한보다 소금을 덜 넣어도 되고 이것이 북한 음식을 남한 음식보다 싱겁게 만들었을 것으로 예상된다.

그러나 북한 음식이 남한 음식보다 싱거운 더 중요한 이유는 북한 음식은 상업적으로 생산된 음식이 아니라는 점이다. 북한은 사회주의 국가이기 때문에, 그 음식은 이익을 내기 위한 상업 식품이 아니다. 따라서 많이 팔기 위해 과도한 맛을 낼 필요도 없다. 그러니 음식에 소금이나 설탕을 많이 넣을 필요도 없다. 또 물자가 부족한 북한에서는 음식에 소금이나 설탕을 풍족하게 넣을 수도 없을 것이다.

　반면에 남한은 자본주의 사회이기 때문에 식당 음식을 비롯해서 많은 음식이 상업적으로 생산된다. 상업적으로 생산되는 음식은 많이 팔기 위해 맛을 내야 하므로 대체로 짜고 달고 맵다('매운맛'은 통각을 자극하는 데서 오는 일종의 통증이어서, 엄격히 말하면, 미각에 속하는 맛이 아니다. 그러나 한국인들은 이 '매운맛'을 즐기기 때문에 고춧가루가 들어가는 음식이 상업적으로 생산된 경우에는 대체로 고춧가루가 너무 많이 들어가서 지나치게 매운 경향이 있다).

　상업적인 이해관계가 없는 북한 음식은 싱거울 수밖에 없다. 반대로 많은 음식이 상업적으로 생산되는 남한의 음식은 짜고 달 수밖에 없다. 그러니 한국보다 훨씬 더 자본주의가 발달하고, 음식의 산업화가 오래되고 광범하며, 상업적으로 생산된 음식의 소비가 더 많은 미국의 음식은 더 짜고 달 수밖에 없다. 그리고 그런 상업 식품의 맛에 익숙해지면 집에서 요리하는 음식도 짜고 달게 된다.

　문제는 음식이 짜고 달면 대체로 그만큼 맛이 더 있기 때문에 음식의 섭취량이 늘어난다는 점이다. 더구나 음식이 짠 만큼 음료수를 더 많이 마셔야 한다. 그런데 미국의 음료수라는 것이 대개는 다디단 콜라다. 그래서 필요 이상으로 과도한 당분을 섭취하게 된다. 식품점에서는 엄청난 양의 콜라를 사가는 미국인을 흔히 볼 수 있다. 또 패스트푸드점 같은 데서 보면 미국인들은 대개 작은 크기나 중간 크기의 컵이 아니라 가장 큰 컵의 콜라를 주문하여 마신다. 최근에는 미국인들 사이에도 건강에 대한 관심이 높아져서 맹물을 마시는 사람들이 늘어나고 있다. 그래서 길거리에서도 생수

병을 들고 다니면서 물을 마시는 사람들을 더러 볼 수 있다.

맥도날드, 버거킹, 켄터키 프라이드 치킨 등 패스트푸드점은 아예 패스트푸드와 청량음료, 특히 콜라를 한 세트로 묶어 판다. 맹물은 주지도 않는다. 그래서 이들 패스트푸드점이 콜라의 최대 판매처기도 하다. 다시 말해 패스트푸드점은 고지방 고칼로리의 햄버거와 같은 주 메뉴와 역시 고칼로리의 콜라를 한데 묶어, 고객이 그야말로 과도한 칼로리를 섭취하게 만든다. 이렇게 묶어 파는 까닭은 콜라의 구입원가는 아주 싼 데 비해 판매가는 상당히 비싸기 때문에 콜라를 팔아야 이윤이 크기 때문이다. 예를 들어 맥도날드의 중간 크기의 코카콜라 한 잔의 판매가는 1달러 29센트지만, 구입원가는 9센트에 불과하다.

이처럼 대표적인 고칼로리 음식물인 맥도날드와 코카콜라의 결합은 생산회사에게는 더없이 좋지만, 그 음식을 소비하는 고객의 건강에는 더없이 나쁘다. 특히 고칼로리의 햄버거와 콜라는 미국인들의 비만에도 상당히 기여했을 것으로 짐작할 수 있다. 그래서 미국에서는 이들 패스트푸드 체인, 특히 그 대표격인 맥도날드를 상대로 미국인들의 비만에 대한 책임으로 거액의 배상금을 청구하는 집단소송을 제기하려는 움직임이 일어, 체인들이 전전긍긍하고 있다.

미국 자본주의의 최대 위업은 음료수를 상품화했다는 것이다. 미국은 유럽이나 중국처럼 마시는 물이 나쁜 나라가 아닌데도, 미국인들은 굳이 돈까지 지불하며 건강에도 별로 좋지 않은 콜라 같은 상품화된 음료수를 맹물보다 더 마시도록 길들여져 있다. 어려서부터 맥도날드와 같은 패스트푸드점에서 자연스럽게 콜라를 마셨기 때문이다. 그래서 대부분의 미국인들은 콜라에 인이 박혀 있다. 부끄럽게도, 필자도 미국에서 유학생활을 하는 동안에 콜라에 인이 박혀서 이제는 안 마시려고 해도 잘 되지 않는다. 이미 북한까지도 진출한 것으로 보도된 코카콜라는 맥도날드 햄버거와 함께 미국 자본주의의 선봉장으로 각국에 침투하여 세계인들의 천연 음료수인 맹물을 대체해 가고 있다.

식품이 짜고 단 것은 미국에서 음식을 과도하게 소비하고, 미국인들을 비만하게 만드는 원인 가운데 한 가지다. 미국의 소비자들은 이미 짜고 단 맛에 길들여져 있다. 그래서 자신들의 음식이 짜고 단지도 잘 모른다. 오히려 다른 나라 음식이 싱겁다고 생각할 것이다. 미국에 사는 한국인들이 한국의 음식은 싱겁다고 말하는 것을 여러 번 들었다. 그들도 미국에 사는 동안 이미 짜고 단 음식에 길들여진 것이다. 그래서 한국 음식이 싱거운 것이 아니라, 미국 음식이 짜다는 사실을 모른다.

상업화된 음식을 많이 먹을수록 우리의 혀도 짜고 단 맛에 길들여질 것이다. 사실 이미 상당히 그렇게 되었다고 본다. 한국에서도 상업 식품들은 지나치게 짜고 달고 매운 경향이 있기 때문이다. 그래서 최근 한국에서 생활해본 미국인이 한국 음식도 상당히 짜다고 평가하는 것에 이견을 달 수 없었다. 우리도 짠맛, 단맛 때문에 이미 필요 이상으로 많은 음식을 소비해 비만해지고 건강을 해치는지도 모른다.

그러므로 더 이상의 짠맛과 단맛, 매운맛에 길들여지기 전에 우리 소비자가 상업적으로 생산되는 음식의 맛을 경계하고, 그런 음식의 염도와 당도, 고춧가루 양을 낮추도록 요구해야 한다. 가능하다면 무엇보다 상업식품은 되도록 먹지 말아야 한다. 대신 집에서 스스로 요리한 음식을 먹어야 한다. 그리고 우리는 상업 식품을 통해서 이미 필요 이상의 염도, 당도, 고춧가루를 섭취하기 때문에 집에서 요리해 먹는 음식만이라도 싱겁고 담백해야 한다. 남성의 평균수명이 여성보다 짧은 이유 가운데 하나가 남성이 여성보다 외식을 더 많이 하기 때문이라는 점은 시사하는 바가 크다.

과소비와 낭비

미국은 풍요의 나라다. 국토도 크고 자원도 풍부하다. 인구가
2억 9,000만 명으로 상당지만, 국토 면적에 비해서는 적은 편이다.
미국과 비슷한 국토 면적인 중국의 인구가 13억이고, 미국 국토 면
적의 30분의 1 정도인 일본의 인구가 1억 2,000만이고, 50분의 1
정도인 남북한의 인구가 7,200만인 점을 감안하면 말이다. 이처럼
풍요를 누릴 수 있는 기본조건이 갖추어져 있다. 그리고 일찍부터
공업과 상업이 고도로 발달한 데다 자유무역정책으로 세계 각국에
서 각종 상품이 거의 무제한으로 들어오기 때문에, 사회 곳곳에 풍
부하게 공급된다. 그래서 미국에는 고가의 호화상품에서부터 싸구
려까지 다종다양한 상품들이 넘쳐난다.

미국은 세계 어느 나라보다 자본주의 체제가 발달한 나라다. 자
본주의 체제를 유지하고 발전시키기 위해서는 계속적해서 상품을

생산하고 소비시켜야 한다. 그리고 그런 생산과 소비를 연결해 자본주의를 유지하고 발전시키는 것이 대중매체와 광고다. 광고와 그 광고를 매개하는 텔레비전을 비롯한 대중매체는 소비와 소비문화를 조장한다. 미국의 매체는 광고를 통해서 상품을 많이 사라고 촉구할 뿐만 아니라, 자체의 내용에서도 신상품을 소개하거나 상품을 소비하는 모습을 보여주는 등 소비를 조장한다.

오늘날에는 보편화한 텔레비전과 광고가 소비문화에 가장 큰 영향을 미친다고 할 수 있다. 미국의 거의 모든 가정에는 텔레비전이 2대 이상 있을 뿐만 아니라, 가정의 평균 텔레비전 시청시간이 약 6시간이다. 미국인들은 연 평균 약 5만 건의 상품광고를 본다고 한다. 어려서부터 소비를 촉구하는 광고와 대중매체를 매일 접하면서 자라온 미국인들은 자연스럽게 소비문화에 길들여져 있다. 게다가 소득수준이 높기 때문에 소비수준도 높다.

자본주의 체제에서 사람들, 특히 사업가들은 이윤을 얻기 위해 계속 새로운 상품이나 서비스를 개발해서 판다. 물론 그 상품은 생활에 필요한 것이지만, 그중에는 없어도 그만인 것도 상당하다. 인간의 필요를 위한 상품이라기보다는 순전히 팔기 위한, 즉 이윤을 얻기 위한 상품도 많다. 마르쿠제의 표현을 빌면, '허구의 욕구'를 충족시키려는 상품들이다. 광고는 그것을 사라고 촉구하고 유혹한다. 미국의 한 조사에서는 여성들이 직장에 출근하기 전에 사용하는 화장품의 개수가 약 10가지 이상이라고 한다.

미국의 대중매체와 광고는 단순히 필요한 소비를 조장하는 것이 아니라 과소비와 낭비를 조장한다. 미국 영화나 텔레비전 드라마, 광고는 낭비를 조장하는 에피소드를 많이 보여준다. 예를 들어 면도 후에 바르는 로션을 한 움큼 손에 짜서 그 대부분을 세면대에 떨어뜨리면서 얼굴에 세수하듯이 바르는 장면, 코감기 환자가 코를 닦는다고 화장지를 코에 살짝 갖다 댔다가 버리고 다시 새 화장지를 사용하는 장면, 치약을 필요 이상으로 듬뿍 짜서 이빨을 닦는 장면, 피넛 버터, 잼, 크림치즈 등을 빵에 두텁게 발라서 먹는 장면 등 수없이 많다.

실제로 미국인들은 과소비와 낭비가 심하다. 미국의 인구는 세계 인구의 약 5%에 불과하지만, 전 세계에서 소비되는 연간 에너지의 4분의 1을 쓴다. 미국에도 절약이니 검소니 하는 말이 있고, 또 근검절약하는 미국인도 많지만 대체로 과소비하고 낭비하는 생활을 한다고 말할 수 있다. 그들은 어려서부터 풍요와 낭비적인 문화에 젖어서 자랐기 때문이다. 요즈음 궁핍을 모르고 자란 한국의 젊은 세대에게서도 근검절약하는 생활태도를 발견하기 어렵다. 그런데 미국인의 경우에는 그 정도가 훨씬 더 심하다. 예를 들어 많은 미국인들은 페이퍼 타월을 쓸 때 한 장을 떼어 쓰는 것이 아니라 몇 장을 둘둘 말아서 쓴다. 그러니 화장지의 경우에는 말해서 무엇하랴. 이것은 작은 예에 불과하다. 그밖의 모든 생활용품의 사용에서도 마찬가지다.

미국의 상점들은 손님에게 물건을 넣어줄 때 비닐이나 종이로 된 봉투를 많이 사용한다. 그나마 두 개를 포개서 물건을 넣어주는 경우가 많다. 식료품점 같은 곳에서는 대개 두 개씩 포갠 비닐 봉투에 물건을 조금씩 넣어주기 때문에 웬만큼 쇼핑한 경우에는 비닐 봉투를 10장 정도 쓰게 된다. 일반 상품을 사는 경우에도 비닐 봉투, 종이봉투를 많이 사용해서 물건을 넣어준다. 포장된 상품의 경우에는 포장이 이중 삼중으로 되어 있다. 즉 상품의 유통과정에서도 필요 이상으로 많은 자원이 낭비되는 셈이다.

또 미국에는 일회용 제품이 많다. 특히 자주 쓰고 많이 쓰는 식기류, 용기류 등에 일회용품이 많다. 미국인들은 바쁘기도 하지만 편리하기 때문에 그런 일회용품을 많이 쓴다. 그런데 일회용품이라지만 상당히 잘 만들어서 여러 번 쓸 수 있는 것들이 대부분이다. 그러나 단지 일회용품이라는 이유로 한 번만 쓰고 그냥 버린다. 이렇듯 미국에서는 포장용이나 일회용으로 낭비되는 자원도 엄청나다.

이런 포장용이나 일회용의 물건은 대개 플라스틱을 재료로 사용해서 만들었기 때문에 잘 썩지 않아서 자원을 낭비하는 데 그치지 않고 환경을 오염시키는 데도 기여한다. 미국에서는 소비와 낭비가 많은 만큼 쓰레기도 많다. 따라서 환경도 많이 오염시킨다. 국토가 워낙 커서 아직 잘 드러나지 않을 뿐이다. 더구나 그런 쓰레기 가운데에는 음식 쓰레기도 많겠지만, 그보다는 플라스틱으로 만든 일회용품이나 상품의 포장·유통에서 사용한 비닐 봉투처럼 잘 썩지 않는 것이 많다.

세계의 많은 나라에서는 빈곤과 궁핍이 일상화되어 있다. 형편이 더 나은 나라라 하더라도 기본적으로는 물질이 부족한 상태다. 궁핍하지는 않더라도 자원이나 상품이 부족한 상태에 있다. 그래서 물자를 절약하고 근검하게 살 수밖에 없다. 심지어는 서구의 몇몇 선진국이나 노르웨이와 같이 미국보다 국민평균소득이 높은 나라에서도 미국처럼 풍요롭고 낭비하며 생활하지 않는다. 그런 나라들은 국민소득이 높다 하더라도 과거부터 그랬던 것이 아니라, 오히려 과거에는 전쟁 등으로 경제적인 어려움을 많이 겪었기 때문에 근검절약의 문화가 지배적이다.

그러나 미국에서는 1929년 시작된 대공황 이후로는 계속 번영을 누리고 있다. 그래서 궁핍이나 빈곤의 기억을 가진 세대는 거의 없다. 그러니 미국인들이 근검절약하는 생활을 아예 모른다고 할 수 있다. 어려서부터 궁핍을 겪으면서 자랐기 때문에 근검절약이 몸에 밴 우리의 눈으로 보면, 미국인의 생활에서 과소비와 낭비가 지나치게 눈에 띈다. 생활수준이 높은 유럽인의 눈에도 미국인들의 과소비와 낭비는 거슬리는 모양이다. 전 세계인이 미국 중산층과 같은 식의 소비적인 생활을 한다면, 지구의 자원이 몇 년 못 가 고갈되고 말 것이라는 유럽인의 지적을 읽은 적이 있다. 이런 지적은 과장만은 아니라고 생각한다. 지구의 자원이 한정적이라는 점을 감안하면 미국인의 풍요와 낭비적인 생활을 언제나 보장 받을 수는 없다. 미국인도 근검절약하는 생활로 세계인과 지구 자원을 공유해야 한다.

소송에 휩싸인 미국

미국은 소송의 천국이다. 미국인은 무슨 문제든지 거의 소송
으로 해결하려 한다. 일반적으로 다른 나라 사람들이 자신들의 탓
으로 생각하는 잘못도 미국인은 남의 탓으로 생각하여 손해배상
소송을 제기하는 경우가 많다. 수년 전 미국에서 한 노인이 맥도날
드 햄버거 가게에서 커피를 마시다가 몸에 엎질렀다. 그러자 노인
은 커피가 너무 뜨거워서 몸을 데었다며 맥도날드 측에 손해배상
소송을 제기해 64만 달러를 받았다. 법원은 그 커피가 뜨거운데도
미리 경고하지 않은 잘못이 있다고 보고, 맥도날드 측에게 패소판
결을 내렸기 때문이다. 그후 맥도날드 커피 컵에는 "이 컵은 아주
뜨거운 음료수를 담고 있다"는 경고문이 붙었다.

미국에는 이런 유의 소송이 다반사다. 예를 들어 미국인들은 겨
울에 얼음이나 눈으로 덮여 있는 남의 집 앞 인도를 걸어가다 미끄

러져 다치기라도 하면, 당장 집주인을 상대로 손해배상 소송을 제기한다. 집주인이 제대로 눈이나 얼음을 치우지 않아서 다쳤으니 그에 대한 책임이 주인에게 있다는 것이다. 그러므로 집주인들은 겨울에 집 앞의 인도에 눈이 쌓이거나 얼음이 얼지 않게 하려고 신경을 많이 써야 한다. 그래서 개인주택을 포기하고 공동주택을 선택하는 사람들도 있다고 한다.

소송이 많다 보니 제소를 당하지 않으려는 방어적 조치가 아주 엉뚱한 부작용을 낳기도 한다. 미국의 시사주간지 《뉴스위크》는 "미국에서 온 편지"라는 미국의 풍물을 전하는 고정란이 있는데, 2001년 7월 30일자에는 "소송에 휩싸인 미국"이라는 제목으로 소송이 많은 미국의 면모를 소개했다. 이 글에 따르면 미국 내의 어린이 공원에서 미끄럼틀과 시소가 점차로 없어져간다고 한다. 이 놀이기구로 부상당한 아이들의 부모가 관리 소홀로 시 당국을 상대로 손해배상 청구소송을 제기할지도 몰라 시의 관리들이 두려워하기 때문이다. 의사들은 오진으로 소송을 당할까봐 걱정해 가벼운 증세로 찾아오는 환자들에게도 불필요한 각종 테스트를 한다. 선생들은 성희롱으로 제소될까 두려워 어린 학생들을 껴안지 않는다. 대학은 성학대로 비난받지 않으려고 사무실에서 농담을 줄이도록 하였다.

소송에 대한 방어적 조처는 구조에 나서야 할 사람들이 구조에 나서지 않는 비인도적인 결과를 초래하기도 한다. 예를 들어 한 소년이 병원 밖 가까운 곳에서 출혈로 죽었을 때, 그 병원의 응급반은 그 소년을 데려오게 되면 법적 책임을 지게 될까봐 두려워한 나머지, 구조하러 가지 않았다. 또 곧 의사자격증을 딸 예비의사가 도로교통사고로 중상자가 생겼음에도 자격증 없이 의술을 행했다는 이유로 소송을 당할까봐 구조의 손길을 뻗치지 않았다고 한다.

소송에 대비하느라 사과해야 마땅한 때 사과하지 않는 풍토도 조장된다. 예를 들어 교통사고를 일으킨 경우에도 사고를 일으킨 사람이 잘못했다거나 미안하다는 말을 하지 않는다. 아예 자동차보험 안내책자에는 운전자에게 사고가 난 경우에 결코 미안하다는 말을 하지 말라고 써 있다. 그뿐이 아니다. 서비스업 종사자는 자신의 잘못으로 고객에게 손해나 불편을 끼친 경우에도 절대로 그 사실을 인정하지 않는다. 이처럼 자기의 잘못이 분명한 경우에도 미안하다는 말을 하지 않는 이유는 자기 잘못을 인정한 셈이 되어 소송에 불리해지기 때문이다.

소송으로 문제를 해결하기 위해서는 변호사가 필요하다. 이혼도 부부간의 합의로 하기보다는 소송으로 하기 때문에, 변호사를 동원하게 된다. 남편은 위자료를 적게 주기 위해서, 부인은 위자료를 더 받기 위해서 각각 따로 변호사를 고용하고, 그 변호사들을 통해 부부간에 협상한다. 그러다 보니 이혼을 합의하는 데 많은 시간이 걸리고 위자료로 주고받아야 할 돈은 결국 변호사비로 다 나가버린다고 한다. 심지어는 두 변호사가 짜고 시간을 질질 끌면서 변호사비를 더 긁어낸다는 얘기가 있을 정도다.

소송이 많은 만큼 변호사도 많다. 미국에서 변호사는 종사자가

가장 많은 직업으로 알려져 있다. 그리고 변호사가 되는 일이 어렵
지도 않다. 변호사 시험에 합격하면 되는데, 그 시험이 우리나라
사법시험처럼 어렵지 않아서 웬만큼 공부하면 대개 합격한다. 이런
이유로, 사법시험과 연수원 연수 성적이 좋아야 판사나 검사가 될
수 있는 한국과는 달리, 미국에서는 변호사로서 명성을 날려야 판
검사로 선출된다. 변호사가 많은 만큼 직업전선에서 경쟁도 치열하
다. 그래서 교통사고가 나면 변호사가 어떻게 알았는지 사고 당사
자에게 전화를 걸어, 그 사건을 자기에게 수임해 달라고 요청한다.

변호사가 많다보니 변호사들이 자신들의 생계를 위해서 소송을
더 조장하는 면도 있다. 다른 나라 사람들이라면 도저히 소송을 생
각할 수 없는 건에 대해 소송을 제기하는 이유가 여기에 있을 것이
다. 그리고 변호사비가 비싼데, 특히 유능한 변호사비는 아주 비싸
다. O.J. 심슨의 예에서 보듯이, 돈이 많은 사람들은 소송에서 아주
유리한 반면, 돈이 없는 사람들은 절대적으로 불리하다. 미국에서
는 법적인 문제를 해결하려면 많은 돈을 지불하고 유능한 변호사
를 고용하면 된다. 불법 이민자도 유능한 변호사를 고용하면 손쉽
게 영주권을 얻을 수 있다. 돈으로 문제를 해결한다는 점에서는 제
3세계에서 관리에게 뇌물을 주고 문제를 해결하는 것과 별로 다르
지 않다. 합법이냐 불법이냐의 차이는 있지만, 미국에서도 유전무
죄 무전유죄의 법칙이 성립하는 것이다.

소송으로 문제를 해결한다는 것은 법치주의가 확립되었다는 것
을 뜻하기도 한다. 미국은 사법제도가 잘 정비되어 있고, 소송이

비교적 빨리 마무리된다. 대부분의 나라에서는 소송이 시간을 오래 끌면서 소송 당사자들의 시간과 돈을 빼앗으며 피를 말린다. 또 피해자에게 충분한 보상판결이 나는 경우도 드물다. 그래서 소송보다는 적당히 사건 당사자끼리 합의하게 된다. 그러나 미국에서는 그럴 필요가 없다. 소송도 비교적 빨리 진행될 뿐만 아니라, 맥도날드 판결에서 보듯 피해자에 대한 보상판결액도 거액이기 때문이다.

미국은 소송이 많은 탓에 여러 가지 부작용을 초래하기도 했다. 그러나 소송이 많은 것은 개인의 인권과 소비자의 권리가 잘 확립된 결과이기도 하다. 신뢰할 수 있고 안전한 제품에 대한 권리, 높은 자리에 있는 사람들에게 욕보이지 않을 권리, 타인의 행위나 비행위로 피해를 보상받을 권리 등이 확립되어 있다. 의회나 주 정부는 행위나 비행위에 대해 책임을 지는 많은 법과 규칙을 통과시켜왔다. 미국은 법치주의와 개인주의가 명실상부하게 확립된 나라다.

그래서 미국에서는 자동차 리콜제와 같이 결함이 있는 제품 부품을 바꾸어주고, 제품으로 인한 소비자 피해에 대하여 제조회사가 보상하는 제조자 책임 제도가 일찍부터 정착되었다. 이런 이유로 끽연으로 인한 폐암 등의 피해에 대한 보상을 요구하는 집단소송을 오래 전에 제기할 수 있었다. 그래서 거액의 배상판결을 받고, 담뱃갑에 끽연의 해로움을 경고하는 문구를 넣어 금연을 늘리는 데 기여했다. 최근에는 패스트푸드의 지나치게 많은 칼로리 때문에 비만증과 과체중의 원인이 되었음에도, 그에 대해 경고하지 않은 잘못이 패스트푸드 회사 측에 있다는 인식에서 패스트푸드를 집단소송의 대상으로 삼으려는 움직임도 일고 있다.

미국의 힘, 공공도서관

미국에는 전국 도서관 주(4월1일~7일)가 있다. 도서관의 이용을 장려하기 위해 여러 행사가 열리는 주간이다. 퍼스트레이디 로라 부시가 2001년 전국 도서관의 주를 맞아 워싱턴포스트(2001. 4. 3)에 책과 도서관에 얽힌 자신의 추억을 얘기하면서 도서관의 중요성을 일깨우는 글을 기고했다. 한때 교사와 사서를 지냈던 부시 여사는 부모와 자녀들에게 도서관 카드를 만들고 도서관을 애용하도록 권고하고 있다. 로라 여사의 이런 권고처럼 미국의 많은 부모들은 어린 자녀들과 함께 도서관을 출입하면서, 자녀들이 어려서부터 도서관을 자연스럽게 드나들고 책을 읽도록 유도한다. 미국의 공공도서관들은 반드시 어린이실을 별도로 마련하여 어린이들이 편하게 책과 만날 수 있도록 배려한다.

이 글에서 로라 여사는 도서관을 '인민의 궁전'(palaces of the

people)이라고 표현했다. 미국에 살고 있는 사람들은 누구나 아무런 거리낌 없이 지식의 보고인 도서관에 자유롭게 출입할 수 있다. 상업이 발달하고 대부분의 서비스가 상업적인 미국이지만 무료로 이용할 수 있는 서비스도 있다. 반스앤노블스와 같은 대형 서점은 서점 한 코너에 여러 개의 책상과 의자를 갖추어 놓고, 사람들이 자연스럽게 책을 읽을 수 있게 배려하고 있다.

상업적인 미국에서 철저하게 비상업적인 곳은 역시 공공도서관이다. 미국의 공공도서관은 철저하게 무료로 누구에게나 개방한다. 미국에는 공공도서관이 많을 뿐만 아니라, 그 서비스 또한 뛰어나며, 누구에게나 아무런 차별 없이 열려 있다. 그러므로 도서관을 인민의 궁전으로 부르는 것이 과장만은 아니다. 공공도서관의 수와 그 서비스를 보면 미국의 선진성을 느낄 수 있다. 공공도서관이야말로 미국의 자랑이고, 미국의 힘의 원천이라고 해도 과언이 아니다.

그러나 미국의 공공도서관이 처음부터 누구에게나 열려 있었던 것은 아니다. 적어도 1939년까지 흑인들은 공공도서관을 드나들 수 없었다. 그 해에 일부 흑인들이 도서관 앞에서 흑인들의 자유로운 도서관 출입을 요구하는 시위를 성공적으로 벌인 후에야, 그들의 공공도서관 출입이 자유로워졌다. 그 덕에 오늘날 공공도서관은 문자 그대로 누구에게나 열려 있는 궁전이다. 책을 집으로 빌려가기 위해서는 도서관 카드를 발급받아야 하지만, 도서관에 들어가서 책을 읽는 데에는 아무런 제약이 없다.

도서관 카드의 발급도 아주 간단하다. 누구나 사는 곳과 가까운 공공도서관에 가서 도서관 카드를 신청하기만 하면 자기 주소지로 카드를 보내준다. 그때부터는 그 도서관 카드로 관할 구역 내에 있는 모든 공공도서관에서 책과 잡지 등을 자유롭게 빌릴 수 있다. 물론 대출할 수 있는 기간과 개수는 책의 종류에 따라 다르지만, 충분한 기간과 권수를 허용한다. 책과 잡지뿐만 아니라 오디오 테이프, 비디오테이프, CD, DVD 등 최신 매체를 갖춰 대여한다. 따라서 웬만한 영화는 도서관의 비디오로 다 볼 수 있다. 미국의 공공도서관은 정보화시대에 맞게 멀티미디어화하고 있는 것이다.

미국의 공공도서관은 단순히 책과 그밖의 매체를 모아놓은 곳이 아니라, 사람들이 모이는 공동체의 중심지(community center)이기도 하다. 도서관은 영어 강습, 강연, 전시회, 영화상영, 연주회, 가이드 투어 등 각종 문화행사를 주최하는 장소이기 때문이다. 사람들은 도서관에 책을 보거나 빌리려고 가서 다른 사람도 만나고, 도서관이 주최하는 문화행사를 즐기기도 한다. 도서관은 명실 공히 공동체를 위한 문화의 중심지로서 제 역할을 해낸다.

매사추세츠 케임브리지에서 존 하버드(John Harvard)가 1638년 돈과 책을 기증해서 미국에서 최초의 도서관이 건립되었다. 뉴욕에서는 모피와 부동산으로 당시 미국 최대의 부를 축적했던 존 애스터(John Jacob Astor)라는 부호가 1848년 그때 돈으로 40만 달러라는 거금을 공공도서관 건립을 위해 유증했다. 이 도서관이 1895년 뉴욕 공공도서관의 모태가 되었다. 이처럼 미국의 공공도서관은 그 시초부터 독지가들의 기부로 건립되었다. 정부에서 하는 것에 대해 불신이 많은 미국에서 공공도서관도 이처럼 개인이 건립하였다. 이러한 전통은 오늘날에도 이어져 공공도서관의 유지에 크게 기여한다.

미국의 공공도서관은 일반인을 대상으로 한 서적을 대개 구입하여 비치한다. 이렇게 공공도서관이 책을 사줌으로써 출판사나 저술가를 돕는 역할을 한다. 미국의 공공도서관이 그런 역할을 할 수 있는 것은 그 수도 많고, 도서구입비가 비교적 풍부하기 때문이다. 미국에는 공공도서관이 한국식으로 말해 동이나 면마다 하나씩 있을 정도다. 뉴욕 시의 경우에는 모두 89개 공공도서관이 있는데, 이것은 인구 9만 명당 1개꼴이다. 미국 공공도서관은 인건비를 비롯한 운영비는 대개 시에서 부담하지만 도서 구입비는 재단이나 독지가들의 지원금으로 충당하는 경우가 많다. 도서관에 재산을 기증하는 일이야말로 공익을 위한 명분 있는 일이라서 미국인들은 도서관에 도서구입비로 재산을 기증하는 일이 많기 때문이다. 카네기 재단이나 록펠러 재단 등도 여러 공공도서관에 매년 상당한 액수의 도서구입비를 지원하고 있다.

한국의 공공도서관은 수도 적고, 장서도 빈약하다. 또한 도서관이 책을 구입해서 출판사나 저자를 돕기는커녕 출판사나 저자한테 책의 기증을 요청함으로써 오히려 부담을 주는 경우가 많다. 도서구입비를 포함하여 거의 모든 예산을 세금으로 충당하기 때문에 예산이 빠듯하다. 게다가 예산의 대부분을 도서관 운영비로 지출하기 때문에, 막상 도서관의 가장 중요한 예산 항목인 도서구입비는 매우 적다. 우리도 도서관 등에 도서구입비 등을 기부하는 기부문화가 활성화되어 도서관이 제대로 책을 구입할 수 있어야 한다.

미국의 또 다른 지도자

뉴욕의 대표적인 사립대학이라 할 수 있는 컬럼비아 대학교의 조지 럽(Geoge Rupp, 58세) 총장과 뉴욕 대학교의 제이 올라이버(L. Jay Oliva, 67세) 총장이 우연의 일치로 2001년 3월 거의 동시에 사임할 의사를 이사회에 표명해서 화제를 모았다. 컬럼비아 대학의 럽 총장은 1993년에 부임했고, 뉴욕 대학의 올라이버 총장은 1991년에 부임했다. 두 총장 모두 운 좋게 미국, 특히 뉴욕의 경기가 좋은 시절에 취임했고, 또 개인적인 능력을 발휘해서 대학 기금이나 기부금을 대폭적으로 늘리는 등 학교발전에 크게 기여했다. 럽 총장은 컬럼비아 대학의 지원자가 합격하는 비율이 15%에 불과할 정도로 컬럼비아 대학을 아이비리그 대학 가운데에서도 경쟁력이 높은 대학으로 발전시켰고, 올라이버 총장은 취임할 때 65%이던 뉴욕 대학의 합격률을 2000년에는 29%로 대폭 낮추었다.

두 총장 모두 자신이 총장으로 있는 대학의 발전에 크게 기여했
다. 따라서 대학 관계자들은 이들이 총장으로 더 재직하기를 바라
는데도 이들은 물러나기에 적당한 시점이라고 판단해서 떠나는 것
이다. 더 좋은 다른 자리가 있어서 그만두는 것도 아니었다. 컬럼
비아 대학 총장은 총장직을 그만두고 컬럼비아 대학에서 현대문명
사를 강의하고 싶다고 했고, 뉴욕 대학 총장은 대학 주위에 남아서
자기가 추진하던 사업이 계속될 수 있도록 돕고 싶다고 했다. 얼마
나 멋진 퇴진인가. 공을 세우고 남들이 아쉬워할 때 물러나는 이런
아름다운 퇴진의 미를 우리 사회에서도 많이 볼 수 있으면 좋겠다.

그러나 뉴욕의 사립대 총장들의 사임 얘기를 꺼낸 것은 퇴진의
미학을 말하고 싶어서가 아니라, 미국에서 대학 총장의 임무와 위
상에 대해서 말하고 싶어서다. 오늘날 미국 대학, 특히 사립대학에
서 총장의 업적평가를 좌우하는 것은 뭐니 뭐니 해도 모금실적과
경영능력이다. 재정이 튼튼해야 좋은 교수진을 확보하고, 좋은 교
육과 연구 풍토를 조성하며, 우수한 학생을 유치할 수 있기 때문이
다. 그런데 컬럼비아 대학 총장은 재임기간에 학교 기금을 20억 달
러에서 2배인 40억 달러로 늘렸고 2000년에는 연간 기부금을 4억
4,000만 달러에 달하게 했다. 뉴욕 대학 총장은 취임하던 해에 연
간 1억 600만 달러이던 기부금을 2000년에는 3억 3,400만 달러로
3배 이상 늘렸다. 그러니 이들의 평가가 좋을 수밖에 없다. 대학
이사회 등 대학 관계자들은 이들이 계속 총장직에 있으면서 학교
발전에 기여하기를 바라는 것도 당연하다.

어느 나라에서나 그렇겠지만 미국에서도 우수한 대학이 되려면 좋은 교수진과 학생을 확보하고 좋은 교육과 연구 여건을 만들어 주어야 한다. 좋은 교수진을 확보하기 위해서는 교수 봉급이 많아야 하고 좋은 학생을 확보하기 위해서는 장학금 혜택이 많아야 한다. 좋은 교육과 연구 여건을 마련하기 위해서는 교육과 연구에 필요한 공간과 시설, 기자재를 마련해야 한다. 이 모든 일에는 돈이 필요하다. 그리고 이러한 경향은 대학과 산업체의 연계성이 커지고, 산업 현장에서 필요한 기술을 대학이 주로 교육하면서 점점 더 커지고 있다.

주립대학이나 시립대학과 같은 공립대학은 정부의 재정지원을 받지만, 사립대는 개인의 기부금에 의존해야 한다. 그래서 미국 사립대학 총장의 가장 중요한 업무는 학교 재정을 튼튼하게 하기 위한 모금활동과 학교 자산이나 기금을 잘 관리하는 경영능력이다. 그래서 대학 당국자들은 총장을 선출할 때, 무엇보다 모금과 경영을 잘할 수 있는가를 가장 중요한 자격요건으로 꼽는다. 그리고 주로 모금실적과 경영능력이 총장의 업적을 좌우한다. 그러다 보니 언제부터인가 모금을 잘하고 학교 경영을 잘할 수 있는 젊은 행정가나 경영인이 미국 대학의 총장으로 선출되는 경향이 커지고 있다.

학교 발전을 위해서는 이런 추세가 불가피하지만, 이 때문에 잃는 것도 있다. 대학은 전통적으로 교육과 연구 외에도 사회 문제, 특히 교육 문제에 관한 여론 형성에도 중요한 기능을 수행해왔다. 대학 교육에 관해서 대학의 책임자인 총장의 무게 있는 발언 한마디는 사회적으로 중요한 여론의 역할을 해왔다. 그런 역할을 할 수 있는 총장이라면 말할 것도 없이 학식과 덕망을 갖춘 원로 학자이어야 한다. 그러나 모금과 경영 능력이 중시되는 요즘의 추세에서는 학식과 덕망을 갖추고 연륜이 깊은 원로 학자가 총장에 선출되기는 어렵다.

총장은 또 학교의 책임자일 뿐만 아니라 교수들의 대표이기도 하다. 그런 자격으로 총장은 입학식과 졸업식의 연설을 통해서 그리고 평소의 언행을 통해서 학생들의 사표로서 모범을 보여야 한다. 그러나 젊은 행정가나 경영인이 총장이 되는 경우에는 그런 역할을 기대하기 어렵다. 모금과 경영에 전념해야 하는 총장이 그런 역할을 맡기도 어렵지만, 실무에서는 뛰어나지만 학식이나 덕망에서 아직 완숙하지 못한 젊은 총장은 학생들의 사표로서 존경을 받기도 힘들고 그런 역할을 스스로 맡기도 쑥스러울 것이다.

이런 총장의 역할 변환은 하버드 대학교 총장직을 통해 단적으로 드러난다. 하버드대는 미국에서 최고의 대학으로 인정받기 때문에, 그 총장직은 상징적인 중요성이 있다. 그래서 시어도어 루스벨트 대통령은 하버드대 총장을 '공화국 제1의 시민'이라는 명칭을 부여했을 정도다. 과거의 하버드대 총장은 하버드 대학뿐만이 아니라, 전국에서 학부 교육 정책을 형성하는 데 두드러진 역할을 수행해왔다. 예를 들어 19세기 말 찰스 엘리어트 총장이 전통적인 고전 교육의 규범에 도전하면서 학부의 커리큘럼을 완전히 뜯어고쳤을 때, 전국적인 주목을 받았다. 20세기 초에 로런스 로웰 총장은 학문의 자유와 연구를 방어하는 최초의 논문을 써서 미국 고등 교육의 기준을 설정했다. 1978년에는 데렉 보크 총장이 코어 커리큘럼을 채택했을 때, 그것이 전통적인 학부 교수방법과는 근본적으로 다르다는 점에서 전국적인 주목을 받았다.

그러나 이제 하버드대 총장의 그런 역할은 옛날이야기가 되었다. 오늘날은 하버드대 총장도 학식과 덕망보다는 다른 대학의 총장과 같이 모금과 경영 능력이 우선시된다. 최근 하버드대의 총장직이 이 점을 입증하고 있다. 지난 10년간 하버드대를 이끌어온 닐 루덴스타인(Neil Rudenstine) 총장은 26억 달러의 모금운동을 벌여 하버드대 기금을 192억 달러로 불렸고, 대학의 불균형한 단과대학을 통합하는 등 경영에서 수완을 보였다. 그러나 학부의 교육적 관심사에 소원했고 국가적인 중대사에 관해서 거의 발언하지 않는 지도자로 비판을 받았다.

그 상징성 때문에 하버드대가 새로운 총장을 물색한다는 사실은 전국적인 관심의 대상이 된다. 2001년 6월 말에 사임하는 루덴스타인의 후임자 물색 사실도 주요 뉴스가 되었다. 언론은 2000년 10월 빌 클린턴 대통령이 그 자리를 위해 뛴다는 보도를 한 적도 있었다. 그러나 막상 하버드의 학부생들은 새로운 총장 선출에 별 관심을 보이지 않았다. 왜냐하면 대학 총장은 학부 교육과는 별로 관련 없는 인물이 되어버렸기 때문이다. 오늘날은 학장, 교수, 조교, 각종 위원회가 미국의 학부 생활을 지배할 뿐이다. 총장은 신입생 오리엔테이션 때 학생들과 한 번 악수하는 존재에 불과하다. 교육문제나 사회문제에 대해서도 거의 발언하지 않는다. 그런 총장직은 누가 맡든 학생들이 관심을 쏟을 이유가 없는 것이다.

하버드대는 새로운 총장으로 클린턴 행정부의 마지막 재무장관이었던 로렌스 서머스(Lawrence Summers, 47세)를 지명했다. 그는 젊지만 연방 재무부에서 화려한 경력을 쌓으면서 기업계와 강한 유대를 맺었고, 국제적으로도 광범한 연결망이 있는 인물이다. 게다가 그는 하버드대에서 경제학 박사학위를 받고, 28세로 이 대학 최연소 정년보장 교수였으며, 그곳에서 10년을 봉직한 학자 출신이기도 하다. 하버드대 총장으로서는 적임자라 할 수 있다. 그는 기술과 세계화가 고등교육을 변화시키는 시대에 하버드대의 역할을 재정의해야 하는 임무를 맡게 되었다.

서머스가 모금과 경영을 잘하는 단순한 행정가의 면모만이 아니라, 대학 교육과 사회 문제에 대해서도 시의적절하고 권위 있는 발언을 하는 전통적인 명문 사립대 총장의 역할도 수행할지에 대해서 하버드대 관계자들뿐만 아니라, 미국 언론도 관심을 표명했다. 미국인들은 대학 총장이 단순한 행정가가 아니라, 학식과 덕망과 권위를 갖춘 사회의 양식으로 재탄생하기를 바라고 있다.

미국인이 사랑한 로열 패밀리

미국에서 케네디가(家)는 일종의 로열 패밀리였다. 세인의 관심을 끌던 재클린과 존 에프 케네디 2세의 사망으로 이제 그런 모습은 사라졌지만, 재클린과 그 아들이 생존했을 때까지는 왕가가 없는 미국에서 적어도 왕가에 버금갈 정도로 세인의 주목을 많이 받았다. 거기에는 인기가 있었지만 암살로 임기를 채우지 못한, 비운의 대통령 케네디에 대한 미국인들의 죄의식도 작용했을 것이다. 그러나 케네디가를 미국의 왕가처럼 세인의 주목을 받도록 만든 가장 큰 공로자는 재클린이었다. 그녀는 30대에 백악관에 들어온 미국에서 가장 젊은 퍼스트레이디였고, 뛰어난 미모에 고급 의상을 세련되게 입을 줄 아는 패션 감각을 갖추었다. 또한 전에 없이 일류 가구와 예술품으로 백악관을 호화롭고 멋지게 새로 단장해낸 안목을 발휘해서 미국인뿐만 아니라 세계인의 주목을 끌었기 때문이다.

재클린에 대한 세인의 주목이 오나시스와 결혼 등으로 이어지면서 결국 신화처럼 굳어졌다. 그러나 그런 화려한 외적인 요소만으로 세인의 주목을 끈 것은 아니었다. 그녀는 퍼스트레이디 시절에는 남편과 의회를 설득해서, 아스완 댐의 건설로 수몰위기에 있던 고대 이집트의 거대한 기념물인 아부 심벨을 구조하는 데 필요한 재원의 많은 부분을 미국이 부담하도록 했고, 1975년 뉴욕의 '대중앙 터미널'을 보존하는 데도 앞장섰다. 이와 같이, 패션 감각, 미적 안목, 그리고 문화와 예술을 사랑하는 마음이 세인에게 깊은 감명을 주었다고 할 수 있다.

2001년 5월부터 6월까지 메트로폴리탄 예술 박물관이 재클린의 의상을 전시했다. "재클린 케네디—백악관 시절"이라는 이름으로 존 에프 케네디가 상원의원으로서 대통령 선거운동을 하던 때부터 대통령에 당선되어 암살되기까지 재클린이 입었던 의상 80벌을 전시한 것이다. 존 에프 케네디 도서관과 박물관에서 선정해서 가져온 것들이었다. 이 전시회는 엄청난 관객을 끌어들였다. 메츠의 단일 전시회로 사람을 가장 많이 끈 기록은 케네디 대통령 당시 프랑스에서 빌려온 다 빈치의 <모나리자> 전시회였는데 공교롭게도 재클린의 의상 전시가 그 기록을 깼다고 한다.

재클린의 의상이 유명해진 데에는 휴버트 지방시, 올렉 카시니, 체즈 나이논 등의 프랑스와 미국의 유명 디자이너들이 만든 것이라는 유명세와 함께 사람들, 특히 여성들의 옷에 대한 허영심도 작용했을 것이다. 무엇보다 퍼스트레이디로서 지위가 재클린의 의상을 유명하게 만들었다. 그러나 패션감각과 나름의 스타일이 재클린의 옷을 더 유명하게 만드는 데 기여했을 것이다. 재클린은 옷소매가 손목까지 오지 않고 팔꿈치와 손목 중간까지만 오도록 만들어서 긴 장갑을 끼는 등 나름대로 자기 패션 스타일을 구축했다.

재클린의 의상을 과연 현대 예술 박물관에 전시할 만한 예술성과 역사적 가치가 있는가 하는 의문이 들 수도 있다. "그 옷들이 별로 예쁘지도 않은 그냥 옷에 불과하고, 그 전시회는 진지한 예술사적 시도라기보다는 진열장 같다"는 평가도 있었다. 그러나 전시회에서 볼 수 있었던 것은 재클린의 옷만이 아니었다. 더 중요한 것은 그 옷들을 통해 나타나는 디자이너의 솜씨와 재클린의 패션감각, 예술과 문화에 대한 그녀의 애정이었다. 녹음테이프나 필름을 통해 재클린의 육성이나 생전의 모습도 보여주었지만, 그런 것은 날이 갈수록 사람들의 뇌리에서 사라져갈 것이다. 그러나 디자이너의 솜씨와 패션감각을 통해서 구현된 옷의 미와 역사성, 백악관의 새로운 단장, 아부 심벨을 구조하고, 대중앙 터미널을 보존하는 데 기여한, 문화와 예술에 대한 그녀의 이해와 사랑은 오래 갈 것이다. 그래서 인생은 짧고 예술은 길다.

미국을 화합하는 프리메이슨

오래 전부터 이름은 들었지만, 그 정체에 대해서는 잘 모르는 프리메이슨(Freemason)이라는 남성들의 결사체에 대해 매우 궁금했었다. 그러던 차에 뉴욕에 있는 프리메이슨의 회당을 방문할 기회가 있었다. 맨해튼 제5남북로와 23가가 교차하는 부근에 뉴욕 주 프리메이슨 대회당(the Grand Lodge of Free and Accepted Masons of the State of New York)이라는 꽤 규모가 큰 건물이었다. 이 메이슨 회당은 뉴욕의 프리메이슨이 모임을 갖는 여러 개의 크고 작은 방들을 가지고 있는 곳으로 그들에게 일종의 교회와 같은 성전이었다. 실내는 고대 희랍이나 로마의 건축 양식을 본떠 장식되어 있었다. 복도에는 시어도어 루스벨트 대통령을 비롯해서 뉴욕 출신의 유명한 프리메이슨의 사진이 여러 장 걸려 있었다.

이곳에서 안내자의 설명과 프리메이슨에 관한 책자를 통해 프리메이슨에 대해 궁금증을 어느 정도 해소할 수 있었다. 프리메이슨은 본래 중세 유럽에서 성당이나 성곽을 건설하던 석공들의 조합에서 발전한 것으로 전해오지만, 그 자세한 유래는 밝혀지지 않았다. 프리메이슨의 형식적인 조직은 1717년 런던에서 4개의 로지가 영국 최초의 대 로지를 구성하면서 창설되었다. 그런 프리메이슨이 영국의 식민지이던 북아메리카 지역에서 특히 더 활발했던 모양이다. 프리메이슨이 흔히 비밀 결사체로 알려져 있으나, 이곳을 방문하고서는 적어도 현재는 비밀 결사체가 아니라는 것을 알 수 있었다. 다만 회원을 널리 공개적으로 모집하는 것 같지는 않았고, 회원이 되는 것도 쉽지 않은 듯했다. 게다가 조금은 특이한 의식을 치르고, 그 의식에 특이한 복장(화려한 수로 장식된 앞치마와 원추형의 터키 모자를 씀)을 사용하기 때문에 외부 사람들에게는 배타적이고 비밀스런 조직으로 비칠 가능성이 있어 보였다.

프리메이슨은 특정한 신이 아니고 우주의 최고 주권자(Supreme Being)로서 유일신(one God)을 믿는 사람들이 자신의 정치적 신념, 종교, 직업, 지위, 국적과 상관없이 평등한 존재로서 서로를 '형제'(Brother)로 부르는 남성들의 친교단체다. 따라서 천주교, 개신교, 동방정교, 이슬람교 등 유일신을 믿는 모든 종교의 신자들이 반목이 아니라 화합할 수 있게 하는 좋은 단체인 셈이다. 유럽의 종교적 박해를 피해온 사람들이 모인 북미에서 프리메이슨이 활발했던 이유가 바로 이것으로 여겨졌다. '신의 부성(父性) 아래 남자의 형제애'(the Brotherhood of Man under the Fatherhood of God)가 모토인 이 단체의 회원들은 더 좋은 사람, 더 좋은 남편, 더 좋은 아버지, 더 좋은 시민이 되도록 서로 고무하면서 로지에서 만든 형제애적 유대를 통해 비슷한 목표와 가치관이 있는 사람들이 평생의 우정을 다진다고 한다.

프리메이슨의 원칙 가운데에는 "어떤 사람도 다른 사람에게 무엇을 생각하고 믿을 것인지를 말할 권리가 없다", "각 개인은 법을 준수하고 훌륭한 시민이 되어야 할 의무가 있다", "모두를 위해 세상을 더 나은 곳으로 만드는 것은 중요하다", "명예와 성실성은 의미 있는 삶의 관건이다" 등과 같이 윤리적인 모토가 많다. 북미에만 200만 명 이상의 회원이 있는 이 단체는, 북미에서 하루에 200만 달러를 자선사업에 기부하는 중요한 자선단체이기도 하다. 미국 헌법 서명자 가운데 13명, 미국 역대 대통령 가운데 조지 워싱턴과 제럴드 포드를 포함하여 14명의 대통령이 프리메이슨이었다고 한다.

제5부 한국과 미국

한국과 미국의 어제와 오늘

우리 현대사의 국제관계는 대체로 미국과의 관계라고 할 수 있을 정도로 미국은 우리와 불가분의 관계에 있다. 미국은 1905년 일본과 가쓰라-태프트밀약을 맺어, 미국이 필리핀을 지배하는 대신 일본이 조선을 지배하는 것을 양해함으로써 일본의 한국 병합과 식민지 지배를 용이하게 했다. 또한 태평양전쟁에서 미국이 일본에 승리함으로써 한국에서 일본의 식민지 지배를 끝내는데 결정적인 역할을 했다. 그러나 소련과 38도선을 경계로 한반도를 양분해서, 각각 남한과 북한에서 점령군으로서 군정을 시작함으로써 한국을 분단국가로 만드는 데에도 영향을 미쳤다.

미국은 군정 당시 한국을 효율적으로 통치하기 위해 친일파 재등용 정책을 폄으로써, 해방 후 일제 식민지 잔재를 청산할 수 없게 만드는 데에도 한몫했다. 미군정은 일제의 조선 식민지 통치기구를 그대로 활용하면서 당시의 '테크노크라트'(technocrat)라고 할 수 있는 부일 협력자들을 대거 기용하였다. 미군정의 경찰은 일경 출신들이 장악했고, 국군경비대는 만주군관학교와 일제육사 등 일본군 출신들이 주도하였다. 미군정의 친일파 재등용 정책은 단지 관, 군, 경찰에 국한되지 않고 경제계, 학계, 법조계 등 모든 분야에서 진행되었다. 이렇게 해서 친일 협력자들은 한국 사회의 모든 분야에서 중심세력으로 다시 부상할 수 있게 되었다. 이들은 부일 협력의 죄과를 숨기고, 미국의 반공정책과 냉전기류에 편승하기 위해 반공을 내세웠다. 또한 한국전쟁을 기화로 반공을 국시로 만들고, 반대세력을 용공세력으로 몰아 제거함으로써 국가의 주도세력이 되었다.

미국은 냉전과 반공 정책의 일환으로, 아시아에서 미국의 이익을 지키기 위해 유엔군을 동원하여 한국전쟁에 참여해서 남한의 적화통일을 막았다. 미국은 해방 후와 한국전쟁 후에 유상·무상 원조를 통해 우리의 재건을 크게 도왔다. 반면 북한을 적대하고 경제봉쇄를 가함으로써 북한을 국제사회에서 고립시키고 북한 경제를 피폐케 하는 데 일조했다. 1994년 미국은 남한 정부도 잘 모르는 사이에 북한에 대한 무력공격을 검토하는 등 북한과의 일촉즉발의 전쟁 일보직전 상태까지 갔었다. 이후 2002년에는 부시 대통령이 북한을 이라크, 이란 등과 함께 '악의 축'으로 규정하는 발언을 함으로써 또 다시 한반도에 전쟁의 그림자를 드리우기도 했다.

과거에는 군정과 한국전 참여 등을 통해 직접적으로, 그리고 그 이후에는 가장 가까운 우방으로서 간접적으로, 미국은 우리의 제도와 생활양식, 사고방식에도 강한 영향을 미쳤다. 무엇보다 미국은 한국을 자본주의 국가로, 1964년에는 미국 요청으로 베트남전쟁에 참여하는 등 강력한 반공국가로 만드는 데 크게 기여했다. 한국은 세계에서 몇 째 안 가는 친미적인 국가라 할 수 있다. 한국은 정치, 경제, 사회 제도 가운데 많은 부분에서 미국을 모방했다. 대통령 제도를 비롯한 한국 정치제도, 군사제도, 경제제도, 교육제도는 그 가운데 몇몇 두드러진 예에 불과하다. 반대로 미국은 북한을 적대함으로써 북한이 소련과 중국에 더욱더 의존하게 만들고, 미국적인 것은 무조건 사갈시하고 매도하는 철저한 반미국가로 만들었다.

우리 정치는 미국 정치의 강한 영향력하에 있다. 우리 정계나 관계는 미국 정권의 변화를 예의주시해야 한다. 미국 정권이 진보적인 민주당 정권이냐 보수적인 공화당 정권이냐에 따라서 국내 정치, 특히 대북 관계 등에 상당한 변화가 일게 된다. 민주당 정권인 클린턴 행정부는 북한의 고립을 완화시키는 단계를 밟아왔고, 남북한 정상회담을 비롯한 김대중 대통령의 햇볕정책에 호의적이었다. 그러나 공화당 정권인 부시 행정부는 북한에 대해 냉담하고 햇볕정책에도 상당히 회의적인 눈치다. 클린턴 대통령이 임기 말에 북한을 방문하여 장거리 미사일에 관해 합의하려 했으나 무산되었다. 미 대선의 최종결과가 지연된 탓도 있었지만, 그보다는 승자가 된 부시 측에서 반대했기 때문이었다. 이런 부시 행정부의 대북 자세를 우려한 뉴욕타임즈는 2001년 3월 김대중 대통령의 부시 대통령 방문을 앞두고, 남북한간의 반세기가 넘는 군사적 대치를 끝낼 수

있도록 김대중 대통령의 대북정책에 대한 계속적인 지원을 약속하
도록 촉구하기도 했다. 그 때문인지는 몰라도 부시 행정부는 겉으
로는 햇볕정책을 지지한다고 말했다. 그러나 실제 행동으로는 대북
강경책을 펴고 있다. 그에 대한 반발로 북한의 태도도 다시 경직되
었다. 한국의 통일은 당위적 차원에서 보면, 1차적으로는 남북한의
문제이고 부차적으로는 남북한과 주변 강대국의 문제이지만, 현실
적 차원에서 보면, 북한과 미국, 한국과 미국의 문제임을 부정하기
어렵다.

미국은 남한에 3만 7,000명에 달하는 미군을 주둔시키고 있고
남한군의 작전권을 가지고 있다. 한국의 군 편제는 미국과 아주 유
사하다. 한국 고급장교들의 상당수가 미국에 유학하거나 미국에서
훈련을 받는다. 한국군의 무기는 대부분 미제다. 다른 나라 무기를
구입하려 해도 미국 무기의 구매를 바라는 미국의 요구를 거절하
기 어렵다고 한다. 노태우 정권 때 소련에 준 차관을 러시아로부터
현금으로 받기 어려워 러시아제 무기로 상환 받으려 했으나, 미국
의 반대로 성사되지 못한 일도 있다. 2001년 한국의 정가에서는 한
국의 차세대 무기 도입과정에서 미국 정부의 압력이 있었다는 주
장이 제기되어 여야가 공방을 벌이기도 했다. 미국은 한국에도 국
가 미사일 방어체제에 참여하라고 요구한 데 대하여, 한국 정부가
겉으로는 반대하는 듯이 말해왔지만, 미국의 이지스함을 구입하는
등 실제로는 국가 미사일 방어 체제에 참여하고 있다는 의혹을 사
고 있다.

우리 경제는 미국 경제에 크게 의존하고 있다. 미국의 자본 투자와 미국의 교역관계 없이 우리 경제는 살아남기도 어렵다. 1997년의 외환위기의 발생에는 미국의 투기적 자본의 탓이 크고, 그 외환위기를 넘긴 데에는 우리에게 구제금융을 빌려준 국제통화기금을 주도하는 미국의 도움이 컸다. 우리 주가는 미국 경제나 미국 주가의 그림자처럼 움직인다. 거의 예외 없이 언제나 미국 주가가 오르면 한국 주가도 오르고, 미국 주가가 떨어지면 한국 주가도 떨어진다. 이런 현상을 좋은 말로 우리 주식시장과 미국 주식시장의 동조화라고 부르지만 사실은 그럴 수밖에 없을 만큼 우리 경제가 미국 경제에 의존적임을 보여준다.

1980년대 한때 미국 상점에 한국 제품이 넘쳐 났지만, 최근에는 미국 상점에서 한국 상품을 찾기가 쉽지 않다. 그럼에도 미국은 우리의 중요한 교역 대상국이다. 그것도 우리가 엄청난 흑자를 기록하는 나라다. 우리의 대미 무역은 1995년부터 1997년까지 3년간 약간의 적자를 기록한 외에는 언제나 흑자를 기록했다. 특히 1997년의 외환위기 이후에는 그 흑자폭이 대폭 확대되어 1998년부터는 매년 100억 달러 이상의 흑자를 기록하고 있다. 2004년 한국의 대미 수출량은 428억 달러인 반면, 미국에서 수입량은 288억 달러에 불과해 140억 달러라는 흑자를 기록했다. 우리가 2004년 기록한 전체 무역흑자 295억 달러의 반에 가까운 흑자액은 미국과의 교역에서 달성한 것이다.

미국과의 특수한 관계 때문에 한국에서 미국의 대중문화는 일찍부터 우리에게 별 장벽이나 거부감 없이 수입되고 허용되었다. 할리우드 영화는 오래 전에 한국의 중요한 대중오락 수단으로 자리 잡았다. 게다가 해방 후 우리 방송은 미군정에 의해 미국식 방송으로 출범했고, 미군 방송은 한국의 주요 방송 가운데 하나였다. 미군 방송은 라디오 방송 뿐만 아니라, 초단파(VHF) 텔레비전 방송까지 우리 안방에 침투했다. 그러므로 한국의 해방 후 세대, 특히 텔레비전이 가가호호 보급된 70년대 이후의 세대는 어려서부터 미국의 대중문화를 가까이 두면서 자랐기 때문에, 영향도 많이 받았다고 할 수 있다.

그래서 우리 젊은 세대는 의식주에서 한국적인 것보다는 미국적인 것에 더 익숙하다. 예를 들어 한국의 전통적인 음식보다는 햄버거, 핫도그, 콜라 등 미국 대중음식을 더 즐겨 먹는다. 최근에는 일부 젊은이들이 개량 한복을 찾기도 하지만, 청바지나 블루진 재킷을 훨씬 더 선호한다. 의식주뿐만 아니라 우리의 사고방식이나 가치관도 미국을 닮아가고 있다. 대표적인 것이 미인에 대한 기준이다. 우리의 대중문화 가운데에는 미국의 대중문화의 재판에 가까운 것도 많다. 우리 젊은이들은 민요나 창과 같은 우리의 전통적인 음악보다는 재즈, 록, 랩 등과 같은 미국의 음악을 훨씬 더 선호한다.

오늘날 한국에서는 미국에서 유학을 하고 영어라도 좀 해야 사회적으로 훨씬 더 좋은 평가와 대접을 받는다. 실제로 한국의 정계, 관계, 군, 재계, 교육계, 예술계 등 여러 분야의 지도급 인사들은 유학, 연수 등으로 미국 물을 먹은 사람들이다. 그래서 한국의 젊은이들은 미국 대학에서 학위를 따려고 유학을 갈망한다. 학위 유학이 여의치 않으면 적어도 어학연수라도 해야 하는 실정이다. 실제로 많은 한국의 젊은이들이 미국에 어학 연수차 간다. 미국에서 유학하는 외국인 학생 가운데 한국 유학생의 수가 큰 비중을 차지한다. 2003~2004년 미국의 전체 유학생 수는 57만 2,509명이었는데, 한국 유학생 수는 5만 2,484명으로 인도(7만 9,736명), 중국(6만 1,765명)에 이어 세 번째였다. 한국은 오래 전부터 3~4위를 지켜오고 있다. 그러나 인구비례로 따지면, 이들 나라 가운데에서 한국 유학생 수가 단연 최다라고 할 수 있다.

미국의 삶을 동경해서 아예 미국으로 이주하는 한국인도 많다. 상당수의 한국인들이 미국에 이민을 했고, 지금도 이민하기 위해 많은 사람들이 대기하고 있다. 한국에서 사업에 실패하거나 어떤 좌절을 겪거나 또는 무엇인가 잘못을 저지른 사람들이 새로운 삶을 찾아, 도피처로 미국 이민을 가는 것만은 아니다. 한국에서 여러모로 안정적인 삶을 살던 사람들도 자녀 교육이나 그밖의 이유로 미국으로 이민을 가는 경우가 적지 않다. 유학을 갔다 눌러 앉는 경우도 많다. 미국에는 로스앤젤레스, 뉴욕, 시카고 등 대도시를 중심으로 약 160만 명으로 추산되는 우리 교포가 살고 있다. 로스앤젤레스와 뉴욕에는 코리아타운이 따로 존재할 정도다. 그리고 이런 도시에서는 한국어만으로도 생존이 가능하다.

미국은 세계의 많은 나라 사람들이 동경하는 나라이지만 많은 나라에게서 배척을 받기도 한다. 많은 제3세계 국가에서 '양키, 고

홈'(Yankee, go home!)이라는 구호가 나왔다. 그런데 한국에서는 그런 구호가 거의 없다. 사실 1970년대까지는 반미시위나 반미구호조차 없었다. 한국에서 반미가 등장하기 시작한 것은 1980년대다. 5·18 광주민주화운동에 대한 미국의 석연치 않은 태도 때문이었다. 그후 무역개방에 대한 미국의 압력, 미군 병사들의 범죄행위, 소파 개정 협상에서 미국의 비타협적인 자세 등으로 반미시위나 반미구호가 가끔 나오고 있다.

그러나 한국에서 반미 시위나 구호는 주로 운동권 학생들에 의한 것이다. 그것도 아주 미약한 시위나 구호다. 대개는 미국에 대한 큰 기대가 무너지면서 나타나는 실망의 표현이지, 미국에 대한 적개심이나 증오심의 표출이 아니다. 한국에서 가장 강도 높은 대표적 반미시위라 할 수 있는 1985년의 미문화원 점거사건도 마찬가지다. 그 사건은 1980년 신군부의 쿠데타와 광주학살을 묵인한 미국에 대한 배신감의 표현이었다. 북한이나 많은 아랍국가에서와 같이 미국에 대한 적개심이나 증오심에서 발로된 것이 아니었다. 아직도 일반인이나 대다수의 학생들은 반미감정이 없다. 아니 미국에 대한 감정이라면 친미감정이 더 앞선다. 우리의 언론은 더욱더 친미적이다. 한때 우리의 언론은 미국에 비판적이기만 해도 좌파나 용공으로 매도할 정도였다.

미국에서 절감하는 한반도 통일

뉴욕에서는 한국과 한국인의 존재가 상당히 부각되는 편이다. 거리에 나가보면 한국인이 꽤 많이 눈에 띈다. 그러나 인구 800만 명이 넘는 뉴욕에서 한국인(약 49만 명)의 절대적인 수가 많다기보다는 사람들이 자주 드나드는 청과상, 세탁소, 네일(nail) 살롱, 생선 가게 등을 대부분 한국인들이 운영하기 때문이다. 게다가 백남준, 신영옥 씨같이 뉴욕에서 활동하는 예술가도 있고, 정 트리오, 장현주, 장한나 등처럼 뉴욕의 무대에서 자주 공연하는 세계 정상급의 한국 예술가들이 꽤 있기 때문이기도 하다. 타임즈 스퀘어 가든 양쪽 끝의 광고탑에 있는 삼성과 엘지의 전광판도 한몫을 할 것이다. 미국에서 한국인들이 가장 많이 살고 있는 도시 로스앤젤레스(약 65만 명)에서도 한국인의 존재는 상당히 알려진 편이다.

그러나 뉴욕이나 로스앤젤레스 이외의 다른 곳에서 한국과 한국인은 아직도 낯선 존재다. 미국에서 한국인들이 세 번째로 많이 사는 시카고(약 23만 명)만 해도 그렇다. 필자가 1980년대 초반 시카고 지역에서 유학할 때, 필자에게 중국인이냐 또는 일본인이냐고 묻는 사람들을 더러 있어도 한국인이냐고 묻는 사람은 거의 없었다. 미국인들은 동아시아 사람들을 만나면 대개 중국인이나 일본인으로 생각한다. 특히 어린애들은 더욱더 그렇다.

필자가 방문교수로 있었던 컬럼비아 대학 동아시아 연구소는 한국을 비롯해서 중국, 대만, 일본 등 동아시아에 관한 지역 연구소다. 그런데 교수진이나 프로그램을 보면 중국과 일본 중심으로 되어 있다. 중국과 일본의 나라 크기, 인구수, 국력, 미국과 역사적 관계 등을 생각하면 당연한 일이라고 할 수 있겠지만, 사실 기분은 별로 좋지 않다. 정식 교수진은 28명인데 이 가운데 한국 전공자는 단 한 사람이고 나머지는 모두 중국과 일본 전공자다. 이 가운데 중국인 성을 가진 교수는 4명, 일본인 성을 가진 교수는 2명이다. 한국인 성을 가진 교수는 한 사람도 없다. 정식 교수진이 아닌 연구 교수 18명 가운데 한국인이 한 사람 있을 뿐이다.

그 한국인 교수는 컬럼비아 대학에서 한국정치와 중국정치를 가르친다. 그분에 의하면, 중국정치를 강의하면 수강학생이 많을 뿐만 아니라 학생의 대부분이 백인이라고 한다. 그런데 한국정치를 강의하면 수강생이 적을 뿐만 아니라, 그나마 대부분 한국 유학생 아니면 한국 교포학생이라는 것이다. 일본정치 과목에 학생들의 분포가 어떤지에 관해서는 듣지 못했지만 중국정치 과목과 비슷할 것으로 짐작된다. 동아시아 연구소의 교수 분포나 동아시아 3국 과목의 수강생 분포는 비록 컬럼비아 대학이라는 한 대학의 현상에 불과하지만, 그것은 미국에서 한국, 중국, 일본의 상대적 위상을 적나라하게 드러낸다.

이런 현상은 메트로폴리탄 예술 박물관의 아시아부에서도 그대로 나타난다. 아시아 예술품 전시실은 2층 동북쪽 코너에 있다. 아시아실에는 중국, 일본, 그리고 한국의 예술을 위한 별도의 방이 있다. 그런데 중국 예술품을 위한 방은 규모도 크고 그 소장품도 다양하며 질이 높다. 주로 미국인들이 수집해서 기증한 중국의 값나가는 예술품들이다. 일본 예술품을 위한 방의 규모도 상당히 큰 편이다. 그 소장품도 그런 대로 괜찮은 것들이다. 일본 예술품을 위한 별도의 전시실을 마련하고 그 전시품을 마련하는데, 일본 정부와 기업들이 크게 기여했다고 써 있다. 이에 비해 한국 예술품을 위한 방은 아주 작고 그 소장품도 빈약한 편이다. 미국 자연사 박물관에서 3국 전시실의 규모와 위상도 비슷하다. 코리아라는 이름이 붙어 있는 전시공간이 따로 있지만, 중국이나 일본에 비하면 아주 작다. 이것은 미국에서 중국이나 일본에 대한 한국의 상대적 위상이 어떠한가를 잘 보여주는 예라 할 수 있다. 이 박물관에서 수많은 아시아 국가들 가운데 별도의 전시실을 갖고 있는 나라는 동아시아 3국뿐이고, 그 가운데 하나가 한국이라는 사실에 자부심을 가질 수도 있다. 그러나 방의 크기 그리고 소장품의 양과 질에서 중국과 일본에 너무나 뒤떨어진다는 점에서 유쾌할 수 없다.

중국은 국토나 인구, 역사로 볼 때, 미국이 결코 무시할 수 없는 나라다. 중국은 국토의 면적에서 미국과 거의 비슷하지만, 공식적인 인구만도 13억 명으로 미국 2억 9,000만 명의 4.4배가 넘는다. 더구나 구소련이 망하면서 미국 다음의 강대국으로 부상했다. 게다가 중국은 국제무대에서 미국을 견제하는 역할을 하고 있다. 그래서 미국의 군산복합체와 보수주의자들은 중국을 잠재적 적국으로 규정하면서 국방비 증액과 군사력 강화를 꾀한다. 그러나 아직까지는 산업화가 미약해서 경제력이나 군사력이 미국에 비할 바 못된다. 2004년 중국의 국내 총생산(GDP)은 6.4조 달러로 미국의 국내 총생산 11조 달러의 2분의 1이 조금 넘는 정도지만, 일인당 GDP는 5,000달러로 3만 7,800달러인 미국의 약 7.6분의 1에 불과하다. 2003년 중국의 연간 국방비는 600억 달러로, 3,707억 달러인 미국의 6분의 1에 미치지 못한다. 중국의 핵탄두는 400기로 7,295기인 미국의 18분의 1에 불과하다. 미국에 도달할 수 있는 중국의 장거리 미사일이 32기인데 반해, 중국에 도달할 수 있는 미국의 장거리 다탄두 미사일은 982기나 된다. 하지만 이런 상태가 언제까지나 지속되리라고만은 볼 수 없다. 중국은 산업화의 추진과 시장경제의 도입으로 그 국력이 급속히 신장하고 있어서 언젠가는 미국의 국력을 앞지를 가능성이 있는 나라다.

그리고 중국과 미국과의 교역양도 날로 증가하고 있다. 2002년 중국은 미국과 교역에서 1,252억 달러를 수출하고, 220억 달러를 수입하여 1,032억 달러의 흑자를 기록했다. 미국의 값싼 소비재는 거의 전부가 중국에서 수입되고 있다. 게다가 1851년 이후 주로 미국의 철도건설과 광산 인부로 수만 명이 들어오면서 시작된 중국인의 미국 이민은 아시아 국가로서는 그 역사도 길고 인구가 많기 때문에 미국 이민자의 수도 많다. 맨해튼의 중심부에 계속 팽창하는 거대한 차이나타운이 있고, 한국인이 많은 퀸스(Queens) 구 플러싱(Flushing)에도 중국인들이 몰려와 거대한 중국인촌을 만들어가면서 한국인들은 점점 밀려나가고 있다. 미국 어디를 가나 중국 음식점이 없는 곳이 없다. 중국인과 중국문화는 미국 내에 이미 확고한 존재로서 자리 잡은 것이다. 그래서 중국은 미국의 필요에 의해서 연구의 대상이 되고 있다.

일본은 이제 중국에 그 자리를 빼앗겼지만, 2000년까지는 미국에 이어 경제력으로 세계 2위의 국가였다. 일본은 패전을 딛고 미국 다음 가는 경제 대국으로 성장했다. 2004년 현재 일본의 인구는 1억 2,700만 명이고, 국내총생산(GDP)은 3.6조 달러로 미국(11조 달러), 중국(6.4조 달러)에 이어 세계 3위다. 일본의 대미교역량은 2002년 수출 1,214억 달러, 수입 497억 달러로 막대하다. 미국에서 판매되는 고급 공산품은 일제가 대부분이다. 그리고 미국에는 일본문화도 많이 소개되어 있다. 사실 미국을 비롯한 서양에서 동아시아 문화는 중국과 일본의 문화로 대표되고 있다. 긍정적이든 부정적이든 일본은 미국과 전쟁까지 치렀기 때문에, 미국인에게 더 많이 알려져 있고 그만큼 중요한 나라로 인식된다. 게다가 일본과 미국은 강력한 군사적 동맹관계에 있다. 부시 행정부가 들어선 이후로 중국의 위협을 내세워 양국의 동맹관계가 더 강화되고 있다.

일본인은 1900년과 1907년 사이에 3만 명이 미국으로 이민했다. 1882년의 '중국인 배제법'으로 중국인 이민이 금지된 틈을 타 일본인이 대거 몰려온 것이다. 아시아 국가로서는 중국 다음으로 미국이민의 역사가 긴 셈이다. 일본이 미국에 선전포고를 해서 벌어진 태평양전쟁 때문에 미국 내 반일감정이 높아져, 캘리포니아 지역의 일본인들이 강제로 수용소에 격리되기도 했다. 그러나 미국의 젊은 일본인들은 제2차세계대전 때 미군병사로서 유럽전선 등에 투입되어 상당한 전과를 올리기도 했다. 워싱턴에는 봄에 벚꽃 축제가 열릴 정도로 벚꽃이 만발한다. 일본이 미국과 외교관계를 맺으면서 기념으로 기증한 나무가 자라서 미국의 수도 워싱턴의 봄을 일본의 국화로 장식하는 것이다. 뉴욕의 유엔 본부 가까이에 록펠러 2세가 기증한 요지에 일본협회 소유의 단독건물이 들어서 있다. 이 정도로 일본도 미국에서 확고하게 자리 잡은 것이다. 게다가 일본은 경제력이 있기 때문에, 미국에서 일본을 연구하는 데 재정적으로 많은 후원을 하고 있다.

한국은 국민총생산량으로나 교역량으로 치면 세계 십수 위의 만만치 않은 경제력이 있는 나라로 성장했다. 인구도 4,860만 명으로 적지 않은 편이다. 그러나 한국의 국내총생산은 대략 일본의 4.2분의 1, 중국의 7.5분의 1, 미국의 12.8분의 1에도 미치지 못한다. 국토의 면적이나 인구 수로도 일본이나 중국, 미국보다 훨씬 더 빈약하다. 한국의 대미 교역량은 2004년 수출 428억 달러, 수입 288억 달러로 그 자체로는 결코 적은 양이 아니지만, 일본과 미국, 중국과 미국의 교역량보다는 훨씬 적다.

한국인의 미국 이민의 역사는 중국인이나 일본인에 비해 짧다. 한국인의 미국 이민은 1902년 약 100명이 하와이 사탕수수 농장의 인부로 간 때부터 시작되었지만, 1970년대 전까지는 그 수가 아주 적었다. 한국인 이민자의 절대다수는 1970년대 이후에 왔다. 물론 한국 이민은 교육 수준도 높고 미국 청교도의 근로윤리를 무색하게 할 정도로 근면해서, 단시일에 미국에서 중산층으로 자리 잡았다. 교육열도 높아서, 자녀들의 학교성적과 일류 대학진학률도 높다. 그러나 일찍부터 미국에서 뿌리를 내린 중국인이나 일본인에 비하면 미국 주류사회에서의 한국인의 지위는 대단히 미약하다.

한국은 미국과의 관계에서 대체로 대등하지 않았다. 태평양전쟁에서 일본이 항복하자, 미국은 남한에서 군정을 시작했다. 한국전쟁이 발발하자, 미국은 공산주의의 팽창을 저지하려는 세계전략의 일환으로 유엔군을 동원해 남한의 공산화를 막았다. 전후에는 원조물자로 남한을 기아에서 구제하는 데 크게 기여했다. 미국은 또 한국에서 버림받은 고아들을 입양해주었고, 1997년의 외환 위기 때에는 국제통화기금의 구제금융으로 우리 경제를 회생시키는 데 결정적인 역할을 했다. 한국과의 무역에서도 그동안 많은 적자를 보았다. 미국의 입장에서 한국은 그 운명을 자신들이 좌지우지해왔고, 여러모로 혜택을 준 작은 나라에 불과할 수도 있다. 그러므로 미국은 중국이나 일본만큼 한국을 비중 있게 다루고 연구할 필요성을 느끼지 않을 것이다. 게다가 한국은 일본처럼 경제적 여유가 있는 것도 아니어서, 미국에서 진행하는 한국 연구를 재정적으로 후원하기도 어렵다.

그렇다고 우리가 좀더 부강하고 대접받는 나라로 될 수 있는 길이 아예 없는 것은 아니다. 그 첩경은 바로 남북한 통일이다. 남북통일이 달성되면 우리는 국제무대에서 양적·질적으로 새로운 면모를 갖추게 된다. 인구나 경제력에서 단번에 세계 십위권 안에 들게 된다. 국제 경기에서도 훨씬 더 우수한 성적을 거둘 수 있을 것이다. 무엇보다 우리가 남북으로 갈리어 서로 총부리를 겨누는데 소모하고 있는 인적·물적 자원을 경제발전에 쏟아부을 수 있게 된다. 남북한이 한 나라, 한 국민이 되어 국제무대에 서게 되면, 남북한이 따로따로 행동하던 때와는 비교도 할 수 없는 큰 힘을 낼 수 있고, 그에 상응하는 대접을 받을 수 있는 것이다. 다른 나라 정부와 국민들이 분단국가를 대할 때와는 다른 태도로 우리를 대하게 될 것이다. 남북한이 서로를 헐뜯는 데 누가 우리를 존경하고 대접하겠는가. 그런 상태는 이용의 대상일 뿐이다.

남북이 통일되면 해외교포들, 특히 일본이나 중국의 교포도 단결할 것이다. 그것도 한국에게는 커다란 힘이 된다. 그리고 남북한의 통일은 한국 교포가 많은 중국의 연해주 지역을 한국의 경제권으로 편입시키는 일도 가능하게 된다. 그렇게 되면, 한국 경제권의 인구가 대략 1억 가까이 되고, 그 정도의 인구를 가진 경제권이면 일본에 맞먹는 수준이 될 수도 있다. 그러나 이 모든 것이 가능하기 위해서는 남북한이 먼저 통일을 달성해야 한다. 통일은 우리의 민족적인 당위이지만 이처럼 실질적인 차원에서도 필요하다. 통일의 길이 아무리 험난하고 멀지라도 남북한의 정권과 지도자, 국민 모두가 협력해서 그 길을 가야 한다는 점을 미국에서 더욱 절감하게 된다.

미국에서 바라보는 한국의 현실

제2차세계대전이 끝나고 미국은 막강한 국력을 자랑하며, 자본주의 진영의 세계 경제를 주도했다. 미국의 산업은 거의 모든 부문에서 세계 최강·최고였다. 그러던 미국의 산업, 특히 제조업이 슬슬 경쟁력을 잃기 시작했다. 1980년대가 되어서는 무기, 비행기, 공구 등의 몇몇 부문을 제외하고는 거의 모든 제조업 분야에서 경쟁력을 잃고 말았다. 그래서 한때 미국은 곧 망한다는 얘기마저 나돌 정도였다. 그렇게 된 데에는 여러 이유가 있었겠지만, 미국이 전후 번영과 안정을 누리면서 기술개발, 경영합리화, 재투자 등에 소홀했고, 임금이 지나치게 높은데 비해 노동생산성은 떨어졌던 것이 가장 큰 이유라고 할 수 있을 것이다.

그런 반면에 제2차세계대전으로 폐허가 된 나라는 거의 다시 경제를 복구해야 했다. 그래서 더 열심히 일하고 연구하고 개발하면서도 더 적은 보상을 받았다. 게다가 파괴되거나 낡은 산업시설을 복구하는 경우에는 최신의 기술과 설비를 도입할 수 있었다. 그러다 보니 어느덧 경쟁력이 생긴 것이다. 이런 전형적인 경우가 바로 일본이다. 제2차세계대전 전에는 미국의 철강산업이 가장 발달했었으나, 제2차세계대전 중에 선진적인 새로운 제철기술이 개발되었다. 그러나 미국은 이미 낡은 기술로 제철공장을 지었기 때문에 새로운 제철기술을 도입할 수 없었던 반면에, 제철 공장이 너무 낡거나 제2차세계대전으로 파괴된 일본은 손쉽게 새로운 제철기술을 도입할 수 있었다. 역설적이게도 일본은 제철업이 낡거나 폐허화했기 때문에 제철업에서 재빨리 첨단기술을 도입할 수 있었던 것이다. 그런데 그렇게 해서 생긴 제철업의 경쟁력은 철강을 주원료로 하는 다른 산업에서 경쟁력을 높여주었다.

결국 일본은 싼값으로 우수한 철강을 생산할 수 있었고 결국 철강이 주원료인 자동차를 싼 가격에 만들어 미국을 비롯해서 외국에 내다 팔 수 있었다. 그러나 처음에는 기술력이 떨어졌기 때문에 싸구려 차 취급을 받았다. 하지만 일본의 자동차 제조업체는 끊임없이 기술을 연구하고 개발했다. 게다가 일본 노동자의 임금은 미국 노동자의 임금보다 더 싼 반면에 생산성은 더 높았다. 일본 자동차가 미국 자동차보다 경쟁력이 더 커진 것은 당연한 수순이었다. 다른 제조업 부문에서도 대체로 이와 비슷한 현상이 나타났다. 결국 일본은 거의 모든 제조업에서 미국을 앞설 수 있었던 것이다.

한국도 제2차세계대전 이후의 일본처럼 되지 말라는 법이 없다.

적어도 그런 조건의 하나는 성립되어 있다. 한국의 철강산업은 그 경쟁력에서 세계 최고의 수준이라 할 수 있기 때문이다. 미국이 우리의 철강 수출에 대해 걸핏하면 덤핑 수출 운운하지만, 덤핑이 아니라 그만큼 우리 철강산업의 경쟁력이 크기 때문이라고 해야 한다. 우리는 제철업을 늦게 시작하였기 때문에 최신 기술을 도입했고, 일본보다 더 낮은 임금에 더 열심히 일하고 끊임없이 기술을 개발했다. 여기에는 포항제철의 임직원들의 공이 크다. 그리고 그런 제철업의 경쟁력은 자동차 산업이나 조선업과 같이 철강을 주원료로 하는 산업에서 우리의 경쟁력을 높여주었다. 호화 여객선과 같이 기술과 제조 전통이 필요한 이외의 조선 분야에서 한국은 세계 최강이라 할 수 있는데, 조선은 주로 철강이 그 원료이기 때문이다.

그러나 철강업의 경쟁력만으로 철강을 주원료로 하는 다른 산업의 최종 경쟁력이 저절로 보장되지는 않는다. 자동차 제조업을 예로 들어보자. 철강업의 경쟁력은 자동차 제조업에서 가장 중요한 원료인 철강재를 우수한 제품으로 싸게 구입할 수 있게 하지만, 단순히 철강만으로 자동차를 만들지는 않는다. 그러므로 그밖에 플라스틱, 고무, 기타 다른 원료로 만든 다른 여러 부품이 필요하다. 따라서 이들 제품의 경쟁력도 자동차의 최종 경쟁력에 기여한다. 더구나 자동차는 철골과 부품들을 단순히 조립하는 것만이 아니고, 눈에 보이거나 보이지 않는 많은 기술이 필요하다. 이 기술이 자동차의 최종 경쟁력에 아주 중요한 역할을 한다. 또 노동자들의 노동생산성도 경쟁력에서 중요한 몫을 한다.

철강업의 경쟁력과 함께 철강을 제외한 다른 부문에서도 철강업과 같은 경쟁력이 있다면, 한국의 자동차가 세계의 일류 제품이 되었을 것이다. 그러나 우리의 자동차 제조업은 그 역사도 일천하지만, 주원료인 철강부분 이외의 분야에서는 아직 그렇게 경쟁력이 크다고 할 수 없다. 특히 기술과 노동 생산성이 일본 등에 뒤떨어진다. 그래서 미국에서 한국산 자동차는 가격은 좀더 싸지만 질은 떨어진다는 인식이 강하다. 최근에는 우리 자동차 산업의 기술력이 많이 향상되어 그런 인식이 바뀌고 있다고 한다. 우리의 제조업이 세계 시장에서 경쟁하기 위해서는 더욱더 부단히 연구해서 기술을 개발하고 노동 생산성을 높여야 한다. 이렇게 노력한 분야에서는 우리 제품이 국제경쟁력을 갖추고 있다.

뉴욕의 지하철은 역사가 길다. 역사가 긴 만큼 그 기술과 설비는 노후하다. 그래서 뉴욕의 지하철은 편리함, 안정감, 쾌적함이 떨어진다. 그에 비하면 우리의 지하철은 역사가 짧다. 그러나 그렇기 때문에 최신 기술로 지었고 새것이어서 편리하고 안정적이고 쾌적하다. 한국의 지하철은 뉴욕의 지하철보다 훨씬 더 우수한 지하철이다. 뉴욕의 지하철뿐만 아니라 세계의 어느 지하철과 비교해도 우리의 지하철은 그 시설이나 쾌적함에서 손색이 없다. 우리는 적어도 이점에서는 자부심을 가질 수 있다.

지하철뿐만 아니라 통신 시설에서도 비슷한 현상이 일어났다. 유선통신의 경우, 미국은 그 시설이 오래 되었기 때문에 낡았다. 한국의 통신산업은 비교적 최근에 본격적으로 확장되었기 때문에 최신의 기술과 설비를 도입했다. 이 점은 무선통신에서도 마찬가지다. 한국의 통신산업은 유선통신이든 무선통신이든 최신의 기술과 설비로 구축되었고, 거의 전국 어디서나 그 서비스 이용이 가능하다. 그러나 미국에서는 무선통신 서비스는 말할 것도 없고 유선통신 서비스도 되지 않는 곳이 많다. 가령 미국에서는 전화선을 이용한 고속 인터넷 서비스가 뉴욕 시에서조차 안 되는 곳이 많다. 평범한 유선전화 서비스도 신속한 처리는 힘들다.

이처럼 우리는 통신산업에서도 미국보다 훨씬 더 앞서 있다. 정보산업 시대에 이점은 대단히 중요한 의미를 함축하고 있다. 이런 발전된 통신산업을 기반으로 우리는 정보산업에서 미국이나 기타 다른 나라를 앞설 수 있는 가능성이 열려 있기 때문이다. 실제로 통신시설을 기반으로 하는 인터넷 산업에서는 우리가 일본보다 앞섰다. 중공업의 기초인 철강산업과 정보산업의 기초인 통신산업에서 우리가 세계 최고수준이라는 것은 우리가 선진국으로 도약할 수 있는 발판을 마련했다는 뜻이다. 대부분의 나라는 그런 발판조차 없다.

한국과 같이 뒤늦게 산업화했기 때문에 역설적으로 선진국보다 훨씬 더 앞선 면이 생기는 것이다. 그리고 그 앞선 부문을 발판으로 새롭게 도약하면서 얼마든지 더 앞설 수도 있다. 메모리 반도체와 디지털 텔레비전 수상기 분야에서 한국의 삼성전자는 세계 최고다. 그처럼 각 분야에서 세계일류인 우리 기업이 점점 더 많아지다 보면, 어느 순간 우리가 경제적으로 일류국가가 되는 것이다. 그러나 말할 것도 없이, 그것이 그냥 일어나지는 않는다. 제2차세계대전 후의 일본처럼 새로운 기술을 끊임없이 연구·개발하고 노동생산성을 향상시켜야 한다는 과제가 있다. 우리는 이 과제를 해결하기 위해 노력해야 한다. 경영진은 새로운 기술을 연구하고 개발하는 일에 주력해야 한다. 노동자는 노동의 질과 생산성을 높이기 위해 각고의 노력을 기울여야 한다. 그래야 이미 마련한 발판을 이용해서 도약을 할 수 있다.

경제는 홀로 서는 것이 아니다. 그것은 사회의 다른 부문, 특히 정치와 밀접히 연관되어 있다. 그래서 정치경제라는 말도 생겼다. 정치가 중요한 경제적 사안을 결정할 뿐만 아니라, 경제 여하는 정치적으로 심각한 파장을 낳는다. 미국의 정치학계에서 대통령 선거를 결정하는 가장 중요한 변수는 선거 1년 전의 경제 상황이라는 가설을 받아들일 정도다. 그만큼 경제와 정치는 밀접하다.

정치와 경제가 밀접하게 연결되어 있다 보니, 어느 나라에서나 정경유착의 현상이 나타난다. 일반적으로 정경유착은 나쁜 것으로 얘기되지만, 정치와 경제의 밀접한 관계를 고려한다면, 싫든 좋든 정경유착은 피할 수 없는 것이다. 또한 정경유착을 그 자체만으로 나쁘다고 할 수는 없다. 문제는 정경유착의 성격이다. 정경유착이 공익을 위한 것이 아니고 소수의 사익을 위한 것일 때, 문제가 있는 것이다. 정치가 경제적 사안을 국가 경제와 공익을 위해서 사심 없이 결정한다면, 정경유착은 오히려 결정의 효율성을 높여줄 수도 있다.

한국은 어떤 나라보다도 정경유착이 심한 나라였다. 초기에는 공익을 위한 것으로 출발했으나, 후에는 집권세력이라는 소수의 사익을 위한 정경유착으로 변질되고 말았다. 그런 소수의 이익을 위한 정경유착은 당연히 척결해야 할 것이다. 정치의 민주화로 과거의 사익적 정경유착은 어느 정도 척결되었다고 할 수 있다. 이제 우리의 문제는 사익적 정경유착이 아니라, 정치권이 중요한 경제적 결정을 제때에 신속히 할 수 있을 만큼 충분히 안정적이고 협조적이지 못하다는 점이다. 금융개혁, 재벌개혁, 공공부문 개혁 등 경제개혁을 비롯해서 많은 사회개혁을 추진해야 할 때, 여야, 노사, 상이한 이해세력 간에 극한적인 대립과 투쟁으로 정부가 신속한 결정을 하지 못한 채, 지지부진하다가 시기를 놓친 사례가 많다.

우리에게 필요한 것은 우리의 공익을 위해서 단결하고 협조, 양보하는 일이다. 우리는 모두 이점과 관련해서 반성하고 심기일전할 필요가 있다. 정당인은 국익보다는 당리당략에 급급하지 않았는가, 특히 여당은 야당을 정책결정에 어느 정도나 참여시켜주었는가, 야당은 여당과 정부를 사사건건 물고 늘어진 것은 아닌가 반성해봐야 한다. 언론인은 공익이 아니라 자신이나 사주, 회사의 이익을 위해서 또는 자신들이 대변하는 집단의 이익을 위해서 궤변과 왜곡을 일삼지는 않았나, 사주는 사원에게는 지나치게 낮은 임금을 주면서 스스로 너무 많은 이익을 챙기지 않았나, 회사는 망해도 나는 부자가 될 수 있다는 자세이지 않았나, 노동자는 회사가 망해도 극한투쟁으로만 치닫는 것은 아닌가, 지나치게 정부나 경영진만을 탓하지는 않았나, 이익집단은 자신들의 사익을 공익으로 위장하기나 그들의 우월적인 지위를 이용해서 또는 국민을 볼모로 로비하고 투쟁하는 것은 아닌가 되돌아봐야 한다.

우리는 아직 자기 이익의 극대화를 위해서 행동해도 되는, 그런 안정적인 여건이 아니다. 그동안 희생과 각고의 노력으로 몇몇 부분에서 선진적인 수준으로 올라선 것은 사실이다. 다른 산업의 기반이 될 수 있는 철강산업과 통신산업에서 앞서 있다. 그러므로 그것을 기반으로 선진적인 면을 점점 더 넓혀갈 수도 있다. 그렇게 해서 앞선 면이 다른 산업, 다른 시설, 그리고 정치, 문화 등 사회 전 부문으로 골고루 확산된다면 어느 날 한국이 세계 일류국가가 될 수 있을 것이다. 작은 성취에 자만하여 때 이른 샴페인을 터뜨리며 우쭐하다가 외환위기라는 된서리를 맞지 않았는가. 우리에게는 아직도 가야 할 먼 길이 남아 있다. 현재로서는 우리의 앞선 분야가 매우 한정되어 있기 때문이다.

미국에서 절감하는 것 가운데 하나는 국력에서 경제력이나 군사력과 함께 국민의 단결력이 중요하다는 사실이다. 미국은 세계에서 언론자유와 다양성이 가장 잘 보장된 나라다. 그러나 미국의 정치권, 언론, 국민은 국가 위기나 국익 앞에서는 신기할 정도로 협조하고 단결하며 한목소리를 낸다. 그런 면모는 2001년 4월 초 남중국해에서 미국 정찰기와 중국 전투기의 충돌로 비롯된 양국간의 긴장상태에서도 확연하게 드러났다. 부시 대통령과 그 행정부의 노력을 여당인 공화당은 물론 야당인 민주당, 언론 등이 전폭적으로 지지했다. 사과를 하지 않겠다고 했다가 사과를 했음에도 누구도 그것을 문제 삼지 않았다. 물론 강경파들 사이에서는 약간의 불만이 노출되기는 했다. 미국인의 단결력은 9·11 테러 후에 더욱 극적으로 드러났다. 단결력에 있어서는 일본도 대단하다. 일본에는 사회당도 있고 심지어는 상당한 의석수를 가진 공산당도 있지만 국익 앞에서는 정치권과 국민이 단결하는 모습을 보여준다. 우리와 같이 국익 앞에서 정치권이 사분오열되거나 미국을 등에 업고 무엇을 해보려는 사대주의적 성향의 정당이나 정치인, 언론인은 없다.

우리도 물리적인 면에서는 상당히 성장했다. 구미 선진국이 200~300년에 걸쳐 이룩한 산업화를 우리는 30년 만에 달성했다. 한반도는 일제의 식민지였다가 미국과 소련에 의해 남북한으로 나뉘었다. 게다가 남북한이 동족상잔을 치르고 폐허가 되었다. 그후 북한은 계획경제에 따른 자급자족 체제의 실패로 외국에 식량을 원조 받는 처지가 되었다. 남한은 산업화에 어느 정도 성공했지만 취약한 경제구조와 부패한 정책결정 구조를 개혁하지 못한 채, 너무 일찍 샴페인을 터뜨린 탓으로 외환위기를 맞고, IMF의 구제금융으로 가까스로 회생했다. 그런데도 개혁을 위해 협조하고 양보하기보다는 지나치게 대립하고 분열하는 것은 아닐까. 이게 미국인들을 비롯한 선진국 국민들의 눈에 비친 우리의 모습이 아닐까.

우리에게는 일본이나 미국을 따라가거나 앞설 수 있는 가능성이 있다. 그러나 그 가능성을 실현시키려면 그에 앞서 우리 모두의 의식과 자세가 바뀌어야 한다. 우리들은 지금보다 훨씬 더 협조하고 노력하고 희생하고 양보하고 겸손하고, 남을 탓하기 전에 자신을 반성하는 자세를 가져야 한다. 그러나 그동안 우리의 모습은 그렇지가 못했다. 협조를 모른 채 사사건건 대립·분열하는 정치권, 자신들의 이익을 챙기기에만 급급한 이익집단, 제 탓보다는 남을 탓하는 책임전가, 점점 더 깊어지는 지역감정, 인물을 키우지 못하는 풍토, 조금 성공한 것으로 우쭐대는 자만 등이 난무했다. 화합, 양보, 희생, 관용, 자제, 겸손, 책임을 모르는 자세로는 대접받는 선진국으로 도약하기 어렵다. 이미 마련한 발판조차 제대로 활용하지 못하고 썩히는 일이 없도록 우리 모두 심기일전해야 한다.

한때 잘 나가던 일본은 1980년대 말부터 경제의 거품이 걷히자, 주가와 부동산 가격이 추락하고 심한 불황의 늪에 빠져서 헤어나오지 못하고 있다. 잘 나가던 때 겁 없이 미국의 부동산을 비싼 가격에 사들였다가 싼 가격에 되팔고 있다. 일본의 고질적인 정경유착, 비효율적 고용구조 등 개혁해야 할 관행이나 제도를 바꾸지 못한 채, 약 10년 동안 계속되는 장기 불황의 무기력증에 빠져 있다.

한국은 샴페인을 너무 일찍 터뜨렸다는 선진국 언론의 고언에도 아랑곳하지 않고 외화를 물 쓰듯 쓰고, OECD에 가입해서 선진국 행세를 하면서도 잘못된 관행이나 제도를 개혁하지 않다가, 그만 외환위기를 맞는 수모를 겪어야 했다. 그런데도 금융개혁 등 몇몇 부분을 제외하고는 재벌개혁, 정치개혁, 공공부문개혁, 언론개혁 등 많은 부문의 개혁이 대체로 지지부진하다. 기득권 세력이 개혁의 발목을 잡고 이해집단은 한 치의 양보도 없다. 우리가 눈앞의 기득권이나 이익을 양보하고 대동단결하지 않는 한 우리의 미래는 어둡다. 미국이 1990년대 이후로 누린 장기적인 호황의 근저에는

잘못된 관행이나 제도를 1980년대에 과감하게 개혁했다는 사실을
상기해야 할 것이다.

미국에서 인종 갈등을 빚는 한국인

부끄러운 일이라 인정하고 싶지 않고, 또 우리 모두가 그런 것은 아니지만, 우리는 대체로 상당히 인종차별주의적 성향을 보여왔다. 우리는 중국 화교를 '되놈'이라고 부르면서 차별했다. 한국은 화교가 많으면서도 차이나타운이 제대로 형성되지 못한 유일한 나라라는 지적이 있을 정도다. 우리는 일본과 특수한 역사적 관계가 있지만, 일본인을 '왜놈'이라고 경멸하면서 사갈시하였다. 백인들은 '원숭이', 흑인들은 '껌둥이'라고 놀렸다. 그리고 그들과 한국인의 사이에서 태어난 혼혈아를 '튀기'라고 놀리면서 얼마나 차별하고 소외시켰는가.

한반도가 수많은 외침을 당해왔기 때문에, 그런 이민족 배척과 인종 차별도 어느 정도 이해되지만, 분명 지나치다. 더구나 오늘날처럼 세계화시대에는 하루빨리 극복해야 할 편견과 차별주의다. 그런데도 우리는 오늘날 코리언 드림을 안고 한국에서 낮은 임금으로 3D업종에 종사하면서 한국 경제에 기여하고 있는 동남아시아 노동자들을 얼마나 차별하고 부당하게 처우하는가.

미국에서도 한국인들의 이런 인종차별적 성향은 사라지지 않은 것 같다. 어떤 면에서는 더 심하게 나타나기도 하다. 백인에게는 열등감을 보이면서도 흑인이나 라티노에 대해서는 턱없는 우월감을 드러내는 경우를 가끔 보았다. 미국에서 이들은 대개 차별받는 하층민들이다. 사업을 하는 한국인들은 대개 라티노를 고용하고 흑인을 상대해서 돈을 벌거나, 흑인 거주 지역에서 장사를 하는 경우가 많다. 그러나 그곳에서 돈만 벌뿐, 흑인을 고용하는 일도 적고, 그 지역사회에 기여하는 일은 거의 없다고 한다.

2001년 4월 6일 뉴욕 맨해튼에서 한국인이 운영하는 델리에 중남미계 남성이 들어가 음식물에 몰래 대소변이 섞인 오물을 뿌리다 종업원에게 적발돼 경찰에 인계된 사건이 발생했다. 이 사건은 현지 신문과 방송에 해괴한 사건으로 크게 보도되고 약 10곳 이상의 업소에서 이와 비슷한 일이 있었던 것으로 알려지면서 델리를 찾는 손님들의 발길이 끊겼다.

이 때문에 뉴욕 델리의 80% 가까이를 운영하는 한인 업주들이 많은 피해를 입었다. 뉴욕 시의 보건당국이 재빨리 뉴욕 시내의 델리 음식을 현장조사한 뒤, 델리 음식은 청결하다고 발표했지만 사고 소식에 놀란 뉴욕 시민들의 발길을 돌려놓기에는 역부족이었다. 뉴욕에서 델리는 흔히 청과물과 함께 뷔페식 간이음식을 파는 가게를 말하는데, 코리언 델리로도 불린다. 그 이유는 한국인들이 주로 운영하기 때문이기도 하지만 한국인들이 샐러드 바와 함께 여러 요리들을 만들어 진열해 놓고 뷔페식으로 먹을 수 있도록 개발한 데서 붙여진 이름이다. 뉴욕 시내의 한국인 델리점은 식품협회에 등록된 곳만 약 1,500곳에 이른다.

뉴욕 경찰은 오물을 뿌린 그 중남미계 남성을 정신이상의 집 없는 떠돌이로 보고, 정신감정을 의뢰했다. 범행이 이런 식으로 정신이상자의 단독행위로 그쳤다면 그나마 다행이었을 것이다. 정신이상자의 일과성 해프닝으로 끝나버리고 사람들의 뇌리에서 사라지면 그만이기 때문이었다. 그러나 피해업소 쪽에서 사건발생 전 중남미계 남자들이 찾아와 욕설을 하고 노조관련 발언을 했다고 주장함에 따라 경찰이 한인 업주들과 갈등관계에 있는 노조의 관련 가능성에 대해서도 조사한다는 사실도 보도되었다. 사실 이 부분은 델리 업주에게는 아주 불리한 내용이라 할 수 있었다. 피해업주가 이런 식으로 연결시키지 않는 편이 더 현명했다.

오늘날 미국에서 궂은일은 하는 사람들은 주로 라티노 또는 히스패닉으로 불리는, 스페인어를 쓰는 중남미계 사람들로 그 대부분은 멕시코인이다. 미국의 2000년 인구조사에서 라티노는 흑인을 제치고 백인 다음으로 인구가 가장 많은 인종이 되었다. 델리를 비롯해서 한국인들이 경영하는 상점도 대부분 잡일을 하는 종업원으로 라티노를 고용한다. 그런데 한국인이 운영하는 델리가 많다 보니까, 몇몇 큰 델리의 라티노들이 노조를 결성해서 한국인 업주들과 마찰을 일으켰다. 청과상을 겸한 델리는 힘든 잡일이 많은 곳이다. 그러나 잡일을 하는 사람들이기 때문에 임금도 낮다. 노조의 주장에 따르면, 한국인 업주들이 최저임금(시간당 4달러 25센트)보다 더 낮은 임금을 주고, 법정근로시간이 주당 40시간인데도 70시간 이상 일을 시키면서도 시간 외 수당을 주지 않았다는 것이다. 그래서 이들이 노조를 결성해서 뉴욕의 강력한 노조인 피복노조(the Garment Labor Union)에 가입한 후 시위를 벌였던 것이다.

그러나 종업원들이 노조를 결성해서 업주와 대결한 데에는 단순히 이런 임금 문제 때문만은 아닌 것으로 짐작된다. 그것은 한국인과 라티노 간의 인종갈등이 그 원인이기도 하다. 이러한 인종갈등에는 영어를 잘 못하면서도 근면하고 교육수준이 높아서, 대개 사업을 하면서 중산층으로 살아가는 한국인들에 대한 시기심도 작용했을 것이다. 그러나 한국인 업주들이 피고용자인 라티노들을 경멸하면서 너무 함부로 대하는 데서 오는 반감도 컸을 것으로 보인다. 필자도 한국인 가게에서 그런 모습을 더러 경험했다. 게다가 영어가 유창하지 못하므로, 라티노들에게 지시할 때 간접적으로 부드럽게 표현하지 못하고 직설적으로 거칠게 말하기 때문에 그 반감은 더 커졌을 것이다.

과거에는 한국인과 흑인 간의 갈등이 많았다. 예를 들어 뉴욕 브루클린 지역의 한국인 청과상들은 1980년대 말과 1990년 초에는 흑인의 불매운동 대상이었다. 그래서 흑인들이 한국인 가게 앞에서 시위를 벌이기도 하였다. 1993년의 유명한 로스앤젤레스 폭동에서는 흑인들과 라티노들이 주로 한국인 가게를 약탈하였다. 한국인들이 정치적 힘이 없는 소수이기 때문에 당하는 면도 있지만, 흑인들을 턱없이 경멸하는 한국인들의 태도가 그들의 반감을 산 면도 컸다고 할 수 있다. 그후 한국인 사회에서 한흑갈등을 해소하기 위해 많이 노력한 결과, 지금은 한흑갈등이 상당히 사라졌다. 그러나 이제 라티노와 갈등을 빚고 있다. 참으로 불행한 일이다.

한국인 이민의 대다수는 미국의 이민법이 제정된 1965년 이후에 온 이민 1세들이다. 따라서 이들에게는 아직도 한국적 사고방식과 행동양식이 많이 남아 있다. 이들은 대개 유대인이나 이탈리아인이 운영하는 청과상, 세탁소, 생선가게 등에서 일하다가 이들로부터 그 가게를 인수했다. 한국인들은 그들 밑에서 일할 때 아주 열악한 조건을 감수하였다. 그래서 근면하고 고학력인 한국인들은 곧 그 가게를 인수할 수 있었다. 이제 한국인들은 업주가 되어 주로 라티노들을 고용하고 흑인들을 상대하게 되었고, 유대인이나 이탈리아인들 밑에서 배운 대로 흑인이나 라티노들에게 했다. 그런데 과거에는 거의 없던 업주와 피고용자 간의 인종갈등이 나타나게 된 것이다.

이 점에 대해 우리 한국인 업주들은 억울할 것이다. 우리 한국인들은 유대인과 이탈리아인들 밑에서 더 나을 것 없는 대접에도 별불만 없이 열심히 일했기 때문이다. 유교적 문화가 몸에 밴 한국인들은 근면하고 주인에 복종적이다. 더구나 한국인들이 유대인이나 이탈리아인의 가게에서 일할 때는 오늘날보다 인권의식이 약하던 때이다. 그리고 그들은 미국 이민의 역사도 오래 되었고, 미국의 지배적 인종인 백인이었으며, 영어도 더 유창한 편이었다. 그러나 한국인들은 이민이 역사도 짧고, 백인도 아니며, 영어도 유창하지 못한 아사아계 소수민족이다. 게다가 라티노나 흑인은 한국인과 같은 유교문화가 없어 복종적이지도 않다. 그럴수록 비록 가게 주인이라 하더라도 피고용주인 라티노들과 고객인 흑인들에게 자상하고 인간적으로 대할 필요가 있었다. 그러나 많은 한국인 업주들이 그러지 못한 것도 사실이다. 이 점은 우리 한국인 업주들이 반성해야 할 부분이다.

우리가 전에 이렇게 했기 때문에 너희들도 그렇게 해야 한다고 말하는 것은 설득력이 없다. 시대가 바뀌었고, 인종도 다르며, 사고방식과 행동양식도 다르다. 좋든 싫든 과거의 행동양식이나 사고방식은 이제 맞지 않게 되었다. 한 세대 전의 우리의 행동양식이나 사고방식을 오늘날 다른 인종에게 요구하는 것은 시대착오라고 할 수 있다. 더구나 한국인들은 짧은 이민 역사에도 중산층이 되었고, 자녀들은 일류대학에 다니는 경우가 많아, 경제적으로나 사회적으로 좀더 어려운 다른 인종 특히 한국인들이 사업상 많이 상대하게 되는 흑인이나 라티노 등의 시기를 받을 수도 있다. 그래서 인종갈등이 생기지 않도록 특히 더 조심하고, 행여 인종갈등이 생기면 이를 재빨리 치유하도록 한인 공동체 차원에서 노력해야 한다.

위안부 문제에 대한 국제연대

뉴욕은 세계 유일의 초강대국인 미국의 경제·문화의 중심지로서 미국 최대의 도시다. 게다가 세계 189개국이 가입한 유엔 본부가 뉴욕에 있다. 또 수도 워싱턴이 가까워 관문의 구실을 한다. 국제적인 문화·예술 행사와 국제회의뿐만 아니라, 국제적인 전시회와 강연회도 무수하게 열린다. 그 가운데에는 한국과 관련된 것도 많다. 필자가 뉴욕에 있던 1년 동안에 본 한국 관련 행사로는 재일교포에 관한 강연회, 한국 민속 무용단의 공연, 한국 경제개혁에 관한 토론회, 비무장 지대의 평화공원화에 관한 심포지엄 등이 있었다.

2000년 10월 6일부터 12일까지 일주일 동안, 한국 '위안부' 할머니들의 그림이 맨해튼 바나드 여대에서 전시되었다. 제대로 교육도 받지 못한 채, 일제가 강제로 위안부에 끌고 갔던 할머니들은 <나눔의 집>에 함께 기거하면서 다른 공부와 함께 미술 지도를 받았다. 그래서 자신들의 아픈 상흔을 그림으로 표현하기 시작했다. 그리고 그림이 쌓여서 국내외에서 전시회를 개최할 수 있을 정도가 되었다. 이것이 바로 "정의를 향한 외침"(Quest for Justice: The Story of Korean 'Comfort Women' as Told Through Their Art)이라는 이름으로 미국에서 순회전시되었다. 전시 첫날 저녁 6시 30분부터 거의 2시간 동안 위안부 할머니들의 그림 약 20점이 걸려 있는 전시장에 200명 정도의 관람객이 참석한 가운데 성황리에 개막행사가 열렸다.

개막행사에서 참석자들은 그림을 보고 관계자들의 인사말을 듣는 외에도 뉴욕 한인 문화패 비나리의 음유시와 풍물공연, 시 낭송도 들었다. 김순덕 할머니의 담담한 증언을 들었고, 위안부 할머니들의 한 맺힌 절규를 담은 "침묵의 소리"라는 다큐멘터리도 감상할 수 있었다. 개막행사는 단순히 전시회의 개막을 선포하는 행사라기보다는 위안부 할머니들의 아픔을 간접적으로 체험·이해하고 함께하며, 이런 반인륜적 범죄를 엄중히 심판해서 다시는 그런 일이 없도록 해야 한다는 결의의 행사였다.

이 행사가 한국인만의 행사로 그치지 않았다는 점도 성과였다. 관객 가운데에는 미국인이 많았다. 특히 개막식에서 위안부 문제에 관심이 있는 미국인 여 법학교수와 여 변호사가 참석해서, 일제의 만행을 규탄하고 국제적인 전범재판으로 단죄해서 정의를 실현해야할 필요성을 역설했다. 그리고 "위안부에게 정의와 존엄을"이라는 구호하에 2000년 12월 8일부터 12일까지 동경에서 개최되는 "일본 군대의 성 노예제에 관한 여성 국제 전범 재판"(Women's International War Crimes Tribunal on Japan's Military Sexual Slavery)에 관심을 가져줄 것을 부탁했다. "동경 재판 2000"(The Tokyo Tribunal 2000)으로도 불린 이 국제 재판은 민간 차원에서나마 일제가 위안부 여성들에게 저지른 범죄에 대해 국제적으로 심판하기 위한 것이었다. 일본, 미국, 캐나다, 덴마크, 동남아시아 각국 등 많은 나라의 저명한 인권운동가와 법률가 들이 자문위원, 법률고문, 검찰, 판사 등을 맡았다. 우리가 해야 할 일을 이들이 나서서 해준 것이 참으로 고마웠고, 인권 문제에 대한 국제적 연대의 소중함을 깨달았다.

위안부 문제를 반인도적 범죄로 다루자는 미국 내 민간 차원의 주장에도, 미국 정부는 제2차세계대전 후 나치의 전쟁범죄와 다르게, 일제의 전쟁범죄에 대해서는 관대했다. 일제의 생체 실험 결과를 넘겨받으려고, 일본을 냉전에서 반공세력으로 이용하기 위해, 미국은 일제의 전쟁범죄에 대한 재판에서 일제의 생체 실험, 위안부 동원과 같은 반인륜적 범죄를 제대로 심판하지 않았다는 주장도 있다.

미국 정부가 보인 일제의 만행에 대한 이런 미온적인 태도는, 오늘날에도 이어지고 있다. 2001년 7월 아시아 4개국의 옛 '위안부들'이 미국 법원에 제기한 배상 소송의 관할권에 관한 심리에서 미국 정부는, 일본 정부와 함께, 미국에 재판 관할권이 없다며 법원에 소송기각을 요청했다. 그 때문에 원고 측 변호인단을 이끌고 있는 마이클 하우스펠드 변호사는 "나치의 강제 노역 재판에서 유대인을 지원했던 미국 정부가 위안부 소송에서는 전혀 다른 태도를 보이는 것은, 유럽인만 중요하고 아시아인들은 그렇지 않게 보기 때문인가"라고 비판하기도 했다. 미국은 일본의 반인도적 범죄에 대해서도 나치의 경우처럼 단호한 태도를 보여야 한다.

통일을 위한 길

뉴욕은 미국의 제1의 관광도시일 뿐만 아니라, 수도 워싱턴 디시가 가까운 동부의 관문인 만큼, 한국의 중요 정치가나 고위 관리 등 요인의 출입도 잦은 곳이다. 그래서 뉴욕에서는 한국의 요인이나 명사의 강연을 듣거나, 한국 관련 행사를 볼 수 있는 기회도 많다. 필자가 뉴욕에 있는 동안에도 컬럼비아 대학 동아시아 연구소와 그밖의 곳에서 주미 한국대사, 주유엔 한국대사, 한국의 문인과 교수 등의 강연과 몇몇 한국 관련 행사를 참관할 수 있었다.

더구나 뉴욕에는 유엔 본부가 있다. 미국과 외교 관계가 없거나 적대적인 나라조차도 유엔 본부에는 대표를 파견하기 때문에 뉴욕에는 거의 모든 국가의 대표부가 있고, 그 대표부의 사람들을 만날 수 있다. 말할 것도 없이, 뉴욕에는 미국이 이미 불량국가(rogue nations)의 하나로 분류한 데다, 부시 대통령이 '악의 축'이라고 지목한 북한의 유엔 대표부도 있다. 그 책임자인 이형철 대사가 컬럼비아 대학 한국학생회의 초청으로 컬럼비아 대학에서 한국 학생들에게 강연을 했다.

그 강연에는 주로 컬럼비아 대학에 다니는 한국 학생들이 참석했지만, 한국 문제에 관심을 가진 미국인들도 더러 참석했다. 그리고 몇 명의 한국 기자들도 눈에 띄었다. 북한 대사가 한국 학생회의 초청에 응해서 한국 학생들에게 강연한다는 것은 과거에는 상상도 못한 일이다. 국민의 정부가 들어선 이후로 꾸준한 대북 화해와 협력 정책으로 남북한간에 정상회담이 개최되고 이산가족이 상호 방문하는 등 남북관계가 개선된 결과라고 할 수 있다. 북한 대사의 강연 수락에서 북한이 남북의 관계개선에 상당히 적극적인 자세를 갖고 있음을 엿볼 수 있었다.

이 대사는 처음에는 한국어로 강연을 한 다음, 나중에 영어로 간단하게 요약했다. 그는 자신이 발언할 내용은 개인의 생각이고 자신의 발언으로 물의가 일어나는 것을 원치 않으므로, 취재 기자가 있다면 자신의 발언을 일체 보도하지 말아 달라고 먼저 부탁했다. 그러면서 과거 남한의 언론이 사실을 왜곡하는 등 악의적 보도로 남북의 화해에 기여하기보다는 남북간의 갈등을 조장했다며, 남한 언론에 대한 강한 불만을 표명하기도 했다. 그는 남북한이 하나의 민족임을 강조하면서 민족의 자주성과 그에 기초한 통일을 강조했다. 그리고 미국에 있는 한국 교민들이 남북관계 개선과 통일에 기여할 것을 부탁하기도 했다. 그런 발언은 북한이 지금까지 주장해 오던 바라서 별로 새로울 것은 없었다. 그러나 북한 대사가 한국

학생들에게 자신의 생각을 피력하고, 한국 학생들의 질문을 받아 응답했다는 사실 자체가 남북간의 적대관계가 풀리고 개선되어가고 있음을 보여주는 하나의 증거라고 할 수도 있다.

이런 일을 거듭하면 할수록 남북관계가 그만큼 더 가까워지고, 남북통일을 위한 여건도 더 성숙해질 것이다. 통일은 아니라 하더라도 적어도 동족끼리 총부리를 겨누고 적대하면서 엄청난 인적·물적 자원을 낭비하는 상황은 벗어날 수 있다. 한반도가 한 나라로 통일되거나 한 경제권으로 되면, 그 인구는 약 7,200만 명으로 통일 독일과 비슷하다. 독일의 경제규모가 미국, 중국, 일본에 이어 4위권인 점을 감안하면, 한반도가 통일되거나 한 경제권이 된다면 한반도도 그 정도 경제력으로 자랄 수도 있다는 뜻이다. 연변과 연해주에 한국인들이 많은 점을 고려하면, 그 지역을 한반도의 경제권으로 발전시킬 수도 있다. 그렇게 되면 한국 경제권 안의 인구도 1억이 넘어 그 자체의 시장만으로도 대량 생산과 소비가 가능하게 된다. 통일 한국은 세계 몇 안 되는 경제 대국이 될 수 있는 잠재력이 있다. 그러나 그렇게 되기 위해서는 우선 통일을 달성해야 한다. 그리고 통일을 달성하기 위해서는 남북의 대치관계를 협력과 공존 관계로 전환시켜야 한다. 다시 말해 지도자와 언론, 국민이 통일을 위해 좀더 열린 자세로 노력해야 한다.

| 참고문헌 |

김봉중. 2001, 『미국은 과연 특별한 나라인가?』, 소나무.
이진. 2001, 『나는 미국이 딱 절반만 좋다』, 북&월드.
정일화. 1998, 『아는 것과 다른 미국』, 한국문원.
최병권·이정옥 엮음. 2002, 『아메리카: 미국, 그 마지막 제국』, 휴머니스트.

Chomsky, Noam. 2001, 『불량국가』, 장영준 옮김, 두레.
Cooley, John. 2001, 『추악한 전쟁: 아프가니스탄, 미국과 국제 테러리즘』, 소병일 옮김, 이지북.
Huberman, Leo. 2001, 『가자, 아메리카로!』, 박정원 옮김, 비봉출판사.
Huntington, Samuel. 2001, 『문명의 충돌과 21세기 일본의 선택』, 수순창·김찬동 옮김, 김영사.
Broder, David S. 2000, *Democracy derailed: Initiative campaigns and the power of money*, New York: Harcourt.
Datesman, Maryanne K, Crandall, JoAnn & Kearny, Edward N. 1997, *The American ways: An introduction to American culture*, 2nd Ed, Upper Saddle River, NJ: Prentice Hall.
Gladwell, Malcolm. 2000, *The tipping point: How little things can make a big difference*, Boston: Little, Brown.
Henretta, James A., Brody, David & Dumenil, Lynn. 1999, *America: A concise history since 1865*, Boston: St. Martin's.
Johnson, Paul. 1997, *A history of the American people*, New York: HarperCollins.

Klebanow, Barbara & Fischer, Sara. 1986, *American holidays: Exploring traditions, customs and backgrounds*, Brattleboro, VT: Pro Lingua Associates.

McPherson, James M.(ed.) 2000, *To the best of my ability: The American presidents*, New York: Dorling Kindersley.

Mintzer, Richard. 1996, *Volunteering in New York City: Your guide to working small miracles in the Big Apple*, New York: Walker.

Nelson-Haber, Nelson. 1995, *Internationally yours*, New York: The International Center in New York.

Shumsky, Neil Larry(ed.). 1998, *Encyclopedia of urban America: The cities and surburbs*, Santa Barbara, CA: ABC-CLIO.

Tocqueville, Alexis de. 1990, *Democracy in America*, New York: Vintage Books.

World Almanac Education Group, Inc. 2001, *The world almanac and book of facts 2001*, Mahwah, NJ: World Almanac Books.

Wright, John W.(ed.) 2003, *The New York Times 2004 almanac*, New York: Penguin Reference Books.

http://www.cia.gov/cia/publications/factbook/index.html

■ 이효성(李孝成)

서울대학교와 미국 노스웨스턴 대학교에서 언론학을 공부하고, 성균관
대학교 언론학 교수로서 비판 커뮤니케이션, 정치 커뮤니케이션, 저널
리즘론 등을 주로 가르치고 연구하면서 틈틈이 사상, 정치, 사회, 문화
등에 대한 비판적인 성찰을 담은 수상집을 발표하고 있다. 언론학 저
술로는 『정치언론』, 『한국 언론의 좌표』, 『언론과 민주정치』 등 약 10
권이 있고, 수상집으로는 『진실과 정의의 즐거움』, 『별은 어둠을 피해
달아나지 않는다』가 있다. 한국언론정보학회 회장, 한국방송학회 회장,
한국종합유선방송위원회 위원, 방송개혁위원회 실행위원, 언론개혁시
민연대 공동대표, 민주언론운동시민연합 이사 및 정책실장, 동경대학
교 객원교수, 컬럼비아 대학교 방문교수 등을 역임하였다. 현재는 성균
관대 교수직을 휴직하고, 방송위원회 부위원장으로 일하고 있다.

미국이야기

편견 없이 바라보는 작은 이야기

ⓒ 이효성, 2005

지은이 | 이효성
펴낸이 | 김종수
펴낸곳 | 도서출판 한울

편집책임 | 안광은
편집 | 오현영

초판 1쇄 발행 | 2005년 2월 22일
초판 2쇄 발행 | 2005년 4월 30일

주소 | 413-832 파주시 교하읍 문발리 507-2(본사)
         121-801 서울시 마포구 공덕동 105-90 서울빌딩 3층(서울 사무소)
전화 | 영업 02-326-0095, 편집 02-336-6183
팩스 | 02-333-7543
홈페이지 | www.hanulbooks.co.kr
등록 | 1980년 3월 13일, 제14-19호

Printed in Korea.
ISBN 89-460-3340-1   03940

가격은 겉표지에 표시되어 있습니다.